今注本二十四史

漢書

二〇

傳〔八〕

漢 班固 撰 唐 顔師古 注

孫曉 主持校注

中国社会科学出版社

漢書　卷六九

趙充國辛慶忌傳第三十九[1]

［1］【今注】案，此傳史事編排較爲獨特。清李慈銘《越縵堂讀史札記·漢書六》："此卷以趙、辛同事西羌，故合作一卷，而於充國傳末帶叙武賢始末，結之曰'子慶忌至大官'，更以'辛慶忌字子真'提行獨起，另爲一傳，此不特以慶忌賢過其父，而《漢書》中若《張耳陳餘傳》《陳平王陵傳》《張蒼周昌越堯任敖傳》《竇嬰田蚡灌夫傳》，皆兩傳相連，若斷若續，蓋班氏史法如此。"

趙充國字翁孫，[1]隴西上邽人也，[2]後徙金城令居。[3]始爲騎士，以六郡良家子，[4]善騎射補羽林。[5]爲人沈勇有大略，少好將帥之節而學兵法，通知四夷事。[6]

［1］【今注】案，趙充國先世情形，不見史載。青海樂都縣所出東漢靈帝光和三年（180）《三老趙掾之碑》，碑主趙寬之父趙孟元係西漢名將趙充國玄孫。碑文追録家族世系有云："其先蓋出自少皓。唐炎之隆，伯翳作虞。胤自夏商，造父馭周。爰暨霸世，夙爲晉謀。佐國十嗣，趙靈建號，因氏焉。迄漢文景，有仲況者，官至少府。厥子聖，爲諫議大夫。孫字翁仲，新城長，討暴有功，拜關内侯。弟君宣，密靖内侍，報怨禁中，徙隴西上邽。宣生充國，

字翁孫，該於威謀，爲漢名將。外定彊夷，即序西戎。内建籌策，協霍立宣。圖形觀□，封邑營平。”可參。

［2］【顔注】師古曰：“邽”音“圭”。【今注】隴西：郡名。治狄道（今甘肅臨洮縣）。　上邽（guī）：縣名。治所在今甘肅天水市麥積區。

［3］【顔注】師古曰：“令”音“零”。【今注】金城：郡名。治允吾（今甘肅永靖縣西北）。　令居：縣名。治所在今甘肅永登縣西。

［4］【顔注】服虔曰：金城、隴西、天水、安定、北地、上郡是也。師古曰：隴西（殿本“隴西”前有“金城”二字）、天水、安定、北地、上郡、西河是也。昭帝分隴西、天水置金城。充國武帝時已爲假司馬，則初以六郡良家子者非金城也。此名數正與《地理志》同也。【今注】良家子：漢代身份術語。罪犯、商賈、巫、醫、百工、贅婿以外的身世清白之家即爲良家，屬自由民，子女即稱“良家子”。西漢時期，西北六郡地接戎狄，士民有勇力，善騎射，是騎士的主要兵源地。

［5］【今注】羽林：西漢宫廷禁軍的一種，屬郎衛系統。武帝太初元年（前104）建置。初名建章營騎，主要負責建章宫警衛事務，故名。後改稱羽林，取其“爲國羽翼，如林之盛”之意，負責扈從侍衛及殿内省外區域的警衛。能力出衆者可遷爲郎，謂爲羽林郎。多選自三輔及西北六郡良家子中有材力善騎射者。陣亡將士的子弟亦得收養於羽林並接受軍事教育，稱爲“羽林孤兒”。屬郎中令（光禄勳）。

［6］【顔注】師古曰：通知者，謂明曉也。

武帝時，以假司馬從貳師將軍擊匈奴，[1]大爲虜所圍。漢軍乏食數日，死傷者多，充國迺與壯士百餘人潰圍陷陳，貳師引兵隨之，遂得解。身被二十餘創，貳師奏狀，詔徵充國詣行在所。[2]武帝親見視其創，[3]嗟歎之，拜爲中郎，[4]遷車騎將軍長史。[5]

[1]【今注】假司馬：即"軍假司馬"，軍司馬的副職。漢制，將軍出征，統帥數部，每部設校尉一人，秩比二千石；軍司馬一人，秩比千石。假司馬秩當爲六百石。　貳師將軍：即李廣利。傳見本書卷六一。據本書卷六《武紀》及卷九四上《匈奴傳上》，貳師帥軍出擊匈奴並被圍，時在武帝天漢二年（前99）五月。

[2]【今注】行在所：天子停留之處。

[3]【今注】見視："見""視"二字語意重複，"見"字或衍。王念孫《讀書雜志・漢書第十二》以爲，"見"字乃"視"字之誤，舊本中有的寫作"視"，有的寫作"見"，後人不知所從，把"視""見"二字誤合在一起。今案，若"見"字不衍，則此句可標點爲："武帝親見，視其創。"

[4]【今注】中郎：郎官的一種。守衛宫殿門户，出充車騎。屬郎中令（光禄勳）。秩比六百石。

[5]【今注】車騎將軍長史：車騎將軍幕府諸掾史之長，甚或可代表將軍行事。秩千石。車騎將軍爲漢代高級武官名號。最初是作戰時統帥車兵、騎兵部隊的將領，不經常設置，遇有戰事時負責統兵作戰，事畢即罷。武帝之後漸變爲統領京師宿衛、具有武職性質的中朝重臣，預聞政事，加大司馬號、録尚書事則成爲最高軍政長官。金印紫綬。位次僅次於大將軍、驃騎將軍，在衛將軍及前、後、左、右將軍之上。

昭帝時，武都氐人反，[1]充國以大將軍護軍都尉將兵擊定之，[2]遷中郎將，[3]將屯上谷，[4]還爲水衡都尉。[5]擊匈奴，獲西祁王，[6]擢爲後將軍，[7]兼水衡如故。與大將軍霍光定册尊立宣帝，[8]封營平侯。[9]

［1］【顔注】師古曰：氐，音丁奚反。【今注】武都：郡名。治武都（今甘肅禮縣南）。　氐：古族名。漢初活動於今陝西西南、四川北部、甘肅南部一帶，部族衆多，武帝時部分西徙至酒泉。據本書卷七《昭紀》，武都氐人反，時在昭帝元鳳元年（前80）。

［2］【今注】護軍都尉：武官名。武帝時始見職名，當是由漢初護軍中尉演化而來，職在參謀軍務，監管諸軍，可代表大將軍、大司馬等最高武官統軍作戰。秩比二千石。成帝綏和元年（前8）大司馬開府爲三公，護軍都尉始居大司馬府，比丞相司直，改稱大司馬護軍。（參見張帆《漢代“護軍”設置探析》，《首都師範大學學報》2012年第6期）案，趙充國任護軍都尉事迹，又見本書卷九四《匈奴傳上》：“匈奴……方發二萬騎擊烏桓。大將軍霍光欲發兵邀擊之，以問護軍都尉趙充國。充國以爲：‘烏桓間數犯塞，今匈奴擊之，於漢便。又匈奴希寇盜，北邊幸無事。蠻夷自相攻擊，而發兵要之，招寇生事，非計也。’”

［3］【今注】中郎將：官名。分爲五官中郎將、左中郎將、右中郎將三種，分别統率所部郎官及謁者。秩比二千石。西漢昭、宣時期，多由外戚及其他皇帝親信之人充任。

［4］【顔注】師古曰：領兵屯於上谷也。將，音子亮反。【今注】上谷：郡名。治沮陽（今河北懷來縣大古城村）。

［5］【今注】水衡都尉：職掌上林苑諸事，兼管帝室收入及鑄錢等事，職權頗重。秩比二千石。據本書《百官公卿表》，趙充國任水衡都尉，時在昭帝元鳳元年。

［6］【顔注】文穎曰：匈奴王也。

［7］【今注】後將軍：漢代有前、後、左、右將軍，位皆上卿，金印紫綬。據本書《百官公卿表》，趙充國遷後將軍，時在昭帝元平元年（前74）。

［8］【今注】案，趙充國參與定册廢昌邑王、立宣帝之事，又見本書卷六八《霍光傳》及卷六〇《杜周傳》。據《霍光傳》記

載，三十六位大臣聯名向皇太后奏請廢黜昌邑王劉賀，後將軍趙充國排在丞相楊敞、大司馬大將軍霍光、車騎將軍張安世、度遼將軍范明友、前將軍韓增之後，列第六位。《杜周傳》載："後將軍趙充國、大司農田延年、少府史樂成功比典客劉揭，皆封侯益土。"

［9］【今注】營平：侯國名。在濟南郡（今山東濟南市東）。尹灣漢墓簡牘《東海郡下轄長吏名籍》中有"東安侯家〔丞〕濟南營平侯國□譚故侯僕以功遷"，可證侯國在濟南郡。

本始中，[1]爲蒲類將軍征匈奴，[2]斬虜數百級，還爲後將軍少府。[3]匈奴大發十餘萬騎，南旁塞，至符奚廬山，[4]欲入爲寇。亡者題除渠堂降漢言之，[5]遣充國將四萬騎屯緣邊九郡。[6]單于聞之，引去。

［1］【今注】本始：漢宣帝年號（前73—前70）。

［2］【今注】蒲類將軍：西漢雜號將軍。以征伐目的地命名。蒲類，古湖澤名。在今新疆巴里坤湖附近，漢初爲匈奴右部地。

［3］【今注】少府：官名。掌山海池澤之税及皇帝飲食起居等，爲皇帝私府，位列九卿。秩中二千石。案，趙充國是否擔任過九卿之一的少府，後人屢屢質疑。據本書《百官公卿表》，宣帝本始年間，史樂成、后倉、惡、宋疇四人先後擔任少府，首尾接續清晰，未見趙充國名姓，故宋人劉敞以爲"少府"之"府"當爲"時"字之訛，"少時"意即"無幾"，本句可斷爲"還爲後將軍，少（府）〔時〕，匈奴"云云。王先謙《漢書補注》不同意此説，推斷此非九卿之一的少府，而是太后宫官系統的長信少府。

［4］【顔注】師古曰：旁，依也，音步浪反。【今注】符奚廬山：地名。今地不詳。本書卷九四《匈奴傳上》記漢廷封匈奴亡人題除渠堂爲鹿奚廬侯。周壽昌《漢書注校補》以爲，鹿奚廬山即符奚廬山，"符""鹿"音近，譯寫不同，致一地二名。

［5］【今注】題除渠堂：匈奴人名。降漢，因功被封爲言兵鹿奚盧侯。事迹詳見本書《匈奴傳上》。

［6］【顔注】文穎曰：五原、朔方之屬也。師古曰：九郡者，五原、朔方、雲中、代郡、鴈門、定襄、北平、上谷、漁陽也。四萬騎分屯之，而充國總統領之。

是時，光禄大夫義渠安國使行諸羌，[1]先零豪言願時度湟水北，[2]逐民所不田處畜牧。安國以聞，充國劾安國奉使不敬。[3]是後，羌人旁緣前言，抵冒度湟水，[4]郡縣不能禁。

［1］【顔注】師古曰：行，音下更反。【今注】光禄大夫：西漢武帝時改中大夫置，掌論議，常奉詔出使。屬光禄勳，秩比二千石。　義渠安國：人名。姓義渠，名安國。《通志》卷二六《氏族略》引應劭《風俗通義》曰："義渠氏，狄國，爲秦所滅，因氏焉，漢有光禄大夫義渠安國。"　諸羌：羌人各部族。羌，西北古族名。西漢時期主要分布在今青藏高原邊緣的青海、甘肅及四川等地，以游牧爲主，兼務農作。部族衆多，不相統屬。

［2］【顔注】鄭氏曰："零"音"憐"。孟康曰：豪，帥長也。師古曰：湟水出金城臨羌塞外，東入河。湟水之北是漢地。"湟"音"皇"。【今注】先零（lián）豪：先零羌的首領。先零，羌人的一支。　度：同"渡"。大德本、殿本作"渡"。　湟水：黄河上游支流，即今湟水。

［3］【今注】不敬：漢律罪名。指虧禮廢節等危害皇帝尊嚴的犯罪行爲。

［4］【顔注】師古曰：旁，依也。抵冒，犯突而前。旁，音步浪反。冒，音莫北反。【今注】案，度，大德本、殿本作"渡"。

元康三年，[1]先零遂與諸羌種豪二百餘人解仇交質盟詛。[2]上聞之，以問充國，對曰："羌人所以易制者，以其種自有豪，數相攻擊，埶不壹也。[3]往三十餘歲，西羌反時，亦先解仇合約，攻令居，[4]與漢相距，五六年迺定。至征和五年，[5]先零豪封煎等通使匈奴，[6]匈奴使人至小月氏，[7]傳告諸羌曰：'漢貳師將軍衆十餘萬人降匈奴。羌人爲漢事苦。[8]張掖、酒泉本我地，[9]地肥美，可共擊居之。'以此觀匈奴欲與羌合，非一世也。閒者匈奴困於西方，聞烏桓來保塞，[10]恐兵復從東方起，[11]數使使尉黎、危須諸國，[12]設以子女貂裘，欲沮解之。[13]其計不合。疑匈奴更遣使至羌中，道從沙陰地，[14]出鹽澤，[15]過長阬，[16]入窮水塞，[17]南抵屬國，[18]與先零相直。[19]臣恐羌變未止此，且復結聯他種，宜及未然爲之備。"[20]

[1]【今注】元康：漢宣帝年號（前65—前61）。

[2]【顔注】師古曰：羌人無大君長，而諸種豪遞相殺伐，故每有仇讎，往來相報。今解仇交質者，自相親結，欲入漢爲寇也。

[3]【今注】埶不壹：彼此分散，不同心協力。埶，同"勢"。

[4]【顔注】師古曰：合約，共爲要契也。

[5]【今注】征和：漢武帝年號（前92—前89）。 五年：當爲"三年"之誤。王先謙《漢書補注》引王先慎指出，據《武紀》《李廣利傳》《匈奴傳》，貳師將軍李廣利於征和三年投降匈奴，其後歲餘被衛律陷害致死，細品匈奴告諸羌之語，應該在初降之時而不當在貳師死後，故"五年"當爲"三年"。又，王先謙認爲征和年號衹用四年，不存在征和五年，故"五"必爲"三"之訛。

［6］【顏注】師古曰：“煎”讀曰“翦”。【今注】封煎：先零羌首領名。

［7］【顏注】師古曰：“氏”音“支”。　【今注】小月氏（zhī）：西北古族名。本爲月氏人，游牧於今敦煌、祁連地區。漢初爲匈奴所破，大部西遷，一部分轉入南山（今祁連山），與羌人雜居，稱“小月氏”。

［8］【顏注】師古曰：事，使役。

［9］【今注】張掖：郡名。治觻得（今甘肅張掖市甘州區西北）。　酒泉：郡名。治禄福（今甘肅酒泉市肅州區）。

［10］【今注】烏桓：北方古族名。亦作“烏丸”。本爲東胡的一支，秦末爲匈奴所破，退保大興安嶺南部。武帝時南遷至上谷、漁陽、右北平、遼西、遼東等近邊之地，幫助漢朝監視匈奴動向，護衛邊塞。

［11］【今注】兵復從東方起：宣帝本始二年（前72），漢遣趙充國等五將軍率十五萬騎兵，聯合烏孫重創匈奴，故匈奴擔心漢朝再次出兵討伐。

［12］【今注】尉黎：即尉犂，西域邦國名。治尉犂城（今新疆尉犂縣）。　危須：西域邦國名。治危須城（今新疆焉耆縣）。二國俱詳見本書卷九六下《西域傳下》。

［13］【顏注】師古曰：設謂開許之也。沮，壞也。欲壞其計，令解散之。沮，音才汝反。

［14］【今注】沙陰地：地名。即流沙地，古稱居延海，在今内蒙古額濟納旗。

［15］【今注】鹽澤：亦稱蒲昌海，即今新疆羅布泊。鹽澤一帶當時是漢朝長城的西端，匈奴使者由沙陰地向西南行進至鹽澤，再由鹽澤折向東南，進入羌人聚居的“羌中”。路綫迂迴，但可以避開河西諸郡及敦煌至鹽澤的漢軍戍守防綫。（詳見劉滿《河隴歷史地理研究》，甘肅文化出版社2009年版，第153頁）

［16］【今注】長阬：沈韓欽《漢書疏證》以爲是“長城之窟”，在肅州酒泉縣（今甘肅酒泉市肅州區）北。也有學者認爲，長阬無論作爲長城之窟還是作爲普通地名解，其地都應在鹽澤附近而不應在酒泉附近（詳見劉滿《河隴歷史地理研究》，第 154 頁）。

［17］【今注】窮水塞：地名。沈韓欽、顧頡剛等以爲此即張掖縣北之窮石山，又稱蘭門山。劉滿不同意此説，認爲窮水塞應是鹽澤以東的漢塞名（詳見劉滿《河隴歷史地理研究》，第 146—150 頁）。

［18］【今注】屬國：此指張掖屬國。係武帝元封四年（前 107）爲安置小月氏降衆而設。主要轄區在張掖郡以南的黑河上游流域一帶（詳參高榮《漢代張掖郡新考》，《敦煌研究》2014 年第 4 期）。屬國是漢代在邊境地區設置的行政機構，專門安置、管理附漢的少數民族。長官爲屬國都尉，秩二千石。屬國之民各依舊俗，但行政方面須服從漢官。

［19］【顔注】師古曰：直，當也。

［20］【顔注】師古曰：未然者，其計未成。

後月餘，羌侯狼何果遣使至匈奴藉兵，[1]欲擊鄯善、燉煌以絶漢道。[2]充國以爲：“狼何，小月氏種，在陽關西南，[3]埶不能獨造此計，[4]疑匈奴使已至羌中，先零、罕、幵迺解仇作約。[5]到秋馬肥，變必起矣。宜遣使者行邊兵豫爲備，敕視諸羌，毋令解仇，[6]以發覺其謀。”於是兩府復白遣義渠安國行視諸羌，[7]分别善惡。安國至，召先零諸豪三十餘人，以尤桀黠，皆斬之。[8]縱兵擊其種人，斬首千餘級。於是諸降羌及歸義羌侯楊玉等恐怒亡所信鄉，[9]遂劫略小種，[10]背畔犯塞，攻城邑，殺長吏。[11]安國以騎都尉將騎三千屯備羌，[12]至浩亹，[13]爲虜所擊，失亡車重兵器甚衆。[14]安國引還，至令居，以聞。是歲，神爵元年春也。[15]

［1］【顔注】師古曰：藉，借也。【今注】羌侯狼何：狼何羌首領。狼何本爲小月氏族屬，長期與諸羌雜處通婚，漸趨“羌化”，被視爲羌人種屬。懸泉漢簡編號Ⅰ90DXT0210③：6簡：“琅何羌□君彊藏奉獻，詣行在所。以令爲駕二乘傳。十一月辛未皆罷。爲駕。當舍傳舍，從者如律令。”大意謂琅何羌君長要朝見天子並奉獻方物。“琅何”即狼何。（詳參郝樹聲、張德芳《懸泉漢簡研究》，甘肅人民出版社2009年版，第167—168頁）

［2］【顔注】師古曰：“鄯”音“善”。【今注】鄯善：西域邦國名。本名樓蘭。治扜泥城（今新疆羅布泊西南）。　燉煌：即敦煌，郡名。治敦煌（今甘肅敦煌市七里鎮白馬塔村）。燉，大德本、殿本作“敦”。

［3］【今注】陽關：古關名。漢武帝元鼎年間（前116—前111）置。在今甘肅敦煌市西南破城子。

［4］【今注】埶：通“勢”。情形。

［5］【顔注】蘇林曰：罕、幵在金城南。師古曰：罕、幵，羌之别種也。此下言遣幵豪雕庫宣天子至德，罕、幵之屬皆聞知明詔，其下又云河南大幵、小幵，則罕羌、幵羌姓族殊矣。幵，音口堅反。而《地理志》天水有罕幵縣，蓋以此二種羌來降（蓋，白鷺洲本作“盖”），處之此地，因以名縣也。而今之羌姓有罕幵者，總是罕、幵之類，合而言之，因爲姓耳。變幵爲井，字之訛也。【今注】罕：羌部族名。罕爲“罕”的本字。　幵（jiān）：即幵。羌部族名。又分大幵、小幵。

［6］【顔注】師古曰：行，音下更反。“視”讀曰“示”。示，語之也。其下並同。

［7］【今注】兩府：指丞相、御史大夫二府。

［8］【顏注】師古曰：桀，堅也，言不順從也。黠，惡也，爲惡堅也。【今注】三十餘人：《後漢書》卷八七《西羌傳》作“四十餘人”。

［9］【顏注】師古曰：恐中國汎怒，不信其心，而納嚮之。鄉“讀”曰“嚮”。【今注】歸義羌侯：歸順並服從漢朝管理的羌人即爲歸義羌。漢廷往往封其首領爲侯，稱歸義羌侯。懸泉漢簡中有記録歸義羌人名籍的完整簡册及數枚散簡，記録了“歸義聊臧耶茈種羌男子東憐”“歸義聊卑爲茈種羌男子唐堯”“歸義壘卜茈種羌男子狼顛”等十餘名不同種屬的歸義羌人。（詳參郝樹聲、張德芳《懸泉漢簡研究》，第171—172頁） 恐怒：其解有多説。一説如師古言“恐中國汎怒”，即擔心漢廷發怒。一説如王先謙《漢書補注》引劉奉世言“且恐且怒”，羌人未曾生變而遭漢吏無故誅殺，故楊玉等既恐懼又憤怒，認爲漢廷不值得信任，於是群起叛漢。一説如王念孫《讀書雜志·漢書第十二》言，“恐怒”之“恐”當爲“怨”字之誤，“怨怒無所信嚮”意即怨怒漢吏，因而不再信任歸嚮。一説如周壽昌《漢書注校補》引方扶南所言，“亡所信嚮”意即欲信匈奴而不及聯謀，欲嚮漢朝而已爲所擊。

［10］【今注】小種：小部落。

［11］【今注】長吏：縣令長、尉、丞以上的地方官。

［12］【今注】騎都尉：官名。監羽林騎。因親近皇帝，多加官侍中。秩比二千石。

［13］【顏注】師古曰：“浩”音“誥”。“亹”音“門”。水名（白鷺洲本、大德本、殿本“名”後有“也”字），解在《地理志》。【今注】浩亹（mén）：金城郡屬縣。治所在今甘肅永登縣西南。

［14］【顏注】師古曰：重，音直用反。【今注】車重：即輜重。

［15］【今注】神爵：漢宣帝年號（前61—前58）。神爵元年

春天羌人反叛之事，在懸泉漢簡中也有記録。編號Ⅱ90DXT0216②：80簡："一封長史私印，詣廣校侯，趣令言羌人反狀。□□在廣至。閏月庚子昏時，受遮要御楊武行東□江趣令言羌反狀。博望候言：羌王唐調言檄發兵，在澹水上。"簡文提到的"羌人反"，有學者認爲是元帝永元建昭年間隴西羌人反叛事件（詳見張德芳、郝樹聲《懸泉漢簡研究》，第168頁）。也有學者認爲"閏月"即宣帝神爵元年閏三月，反映的是"神爵元年春"的羌人反叛事件（詳見汪桂海《從出土資料談漢代羌族史的兩個問題》，收入吴榮曾、汪桂海主編《簡牘與古代史研究》，北京大學出版社2012年版，第151頁）。

時充國年七十餘，上老之，使御史大夫丙吉問誰可將者，[1]充國對曰："亡踰於老臣者矣。"上遣問焉，曰："將軍度羌虜何如，當用幾人？"[2]充國曰："百聞不如一見。兵難隃度，[3]臣願馳至金城，圖上方略。[4]然羌戎小夷，逆天背畔，滅亡不久，願陛下以屬老臣，勿以爲憂。"[5]上笑曰："諾。"

[1]【今注】丙吉：傳見本書卷七四。

[2]【顔注】師古曰：度，計也，音大各反。其下亦同。

[3]【顔注】鄭氏曰：隃（隃，白鷺洲本作"喻"），遥也，三輔言也。師古曰：隃讀作遥。【今注】隃（yáo）度（duó）：遥測。

[4]【顔注】師古曰：圖其地形，并爲攻討方略，俱奏上也。

[5]【顔注】師古曰：屬，委也，音之欲反。

充國至金城，須兵滿萬騎，[1]欲度河，[2]恐爲虜所遮，即夜遣三校銜枚先度，[3]度輒營陳，[4]會明畢，遂以次盡度。虜數十百騎來，出入軍傍。充國曰："吾士馬新倦，不可馳逐。此皆驍騎難制，又恐其爲誘兵也。擊虜以殄滅爲期，[5]小利不足貪。"令軍勿擊。遣騎候四望陿中，亡虜。[6]夜引兵上至落都，[7]召諸校司馬，謂曰："吾知羌虜不能爲兵矣。使虜發數千人守杜四望陿中，兵豈得入哉！"[8]充國常以遠斥候爲務，[9]行必爲戰備，止必堅營壁，尤能持重，愛士卒，先計而後戰。遂西至西部都尉府，[10]日饗軍士，[11]士皆欲爲用。虜數挑戰，充國堅守。捕得生口，[12]言羌豪相數責曰："語汝亡反，今天子遣趙將軍來，年八九十矣，善爲兵。今請欲壹鬭而死，可得邪！"

[1]【顔注】師古曰：須，待也。

[2]【今注】案，度，白鷺洲本、大德本、殿本作"渡"。下同不注。

[3]【顔注】師古曰：銜枚者，欲其無聲，使虜不覺。【今注】校：漢代軍隊編制名稱。一校即一部。《續漢書·百官志》："大將軍營五部，部校尉一人，比二千石；軍司馬一人，比千石。……其不置校尉，部但軍司馬一人。"

[4]【今注】度輒營陳：過河即建立灘頭陣地，防止敵軍掩襲，確保後續部隊順利渡河。

[5]【今注】以殄滅爲期：意謂以全殲敵軍爲目的。

[6]【顔注】文穎曰：金城有三陿，在南六百里。師古曰：山陗而夾水曰陿。四望者，陿名也。"陿"音"狹"。【今注】四望陿（xiá）：地名。在今青海樂都縣西三十里大峽口境内。陿，通"狹"。

［7］【顔注】服虔曰：山名也。【今注】落都：地名。即今青海樂都縣。

［8］【顔注】師古曰：杜，塞也。【今注】案，千人，白鷺洲本、殿本作“十人”。

［9］【今注】斥候：偵察兵。

［10］【顔注】孟康曰：在金成（成，白鷺洲本、大德本、殿本作“城”，底本誤）。【今注】西部都尉：此指金城郡西部都尉。都尉治所何在，史書不詳。陳直《漢書新證》認爲，《漢書·地理志》金城郡“金城縣”條下未見“西部都尉治”字樣，孟康所注“在金城”，應當另有所據，或係《地理志》注而今本有脱佚者。今案，孟康“在金城”之“金城”，是指金城郡還是金城郡所轄之金城縣，不確。《新證》顯然是將之理解爲金城縣，並予推衍。金城郡在昭帝始元六年（前81）初置時僅轄六縣，其時郡治當在處於六縣中心位置的金城縣。（參周振鶴等著《中國行政區劃通史·秦漢卷》，復旦大學出版社2017年版，第485頁）西部都尉分管金城郡西部地區，其治所不當在郡治金城縣，而應在金城縣以西的某個地方。據此，《新證》把孟康所言“金城”徑解爲郡而非縣，似更爲妥當。

［11］【顔注】師古曰：饗飤也（飤，大德本、殿本作“飲”）。

［12］【今注】生口：俘虜。

充國子右曹中郎將卬，[1]將期門、佽飛、羽林孤兒、胡越騎爲支兵，[2]至令居。虜竝出絶轉道，[3]卬以聞。有詔將八校尉與驍騎都尉、金城太守合疏捕山閒虜，[4]通轉道津度。[5]

［1］【今注】右曹：加官名。與左曹合稱左右曹，又稱諸曹，

加此職可平議尚書奏事，與聞政事。　印：趙印，趙充國子。《三老趙掾之碑》："元子印，爲右曹中郎將，與充國並征，電震要荒，聝滅狂狡，讓不受封。印弟傳爵。"據此可知趙印爲趙充國長子。趙印後來犯罪自殺，碑文諱而不言。

［2］【今注】期門：西漢宫廷禁軍的一種，屬郎衛系統。武帝喜微行，與常侍武騎及待詔之人中精於騎射者期約於殿門而後出行，故稱"期門"。武帝建元三年（前138），整合"中從騎""常侍騎""常侍武騎"等既有侍衛正式建置期門，負責扈從侍衛，守衛皇宫殿内省外區域。地位高於羽林，位比於郎，故稱"期門郎"，又稱"期門武士"。屬光禄勳。平帝時更名爲虎賁。　佽（cì）飛：皇帝侍衛兵種之一，善射。　胡越騎：武帝時設胡騎、越騎等八校尉。此處當指胡騎校尉、越騎校尉所部騎兵。　支兵：主力部隊之外的側翼部隊。

［3］【顔注】師古曰：竝猶且也（且，白鷺洲本、大德本、殿本作"俱"）。轉道，運糧之道也。竝讀如字，又音步朗反。

［4］【顔注】蘇林曰：疏，搜索（白鷺洲本、大德本、殿本句末有"也"字）。師古曰：疏字本作跡，言尋跡而捕之也。【今注】八校尉：武帝時置中壘、屯騎、步兵、越騎、長水、胡騎、射聲、虎賁等八校，駐防京幾。長官爲校尉，秩二千石。　驍騎都尉：中級武官。地位在將軍下。

［5］【今注】案，度，白鷺洲本、殿本作"渡"。

初，罕、幵豪靡當兒使弟雕庫來告都尉，[1]曰先零欲反。後數日，果反。雕庫種人頗在先零中，都尉即留雕庫爲質。充國以爲亡罪，迺遣歸告種豪："大兵誅有罪者，明白自別，毋取并滅。[2]天子告諸羌人，犯法者能相捕斬，除罪。斬大豪有罪者一人，賜錢四十萬，中豪十五萬，下豪二萬，大男三千，[3]女子及老小千錢，又以其所捕妻子財物盡與之。”充國計欲以威信招降罕、开及劫略者，解散虜謀，徼極迺擊之。[4]

［1］【今注】靡當兒：人名。罕幵羌首領。　都尉：官名。王先謙《漢書補注》以爲此都尉即金城西部都尉。今案，據前文，其時主持對羌事務的是騎都尉義渠安國，故此都尉當指騎都尉而非西部都尉。

［2］【顔注】師古曰：言勿相和同，自取滅亡。

［3］【今注】大男：年齡在十五歲以上的男子。西北漢簡中有《捕斬匈奴虜反羌購賞科别》（《居延新簡》，編號 EPF22：222—235），記録了當時懸賞捕斬匈奴及叛羌之賞格，可參。

［4］【顔注】師古曰：徼，要也，要其倦極者也。徼，音工堯反。

時上已發三輔、大常徒弛刑，[1]三河、潁川、沛郡、淮陽、汝南材官，[2]金城、隴西、天水、安定、北地、上郡騎士、羌騎，[3]與武威、張掖、酒泉太守各屯其郡者，[4]合六萬人矣。[5]酒泉太守辛武賢奏言：[6]“郡兵皆屯備南山，[7]北邊空虛，埶不可久。或曰至秋冬迺進兵，此虜在竟外之册。[8]今虜朝夕爲寇，土地寒苦，漢馬不能冬，[9]屯兵在武威、張掖、酒泉萬騎以上，皆多羸瘦。可益馬食，以七月上旬齎三十日糧，[10]分兵竝出張掖、酒泉，合擊罕、开在鮮水上者。[11]虜以畜産爲命，今皆離散，兵即分出，[12]雖不能盡誅，亶奪其畜産，虜其妻子，[13]復引兵還，冬復擊之，大兵仍出，虜必震壞。”[14]

[1]【顏注】師古曰：弛刑謂不加鉗釱者也。弛之言解也，音式爾反。【今注】三輔：地區名。京兆尹、左馮翊、右扶風的合稱，爲西漢京畿重地。　大常：即太常。漢初名奉常，景帝時改稱太常，掌宗廟禮儀。位列九卿之首，秩中二千石。三輔諸陵邑初歸太常管轄，元帝永光三年（前41）始轉屬三輔地方。宣帝時諸陵邑尚歸太常，在諸陵服役的刑徒總稱爲太常徒。　弛刑：即弛刑徒，又稱"施刑士"。漢代遇有重大戰事，往往將犯罪刑徒赦爲弛刑徒，褪去赭衣囚服，免戴鉗釱之類的刑具，或從軍作戰，或屯墾戍邊。行動相對自由，但其身份仍爲刑徒，需繼續服役至期滿。

[2]【今注】三河：即河内（治懷縣，今河南武陟縣西南）、河東（治安邑，今山西夏縣西北）、河南（治雒陽，今河南洛陽市東）三郡。　潁川：郡名。治陽翟（今河南禹州市）。　沛郡：治相縣（今安徽濉溪縣西北）。　淮陽：王國名。治陳縣（今河南淮陽縣）。　汝南：郡名。治上蔡（今河南上蔡縣西南）。　材官：即步兵。

[3]【今注】天水：郡名。治平襄（今甘肅通渭縣西）。　安定：郡名。治高平（今寧夏固原市原州區）。　北地：郡名。治馬領（今甘肅慶陽市西北馬嶺鎮）。　上郡：治膚施（今陝西榆林市東南）。

[4]【今注】武威：郡名。治姑臧（今甘肅武威市西北）。

[5]【今注】案，本書卷八《宣紀》記載，神爵元年（前61）春，"西羌反，發三輔、中都官徒弛刑，及應募佽飛射士、羽林孤兒，胡、越騎，三河、潁川、沛郡、淮陽、汝南材官，金城、隴西、天水、安定、北地、上郡騎士、羌騎，詣金城"。

[6]【今注】辛武賢：隴西狄道（今甘肅臨洮縣）人。西漢中期名將。官至酒泉太守、破羌將軍。事迹另見本書卷八《宣紀》、卷九六《西域傳》等處。懸泉漢簡中亦有數簡與之有關。（詳見袁延勝《懸泉漢簡所見辛武賢事迹考略》，載《秦漢研究》第4輯，

陕西人民出版社 2010 年版）

［7］【今注】南山：即祁連山。

［8］【顏注】師古曰："竟"讀曰"境"。

［9］【顏注】師古曰："能"讀曰"耐"。

［10］【今注】三十日糧：敦煌懸泉漢簡編號Ⅰ91DXT0309③：221 簡："御史中丞臣彊、守侍御史少史臣忠，昧死言，尚書奉御史大夫吉奉丞相相上酒泉太守武賢、敦煌太守快書，言二事：其一事武賢前書穬麥皮芒厚，以廩當食者，小石三石，少不足。丞相請郡當食廩穬麥者石加……"簡文大意謂：酒泉太守辛武賢、敦煌太守快向朝廷彙報兩件事情，其中一件是，辛武賢在以前的上書中反映，官府發放穬麥作爲軍糧，可是穬麥皮芒太厚，實際可食用者不足小石三石。丞相魏相審批同意增發，並提請漢宣帝作最後定奪。小石三石正是當時戍卒一個月的軍糧定量，與史書所謂"齎三十日糧"吻合。此簡説明，漢宣帝同意速戰之策之後，辛武賢等隨即籌辦糧秣，進入備戰狀態。（參見郝樹聲、張德芳《懸泉漢簡研究》，第 169—170 頁）

［11］【今注】鮮水：又稱鮮水海，即今青海東部之青海湖。案，鮮，大德本作"解"。

［12］【今注】即：王先謙《漢書補注》疑"即"爲"既"字之訛。

［13］【顏注】師古曰："亶"讀曰"但"。

［14］【顏注】師古曰：仍，頻也。

天子下其書充國，令與校尉以下吏士知羌事者博議。充國及長史董通年以爲：[1]"武賢欲輕引萬騎，分爲兩道出張掖，回遠千里。[2]以一馬自佗負三十日食，[3]爲米二斛四斗，[4]麥八斛，[5]又有衣裝兵器，難以追逐。勤勞而至，虜必商軍進退，稍引去，[6]逐水中，入山林。[7]隨而深入，虜即據前險，守後阸，以絶糧道，必有傷危之憂，爲夷狄笑，千載不可復。[8]而武賢以爲可奪其畜産，虜其妻子，此殆空言，非至計也。[9]又武威縣、張掖日勒皆當北塞，有通谷水草。[10]臣恐匈奴與羌有謀，且欲大入，幸能要杜張掖、酒泉以絶西域，[11]其郡兵尤不可發。先零首爲畔逆，它種劫略。[12]故臣愚册，欲捐罕、开闇昧之過，[13]隱而勿章，先行先零之誅以震動之，宜悔過反善，因赦其罪，選擇良吏知其俗者揗循和輯，[14]此全師保勝安邊之册。”天子下其書。公卿議者咸以爲先零兵盛，而負罕、开之助，[15]不先破罕、开，則先零未可圖也。

[1]【今注】長史：此指後將軍長史，爲將軍幕府諸掾史之長，秩千石。

[2]【顔注】師古曰：回謂路紆曲也，音胡悔反。

[3]【顔注】師古曰：佗，音徒何反。凡以畜産載負物者皆爲佗。【今注】佗：同“馱”，負荷。

[4]【今注】二斛四斗：斛、斗均爲漢代容量單位。斛又稱石，一斛合十斗，一斗合十升。漢代容量有大小之分，此處之二斛四斗是以大石、大斗而言。據西北漢簡資料，屯戍吏卒每月口糧標準約爲二石（大石）或三點三石（小石）。

[5]【今注】麥八斛：陳直《漢書新證》以爲，八斛麥部分補充戍卒食糧，其餘爲馬糧。

[6]【顔注】師古曰：商，計度也。

[7]【顔注】師古曰：屮，古草字。

[8]【顔注】師古曰：復，音扶目反。

[9]【顔注】師古曰：殆，僅也。

［10］【顔注】師古曰：日勒，張掖之縣。【今注】武威：縣名。屬武威郡。治所在今甘肅民勤縣東北。　日勒：張掖郡屬縣，治所在今甘肅山丹縣東南。

［11］【顔注】師古曰：要，遮也。杜，塞也。

［12］【顔注】師古曰：言被劫略而反叛，非其本心。

［13］【今注】闇（àn）昧：蒙昧愚陋。

［14］【顔注】師古曰：捬，古撫字。輯與集同。

［15］【顔注】師古曰：負，恃也。

上迺拜侍中樂成侯許延壽爲彊弩將軍，[1]即拜酒泉太守武賢爲破羌將軍，[2]賜璽書嘉納其册。[3]以書敕讓充國曰：[4]

［1］【今注】侍中：官名。西漢時爲加官，多由外戚幸臣及功臣子弟充任，侍從皇帝，出入禁中。　許延壽：宣帝許皇后叔父。封樂成侯，官至大司馬車騎將軍。事迹另見本書卷九七上《外戚傳上》等處。樂成侯國治所在今河南鄧州市南。　彊弩將軍：西漢雜號將軍。所部長於弓弩勁射，以軍種爲將軍名號。案，彊，殿本作“强”。

［2］【顔注】師古曰：即，就也，就其郡而拜之。【今注】破羌將軍：漢代雜號將軍。以作戰任務爲將軍名號。據本書卷八《宣紀》，武賢拜破羌將軍，時在神爵元年（前61）六月。

［3］【今注】璽書：鈐蓋有皇帝印璽或以皇帝印璽封緘的文書，以示重要（詳見馬怡《漢代詔書之三品》，載北京大學中國古代史研究中心主編《田餘慶先生九十華誕頌壽論文集》，中華書局2014年版，第65—83頁）。此璽書在漢簡中或有記録。疏勒河流域漢簡編號第242簡：“制詔酒泉太守：敦煌郡到戍卒二千人，茭酒泉郡，其假□如品，司馬以下與將卒長吏將屯田守處，屬太守察地

形，依阻險，堅壁壘，遠候望，毋□”（載林梅村、李均明主編《疏勒河流域出土漢簡》，文物出版社 1984 年版，第 47 頁）。王國維《流沙墜簡》考證此簡爲宣帝神爵元年賜酒泉太守辛武賢的詔書。陳直《漢書新證》認爲簡文所記敦煌郡戍卒二千人發酒泉郡者，正是致趙充國詔書中所謂“敦煌太守快將二千人”。

[4]【顔注】師古曰：讓，責也。

皇帝問後將軍：[1]甚苦暴露。[2]將軍計欲至正月迺擊罕羌，羌人當獲麥，已遠其妻子，[3]精兵萬人欲爲酒泉、燉煌寇。[4]邊兵少，民守保不得田作。今張掖以東粟石百餘，芻槀束數十。[5]轉輸並起，百姓煩擾。將軍將萬餘之衆，不早及秋共水草之利争其畜食，[6]欲至冬，虜皆當畜食，[7]多臧匿山中依險阻，將軍士寒，[8]手足皸瘃，[9]寧有利哉？將軍不念中國之費，[10]欲以歲數而勝微，[11]將軍誰不樂此者！[12]

[1]【今注】皇帝問後將軍：“皇帝問某官”，是漢代詔書習用格式，與“制詔某官”“告某官”相比，更有尊重或榮寵的意味。（詳見馬怡《漢代詔書之三品》）

[2]【今注】暴（pù）露：出兵野戰，晝有日曬，夜有露浸。極言勞苦。暴，同“曝”。

[3]【顔注】師古曰：徙其妻子令遠居而身來爲寇也。

[4]【今注】案，燉，大德本作“敦”。

[5]【顔注】師古曰：皆謂錢直之數（錢，大德本作“𠀀”），言其貴。【今注】粟石百餘芻槀束數十：糧食及飼料價格皆高於中原。陳直《漢書新證》據居延漢簡資料考證認爲，西漢中

晚期河西地區粟價每石皆在百錢上下，與充國所奏相類；芻茭則或爲每束六錢，或爲每束二錢，與充國所奏相差很大。

［6］【顏注】師古曰：此畜謂畜産牛羊之屬也。食謂穀麥之屬也。一曰畜食，畜之所食，即謂草也。

［7］【顏注】師古曰：此“畜”讀曰“蓄”。蓄，聚積也。

［8］【今注】將軍士寒：王念孫《讀書雜志·漢書第十二》以爲當作“將軍將士寒”。

［9］【顏注】文穎曰：皸，坼裂也。瘃，寒創也。師古曰：皸，音“軍”。瘃，音竹足反。【今注】瘃（zhú）：凍瘡。

［10］【今注】中國：中原。代指漢朝。

［11］【顏注】師古曰：久歷年歲，乃勝小敵也。數，音所具反。

［12］【顏注】師古曰：言凡爲將軍者，皆樂此。

今詔破羌將軍武賢將兵六千一百人，燉煌太守快將二千人，[1]長水校尉富昌、酒泉侯奉世將婼、月氏兵四千人，[2]亡慮萬二千人。[3]齎三十日食，以七月二十二日擊罕羌，入鮮水北句廉上，[4]去酒泉八百里，去將軍可千二百里。將軍其引兵便道西並進，雖不相及，使虜聞東方北方兵並來，分散其心意，離其黨與，雖不能殄滅，當有瓦解者。已詔中郎將印將胡越佽飛射士步兵二校尉，[5]益將軍兵。

［1］【今注】案，燉，大德本作“敦”。　快：宣帝神爵年間敦煌郡太守名，姓氏不詳。敦煌懸泉漢簡數見與其有關的簡文。如編號Ⅰ91DXT0309③：236簡：“神爵二年三月丙午朔甲戌，敦煌太

守快、長史布施、丞德謂縣、郡庫：太守行縣歸，傳車被具多敝，坐爲論易□□□□□遣吏迎受輸敝被具郡庫，相與校計如律令。掾堅來、守屬敞、給事令史廣意、佐實昌。”編號Ⅱ90DXT0314②：315簡：“七月甲申，敦煌太守快、長史布施、騎千人定舜行丞事，敢告部都尉卒人，謂：縣督盜賊史□世□□寫移書到，令載部吏遮泄求捕部界中，得以書言，毋有令吏民爰書相辜。”（詳見張德芳、郝樹聲《懸泉漢簡研究》，第170頁）

［2］【顏注】服虔曰：婼，音“兒”，羌名也。蘇林曰：婼，音兒遮反。師古曰：蘇音是也。【今注】長水校尉：武官名。統帥長水宣曲胡騎。秩比二千石。　富昌：人名。姓氏不詳。陳直《漢書新證》認爲，居延漢簡中有“副衛司馬富昌”“司馬富昌”即此處之“富昌”。　酒泉侯奉世：事迹不詳。沈欽韓《漢書疏證》認爲即宣帝時名臣馮奉世。　婼（ruò）：羌人的一支。西漢時分布在河西四郡南部祁連山至西域南部一帶。　月氏：此指小月氏。

［3］【顏注】師古曰：亡慮，大計也，解在《食貨志》。【今注】亡慮：大約。亡，同“無”。

［4］【顏注】服虔曰：“句”音“鉤”。師古曰：句廉，謂水岸曲而有廉稜也。

［5］【今注】卬：白鷺洲本、大德本、殿本作“印”。　步兵二校尉：案，白鷺洲本、大德本、殿本皆無“尉”字。王念孫《讀書雜志·漢書第十二》以爲，當以景祐本（底本）爲是。王先謙《漢書補注》則認爲，步兵衹有一個校尉，“二校”應指步兵校尉屬下的二部，猶二營，故“尉”字不當補。

今五星出東方，中國大利，蠻夷大敗。[1]太白出高，用兵深入敢戰者吉，弗敢戰者凶。[2]將軍急裝，因天時，誅不義，萬下必全，勿復有疑。

［1］【顔注】張晏曰：五星所聚，其下勝。羌人在西，星在東，則爲漢。【今注】五星出東方中國大利蠻夷大敗：漢代星占之語。五星，指金、木、水、火、土五大行星，即古代文獻中的太白星、歲星、辰星、熒惑星、鎮（填）星。漢代星占觀念認爲，五星分處天中，聚合不易；如果聚合一處，即出現“五星連珠”或“五星聚舍”現象，往往預示著軍國大事。五星聚合處對應的地面一方，能够在戰争中獲得勝利。《史記·天官書》：“五星分天之中，積于東方，中國利；積于西方，外國用兵者利。”1995 年，新疆和田地區民豐縣尼雅遺址曾出土漢晉時期“五星出東方利中國”文字織錦，顯示出這一星占觀念的持續影響。漢朝在東，屬天佑一方，故漢宣帝借五星聚於東方天宇這一罕異天象，催促趙充國果斷進軍。

［2］【今注】太白出高用兵深入敢戰者吉弗敢戰者凶：太白即金星，五星之一。根據古代星占理念，五星各有所司，其中金星司甲兵死喪，故可通過觀察金星的運行出没來預測人事的吉凶勝負。本書《天文志》：“太白，兵象也。出而高，用兵深吉淺凶；埤，淺吉深凶。行疾，用兵疾吉遲凶；行遲，用兵遲吉疾凶。”太白出而高，利於主動出擊，長驅直入。

充國既得讓，以爲將任兵在外，便宜有守，以安國家。[1]迺上書謝罪，因陳兵利害，曰：

［1］【顔注】師古曰：言爲將之道，受任行兵於外，雖受詔命，若有便宜，則當固守以取安利也。”【今注】守：堅持。

臣竊見騎都尉安國前幸賜書，擇羌人可使使罕，諭告以大軍當至，漢不誅罕，以解其謀。恩澤甚厚，非臣下所能及。臣獨私美陛下盛德至計亡已，故遣开豪雕庫宣天子至德，罕、开之屬皆聞知明詔。今先零羌楊玉將騎四千及煎鞏騎五千，[1]阻石山木，候便爲寇，[2]罕羌未有所犯。今置先零，先擊罕，釋有罪，誅亡辜，[3]起壹難，就兩害，誠非陛下本計也。

[1]【今注】煎鞏：羌人部族名稱。

[2]【顔注】師古曰：謂依阻山之木石以自保固。

[3]【顔注】師古曰：釋，置也，放也。【今注】亡辜：無辜。亡，殿本作“無”。

臣聞兵法“攻不足者守有餘”，又曰“善戰者致人，不致於人”。[1]今罕羌欲爲燉煌、酒泉寇，[2]宜飭兵馬，練戰士，以須其至，[3]坐得致敵之術，以逸擊勞，取勝之道也。今恐二郡兵少，不足以守而發之行攻，釋致虜之術而從爲虜所致之道，[4]臣愚以爲不便。先零羌虜欲爲背畔，[5]故與罕、开解仇結約，然其私心不能亡恐漢兵至而罕、开背之也。臣愚以爲其計常欲先赴罕、开之急，以堅其約，先擊罕羌，先零必助之。今虜馬肥，糧食方饒，擊之恐不能傷害，適使先零得施德於罕羌，堅其約，合其黨。[6]虜交堅黨合，精兵二萬餘人，迫脅諸小種，附著者稍衆，莫須之屬不輕得離也。[7]如是，虜兵寖多，[8]誅之用力數倍，臣恐國家憂累繇十年數，不二三歲而已。[9]

［1］【顔注】師古曰：皆兵法之辭也。致人，引致而取之也。致於人，爲人所引也。【今注】攻不足者守有餘：意謂攻守勢異，以同樣的兵力，用於主動進攻也許不足，但用於防守則綽綽有餘。銀雀山漢墓竹簡《孫子·形篇》“守則有餘，攻則不足”，正與此同。　善戰者致人不致於人：意謂善戰者會主動調動敵人，而不是被敵人牽著鼻子走。語出《孫子·虛實篇》：“故善戰者致人而不致於人。”

［2］【今注】案，燉，大德本作“敦”。

［3］【顔注】師古曰：飭，整也。須，待也。飭與勑同（白鷺洲本、大德本、殿本句末有“也”字）。

［4］【顔注】師古曰：釋，廢棄（棄，白鷺洲本、大德本、殿本作“也”）。

［5］【今注】案，畔，白鷺洲本作“叛”。

［6］【顔注】師古曰：施德，自樹恩德也。

［7］【顔注】服虔曰：莫須，小種羌名也。【今注】莫須：羌人小部族名。西漢時居處於湟中之地。

［8］【顔注】師古曰：寖，漸也。

［9］【顔注】師古曰：累，音力瑞反。繇與由同。

臣得蒙天子厚恩，父子俱爲顯列。臣位至上卿，[1]爵爲列侯，犬馬之齒七十六，[2]爲明詔填溝壑，死骨不朽，亡所顧念。獨思惟兵利害，至孰悉也。於臣之計，先誅先零已，則罕、开之屬不煩兵而服矣。先零已誅而罕、开不服，涉正月擊之，得計之理，[3]又其時也。以今進兵，誠不見其利，唯陛下裁察。

［1］【今注】上卿：古官爵名。周及諸侯國皆置卿，分上、中、下三等，上卿爲最高。漢代公卿大夫士位系統中，御史大夫及前、後、左、右將軍等皆位上卿，位在公之下，九卿之前。

［2］【今注】犬馬之齒：即年齡。臣子向君主或晚輩向長輩報告年齡時的卑辭。

［3］【今注】案，計，白鷺洲本、殿本作“利”。

六月戊申奏，七月甲寅璽書報，[1]從充國計焉。充國引兵至先零在所。虜久屯聚，解弛，[2]望見大軍，棄車重，欲度湟水，[3]道阨狹，充國徐行驅之。或曰逐利行遲，[4]充國曰：“此窮寇，不可迫也。緩之則走不顧，急之則還致死。”[5]諸校皆曰：“善。”虜赴水溺死者數百，降及斬首五百餘人，鹵馬牛羊十萬餘頭、車四千餘兩。兵至罕地，令軍毋燔聚落芻牧田中。[6]罕羌聞之，喜曰：“漢果不擊我矣！”豪靡忘使人來言：“願得還復故地。”[7]充國以聞，未報。靡忘來自歸，充國賜飲食，遣還諭種人。護軍以下皆爭之，曰：“此反虜，不可擅遣。”充國曰：“諸君但欲便文自營，[8]非爲公家忠計也。”[9]語未卒，璽書報，令靡忘以贖論。後罕竟不煩兵而下。

［1］【今注】報：漢代文書用語，即答覆。宋人洪邁云：“金城至長安一千四百五十里，往反倍之，中間更下公卿議臣，而自上書至得報，首尾才七日。”（詳參洪邁撰、孔凡點校《容齋隨筆·續筆》卷二《漢唐置郵》，中華書局2005年版，第236頁）

［2］【顔注】師古曰：“解”讀曰“懈”。弛，放也。

［3］【顔注】師古曰：重，音直用反（重音直用反，白鷺洲

本、殿本作“重直用反”)。【今注】案，度，大德本、殿本作“渡”。湟，白鷺洲本作“温”。

［4］【顔注】師古曰：逐利宜疾，今行太遲。

［5］【顔注】師古曰：謂更迴還盡力而死戰。

［6］【顔注】師古曰：不得燔燒人居及於田畝之中刈芻放牧也。

［7］【顔注】服虔曰：靡忘，羌帥名也。【今注】案，還復，白鷺洲本、殿本作“復還”。

［8］【顔注】師古曰：苟取文墨之便而自營衞。便，音頻面反。

［9］【顔注】師古曰：爲，音于僞反（白鷺洲本、殿本無“音”字)。

其秋，充國病，上賜書曰：“制詔後將軍：聞苦腳脛、寒泄。[1]將軍年老加疾，一朝之變不可諱，[2]朕甚憂之。今詔破羌將軍詣屯所，爲將軍副，急因天時大利，吏士鋭氣，以十二月擊先零羌。即疾劇，留屯毋行，獨遣破羌、彊弩將軍。”時羌降者萬餘人矣。充國度其必壞，欲罷騎兵，屯田，[3]以待其敝。作奏未上，會得進兵璽書，中郎將卬懼，使客諫充國曰：“誠令兵出，破軍殺將，以傾國家，將軍守之可也。即利與病，又何足争？[4]一旦不合上意，遣繡衣來責將軍，將軍之身不能自保，[5]何國家之安？”充國歎曰：“是何言之不忠也！本用吾言，羌虜得至是邪？[6]往者舉可先行羌者，吾舉辛武賢，[7]丞相、御史復白遣義渠安國，竟沮敗羌。[8]金城、湟中穀斛八錢，[9]吾謂耿中丞，[10]糴三百萬斛穀，羌人不敢動矣。[11]耿中丞請糴百萬斛，迺得四十萬斛耳。義渠再使，且費其半。失此二册，羌人故敢爲逆。[12]失之豪氂，[13]差以千里，是既然矣。今兵久不決，四夷卒有動揺，相因而起，[14]雖有知者不能善其後，羌獨足憂邪？[15]吾固以死守之，明主可爲忠言。"遂上屯田奏曰：

［1］【顔注】師古曰：脛，膝以下骨也。寒泄，下利也。言其患足脛又苦下利。脛，音下定反。泄，音息列反。【今注】腳脛：指腿脚痛。　寒泄：胃寒腹泄。

［2］【顔注】師古曰：恐其死。

［3］【今注】案，中華本作"欲罷騎兵屯田"。"罷騎兵"與"屯田"爲二事，應加標點分開（詳參耿虎《〈漢書·趙充國傳〉兩處標點商榷》，《中華文史論叢》2011年第1期）。今案，"屯兵"二字亦可後屬，與"以待其敝"成句。

［4］【今注】案，王先謙《漢書補注》曰："言出兵利病小，不必遂傾危國家。"

［5］【顔注】師古曰：繡衣謂御史。【今注】繡衣：即繡衣御史，漢代皇帝特使的一種。武帝後期派遣侍御史、光禄大夫等近臣分巡郡國，監督地方逐捕盜賊，有權誅殺二千石以下官吏。特賜穿著繡有龍虎圖案、色彩醒目的繡衣，持斧出行，以加重其權威，故稱"繡衣御史"，又稱"繡衣直指""繡衣使者"。不常置。案，湖南長沙市東牌樓出土東漢靈帝建寧年間（168—172）"繡衣史"簡牘，"繡衣史"即"繡衣御史"的省稱，可證此職一直延續到東漢末。（參見黄今言《〈長沙東牌樓東漢簡牘〉釋讀的幾個問題》，《中國社會經濟史研究》2008年第2期）

［6］【顔注】師古曰：言豫防之，可無今日之寇也。

［7］【顔注】師古曰：行，音下更反。

［8］【顔注】師古曰：沮，壞也，音才汝反。

［9］【今注】湟中：湟水中游地區。地理範圍西起青海湖東岸，東至今甘肅民和縣轄區。時爲羌、小月氏及漢人雜居之處。（詳參侯丕勛、劉再聰主編《西北邊疆歷史地理概論》，甘肅人民出版社 2007 年版，第 9 頁）

［10］【顔注】服虔曰：耿壽昌也，爲司農中丞。【今注】耿中丞：即耿壽昌，時任大司農中丞，後賜爵關内侯。宣帝五鳳四年（前 54）奏設常平倉，"令邊郡皆築倉，以穀賤時增其賈而糴，以利農，穀貴時減賈而糶"，或即受充國啓發。本書無傳，事迹見本書卷八《宣紀》、卷二四《食貨志上》等處。

［11］【顔注】師古曰：言豫儲糧食，可以制敵。【今注】案，三百萬，"三"字大德本、殿本作"二"。

［12］【今注】案，羌，白鷺洲本作"羗"。

［13］【今注】案，氂，大德本、殿本作"釐"。

［14］【顔注】師古曰："卒"讀曰"猝"。

［15］【顔注】師古曰：言儻如此，則所憂不獨在羌。

臣聞兵者，所以明德除害也。故舉得於外，則福生於内，不可不慎。臣所將吏士馬牛食，月用糧穀十九萬九千六百三十斛，鹽千六百九十三斛，茭藁二十五萬二百八十六石。[1]難久不解，繇役不息。又恐它夷卒有不虞之變，[2]相因並起，爲明主憂，誠非素定廟勝之册。[3]且羌虜易以計破，難用兵碎也，[4]故臣愚以爲擊之不便。[5]

［1］【顔注】師古曰：茭，乾芻也。藁，禾稈也。石，百二十斤。稈，音工旱反。【今注】茭：喂養牛馬家畜的幹草。　藁：農作物秸稈，切碎之後可作家畜飼草。或以爲"茭""藁"二字皆

屬“宵”部字，可以相通，故合在一起可以理解爲並列結構的詞組。（參見王子今《漢代河西的“茭”——漢代植被史考察劄記》，《甘肅社會科學》2004 年第 5 期）　石：此處用爲重量單位而非容量單位。據居延漢簡，計量茭稾或稱束，或稱石。

[2]【顔注】師古曰："卒"讀曰"猝"。

[3]【顔注】師古曰：廟勝，謂謀於廟堂而勝敵也。

[4]【今注】案，白鷺洲本、殿本"碎"後有"故"字。

[5]【今注】案，白鷺洲本、殿本無"故"字。

計度臨羌東至浩亹，[1]羌虜故田及公田，[2]民所未墾，可二千頃以上，其間郵亭多壞敗者。[3]臣前部士入山，伐材木大小六萬餘枚，皆在水次。願罷騎兵，留弛刑應募，[4]及淮陽、汝南步兵與吏私從者，[5]合凡萬二百八十一人，用穀月二萬七千三百六十三斛，[6]鹽三百八斛，分屯要害處。冰解漕下，繕鄉亭，浚溝渠，[7]治湟陿以西道橋七十所，令可至鮮水左右。田事出，賦人二十畮。[8]至四月草生，發郡騎及屬國胡騎伉健各千，倅馬什二，就草，[9]爲田者遊兵。[10]以充入金城郡，益積畜，省大費。[11]今大司農所轉穀至者，[12]足支萬人一歲食。謹上田處及器用簿，[13]唯陛下裁許。

[1]【顔注】師古曰：度，音大各反。【今注】臨羌：縣名。治所在今青海湟源縣東南。

[2]【今注】故田：羌人過去開墾的田地。

[3]【今注】郵亭：郵爲傳遞文書的機構，同時爲過往公務人員提供簡單食宿服務。亭是追捕盜賊、維護社會治安的機構，也參

與文書傳遞，建有廳堂、居室、倉、厩等房舍，爲路人提供飲食停宿。亦有闕樓之類的設施供瞭望守禦。（參見蘇衛國《秦漢鄉亭制度研究——以鄉亭格局的重釋爲中心》，黑龍江人民出版社 2010 年版，第 46—47 頁）

［4］【今注】應募：響應國家招募而入伍的士兵。國家遇有戰事，在編户齊民及罪犯中招募士兵，給予應召者一定的經濟、政治待遇，此種士兵稱作“應募”或“募士”。西漢前期兵役以征兵制爲主，從有服役義務的自由民中征集士兵。武帝之後，戰事漸繁，常以應募兵及弛刑徒作爲兵員補充。至東漢時則以募兵爲主。

［5］【今注】私從：軍中吏士的隨從人員，不屬於在編士兵。又稱“義從”。

［6］【今注】案，斛，殿本作“解”。

［7］【顏注】師古曰：漕下，以水運木而下也。繕，補也。浚，深治也。

［8］【顏注】師古曰：田事出，謂至春人出營田也。賦謂班與之也。晦，古畝字。

［9］【顏注】師古曰：倅，副也。什二者，千騎則與副馬二百匹也。伉，音口浪反。

［10］【今注】遊兵：流動護衛。

［11］【顏注】師古曰：“畜”讀曰“蓄”。

［12］【今注】大司農：官名。秦及漢初稱治粟内史，景帝後元元年（前 143）更名大農令，武帝太初元年（前 104）更名大司農。掌國家錢穀租税等財政收支。位列九卿，秩中二千石。

［13］【顏注】師古曰：簿，音步户反。【今注】田處及器用簿：關於開墾田地與農具器物的統計簿。簿，統計與會計文書，猶如今之賬簿名册。1976 年，廣西貴縣羅泊灣漢墓一號墓出土《東陽田器志》木牘，上有“梮五十三”“鉏一百一十六”等文字，記録了農具的名稱與數量（詳見廣西壯族自治區博物館編《廣西貴縣

羅泊灣漢墓》，文物出版社 1988 年版）。

上報曰："皇帝問後將軍：言欲罷騎兵，萬人留田。[1]即如將軍之計，虜當何時伏誅，兵當何時得決？孰計其便，復奏。"充國上狀曰：

［1］【今注】案，中華本作"言欲罷騎兵萬人留田"。"罷騎兵"與"萬人屯田"爲二事，應加標點分開（詳參耿虎《〈漢書·趙充國傳〉兩處標點商榷》，《中華文史論叢》2011 年第 1 期）。

臣聞帝王之兵，以全取勝，是以貴謀而賤戰。戰而百勝，非善之善者也，故先爲不可勝以待敵之可勝。[1]蠻夷習俗雖殊於禮義之國，然其欲避害就利，愛親戚，畏死亡，一也。今虜亡其美地薦草，[2]愁於寄託遠遯，骨肉心離，[3]人有畔志，而明主般師罷兵，[4]萬人留田，順天時，因地利，以待可勝之虜，雖未即伏辜，兵決可期月而望。[5]羌虜瓦解，前後降者萬七百餘人，及受言去者凡七十輩，[6]此坐支解羌虜之具也。

［1］【顏注】師古曰：此兵法之辭也。言先自完堅，令敵不能勝我，乃可以勝敵也。【今注】案，語出《孫子·形篇》："昔之善戰者，先爲不可勝，以待敵之可勝。不可勝在己，可勝在敵；故善戰者能爲不可勝，不能使敵之可勝。"

［2］【顏注】師古曰：薦，稠草。

［3］【今注】案，心離，大德本、殿本作"離心"。

［4］【顏注】鄧展曰：般，音"班"。班，還也。

[5]【今注】案，朞，殿本作“期”。

[6]【顔注】如淳曰：羌胡言欲降，受其言遣去者。師古曰：如説非也。謂羌受充國之言，歸相告喻者也。羌虜即羌賊耳，無豫於胡也。

臣謹條不出兵留田便宜十二事。步兵九校，[1]吏士萬人，留屯以爲武備，因田致穀，威德並行，一也。又因排折羌虜，令不得歸肥饒之墬，[2]貧破其衆，以成羌虜相畔之漸，二也。居民得並田作，不失農業，三也。[3]軍馬一月之食，度支田士一歲，[4]罷騎兵以省大費，四也。至春省甲士卒，循河湟漕穀至臨羌，以眎羌虜，[5]揚威武，傳世折衝之具，五也。以閒暇時下所伐材，[6]繕治郵亭，充入金城，六也。兵出，乘危徼幸；[7]不出，令反畔之虜竄於風寒之地，離霜露疾疫瘃墯之患，[8]坐得必勝之道，七也。亡經阻遠追死傷之害，八也。内不損威武之重，外不令虜得乘閒之埶，九也。[9]又亡驚動河南大幵、小幵，[10]使生它變之憂，十也。治湟陿中道橋，令可至鮮水，以制西域，信威千里，[11]從枕席上過師，十一也。[12]大費既省，繇役豫息，以戒不虞，十二也。留屯田得十二便，出兵失十二利。臣充國材下，犬馬齒衰，不識長冊，唯明詔博詳公卿議臣採擇。

[1]【顔注】師古曰：一部爲一校也。

[2]【顔注】師古曰：墬，古地字也。

[3]【顔注】師古曰：並，且也，讀如本字，又音步浪反。

[4]【顔注】師古曰：度，音大各反。【今注】田士：屯田將士。

[5]【顔注】師古曰：眎亦示字。

[6]【顔注】師古曰："間"讀曰"閑"。

[7]【顔注】師古曰：言不可必勝。

[8]【顔注】師古曰：離，遭也。墯謂因寒瘃而墯指者也（墯，白鷺洲本作"墮"）。【今注】離：同"罹"。遭受。 墯：同"墮"。白鷺洲本作"墮"。

[9]【顔注】師古曰：閒謂軍之閒隙者也。

[10]【顔注】服虔曰：皆羌種，在河西之河南也。

[11]【顔注】師古曰："信"讀曰"申"。

[12]【顔注】鄭氏曰：橋成軍行安易，若於枕席上過也。

上復賜報曰："皇帝問後將軍：言十二便，聞之。虜雖未伏誅，兵決可期月而望，期月而望者，謂今冬邪，謂何時也？將軍獨不計虜聞兵頗罷，且丁壯相聚，攻擾田者及道上屯兵，復殺略人民，將何以止之？又大幵、小幵前言曰：'我告漢軍先零所在，兵不往擊，久留，得亡效五年時不分別人而并擊我？'[1]其意常恐。今兵不出，得亡變生，與先零爲一？將軍孰計復奏。"充國奏曰：

[1]【顔注】如淳曰：此語謂本始五年伐先零，不分別大小幵本意，是以大小幵有此言也。【今注】案，亡，大德本作"毋"。 效：仿傚。案，白鷺洲本無"效"字。 五年時：此指漢宣帝元康五年（前61）。王先謙《漢書補注》引劉奉世曰："本始年未伐

先零。此即元康五年未改神爵已前。義渠安國召誅先零之時所謂‘無所信鄉’，即是今無事，但羌人不能追言爾。”

臣聞兵以計爲本，故多算勝少算。[1]先零羌精兵今餘不過七八千人，失地遠客，分散飢凍。罕、开、莫須又頗暴略其羸弱畜産，畔還者不絶，皆聞天子明令相捕斬之賞。臣愚以爲虜破壞可日月冀，遠在來春，故曰兵決可期月而望。竊見北邊自燉煌至遼東萬一千五百餘里，[2]乘塞列隧有吏卒數千人，[3]虜數大衆攻之而不能害。今留步士萬人屯田，地埶平易，多高山遠望之便，部曲相保，爲壍壘木樵，[4]校聯不絶，[5]便兵弩，飭鬬具，[6]烽火幸通，埶及并力，以逸待勞，兵之利者也。臣愚以爲屯田内有亡費之利，外有守禦之備。騎兵雖罷，虜見萬人留田爲必禽之具，其土崩歸德，宜不久矣。從今盡三月，虜馬羸瘦，必不敢捐其妻子於它種中，遠涉河山而來爲寇。又見屯田之士精兵萬人，終不敢復將其累重還歸故地。[7]是臣之愚計，所以度虜且必瓦解其處，[8]不戰而自破之册也。至於虜小寇盜，時殺人民，其原未可卒禁。[9]臣聞戰不必勝，不苟接刃；攻不必取，不苟勞衆。[10]誠令兵出，雖不能滅先零，亶能令虜絶不爲小寇，則出兵可也。[11]即今同是，[12]而釋坐勝之道，從乘危之埶，往終不見利，空内自罷敝，[13]貶重而自損，[14]非所以視蠻夷也。[15]又大兵一出，還不可復留，湟中亦未可空，如是，繇役復發也。且匈奴不可不備，烏桓不可不憂。今久轉運煩費，傾我不虞之用，以澹一隅，[16]臣愚以爲不便。校尉臨衆幸得承威德，[17]奉厚幣，拊循衆羌，諭以明詔，宜皆鄉風。[18]雖其前辭嘗曰“得亡效五年”，宜亡它心，不足以故出兵。[19]臣竊自惟念，奉詔出塞，引軍遠擊，窮天子之精兵，散車甲於山野，雖亡尺寸之功，媮得避慊之便，[20]而亡後咎餘責，此人臣不忠之利，非明主社稷之福也。臣幸得奮精兵，討不義，久留天誅，[21]罪當萬死。陛下寬仁，未忍加誅，令臣數得孰計。[22]愚臣伏計孰甚，不敢避斧鉞之誅，昧死陳愚，[23]唯陛下省察。

[1]【今注】多算勝少算：意謂籌謀深遠者，獲勝概率高於籌謀淺近者。語出《孫子·計篇》：“夫未戰而廟算胜者，得算多也；未戰而廟算不勝者，得算少也。多算勝，少算不勝，而況於無算乎？”

[2]【今注】遼東：郡名。治襄平（今遼寧遼陽市）。

[3]【今注】隧：漢簡中常作“燧”。漢代邊塞候望系統一般分爲都尉、侯官、部、燧四級，燧爲最低一級。燧有燧長，月奉六百錢。每燧有戍卒三四人，負責轄區候望守備。

[4]【顔注】師古曰：樵與譙同，謂爲高樓以望敵也，音才消反。【今注】塹壘木樵：塹爲壕溝。壘爲墻。木樵是用木頭搭建的瞭望樓。皆爲守備防禦工事。

[5]【顔注】如淳曰：播校相連也。師古曰：此校謂用木自相貫穿以爲固者，亦猶《周易》“荷校滅耳”也。《周禮》“校人掌王馬之政”，“六厩成校”，蓋用闌械闌養馬也（闌，大德本作

“閑”）。《説文解字》云：“校，木囚也”，亦謂以木相貫，遮闌禽獸也。今云校聯不絶，言營壘相次。【今注】校：此指木製圍欄。又居延漢簡中有“懸索”，是在缺少建築材料的流沙地段修建的特殊邊防工事。其方法是按照一定的距離分别埋設木樁（漢人稱爲“柃柱”），再在木樁上綁掛三道繩索（漢人稱爲“懸索”）。巡邏戍卒根據“懸索”“柃柱”的完好狀況即可判斷敵情行蹤。（參見張俊民《漢代簡牘文書記録的漢塞往事》，《檔案》2015 年第 3 期）

［6］【顔注】師古曰：便，利也。飭，整也，其字從力。

［7］【顔注】師古曰：累重謂妻子也。累，音力瑞反。重，音直用反。

［8］【顔注】師古曰：各於其處自瓦解。

［9］【顔注】師古曰：“卒”讀曰“猝”。

［10］【今注】戰不必勝不苟接刃攻不必取不苟勞衆：意謂作戰如果没有必勝的把握，就不能輕率地交戰接敵；攻城如果没有必取的把握，就不能輕率地興師動衆發起圍攻。《淮南子·兵略訓》：“故攻不待衝隆雲梯而城拔，戰不至交兵接刃而敵破，明於必勝之攻也。故兵不必勝，不苟接刃；攻不必取，不爲苟發。故勝定而後戰，鈐縣而後動。”

［11］【顔注】師古曰：“亶”讀曰“但”。

［12］【顔注】師古曰：俱不能止小寇盗。

［13］【顔注】師古曰：“罷”讀曰“疲”。

［14］【今注】貶重：貶中國之威重。

［15］【顔注】師古曰：“視”讀曰“示”。

［16］【顔注】師古曰：澹，古贍字。贍，給也。

［17］【今注】臨衆：人名。即辛臨衆，辛武賢之弟。

［18］【顔注】師古曰：諭，曉告之。“鄉”讀曰“嚮”。

［19］【今注】不足以故出兵：王念孫《讀書雜志·漢書第十

二》曰："'不足以故出兵'，本作'不作以疑故出兵'。疑故者，疑事也。宣帝以罕、开前言而疑其生變，故急欲出兵。充國則謂罕、开雖有前言，而既聞明詔，宜皆鄉風，無有異心，不足因此疑事而出兵也。今本脱去'疑'字則文不成。《漢紀·孝宣紀》正作'不作以疑故出兵'。"

［20］【顔注】師古曰：婨，苟且也。慊亦嫌字。

［21］【顔注】師古曰：言不早殄滅賊也。

［22］【顔注】曰（白鷺洲本、大德本、殿本"曰"前有"師古"二字，底本誤）：數，音所角反。其下亦同。

［23］【今注】昧死：漢代臣下上奏文書常用語。

充國奏每上，輒下公卿議臣，初是充國計者什三，[1]中什五，最後什八。有詔詰前言不便者，皆頓首服。丞相魏相曰：[2]"臣愚不習兵事利害，後將軍數畫軍册，其言常是，臣任其計可必用也。"[3]上於是報充國曰："皇帝問後將軍：上書言羌虜可勝之道，今聽將軍，將軍計善。其上留屯田及當罷者人馬數。將軍强食，[4]慎兵事，自愛！"上以破羌、强弩將軍數言當擊，又用充國屯田處離散，[5]恐虜犯之，於是兩從其計，詔兩將軍與中郎將卬出擊。强弩出降四千餘人，破羌斬首二千級，中郎將卬斬首、降者亦二千餘級，而充國所降復得五千餘人。詔罷兵，獨充國留屯田。

［1］【今注】是：以之爲是。肯定。　什三：十分之三。

［2］【今注】魏相：傳見本書卷七四。

［3］【顔注】師古曰：任，保也。

［4］【今注】强食：漢代書信習用語，或作"强奉酒食"。猶

今注意飲食。案，强，白鷺洲本作“彊”。本段下同不注。

［5］【今注】用：因。

明年五月，充國奏言：“羌本可五萬人軍，凡斬首七千六百級，降者三萬一千二百人，溺河湟飢餓死者五六千人，定計遺脱與煎鞏、黄羝俱亡者不過四千人。[1]羌靡忘等自詭必得，[2]請罷屯兵。”奏可。充國振旅而還。

［1］【今注】定計：精確計算。　黄羝：羌人部族名。

［2］【顔注】師古曰：詭，責也。自以爲憂，責言必能得之。

所善浩星賜迎説充國，[1]曰：“衆人皆以破羌、强弩出擊，[2]多斬首獲降，虜以破壞。然有識者以爲虜埶窮困，兵雖不出，必自服矣。將軍即見，宜歸功於二將軍出擊，非愚臣所及。如此，將軍計未失也。”充國曰：“吾年老矣，爵位已極，豈嫌伐一時事以欺明主哉！[3]兵埶國之大事，當爲後法。老臣不以餘命壹爲陛下明言兵之利害，卒死，誰當復言之者？”[4]卒以其意對。[5]上然其計，罷遣辛武賢歸酒泉太守官，充國復爲後將軍衛尉。[6]

［1］【顔注】鄧展曰：浩星，姓；賜，名也。

［2］【今注】案，强，白鷺洲本作“彊”。

［3］【今注】伐：矜伐。《資治通鑑》卷二六《漢紀》宣帝神爵二年胡三省注：“言一時用兵之事，當以實敷奏，豈可以自矜伐

爲嫌。”

[4]【顔注】師古曰：“卒”讀曰“猝”。

[5]【顔注】師古曰：卒，終也。

[6]【今注】衛尉：掌管統率衛士，警衛宫門之内。位列九卿，秩中二千石。

其秋，羌若零、離留、且種、兒庫[1]共斬先零大豪猶非、楊玉首，[2]及諸豪弟澤、陽雕、良兒、靡忘皆帥煎鞏、黄羝之屬四千餘人降漢。封若零、弟澤二人爲帥衆王，[3]離留、且種二人爲侯，[4]兒庫爲君，[5]陽雕爲言兵侯，[6]良兒爲君，靡忘爲獻牛君。初置金城屬國以處降羌。[7]詔舉可護羌校尉者，[8]時充國病，四府舉辛武賢小弟湯。[9]充國遽起奏：“湯使酒，不可典蠻夷。[10]不如湯兄臨衆。”時湯已拜受節，有詔更用臨衆。後臨衆病免，五府復舉湯，湯數醉酗羌人，[11]羌人反畔，卒如充國之言。

[1]【顔注】師古曰：且，音子閭反。

[2]【顔注】文穎曰：猶非，人名也。師古曰：猶非及楊玉，二人也。《宣紀》作酋非，而此傳作猶字，疑《紀》誤。

[3]【今注】帥衆王：一作“率衆王”。漢廷賜予歸義少數民族首領的封號之一。《續漢書·百官志五》：“四夷國王，率衆王，歸義侯，邑君，邑長，皆有丞，比郡、縣。”

[4]【今注】侯：即帥衆侯。漢朝賜予歸義少數民族首領的封號之一。級别低於帥衆王。

[5]【今注】君：即帥衆君。漢朝賜予歸義少數民族首領的封號之一。級别低於帥衆王、帥衆侯。傳世漢印有“漢率衆君”（故

宫博物院編《故宫博物院藏印選》，錢塘書社 2001 年版，第 68 頁第 378 號）。

［6］【今注】言兵：侯爵名稱。本意爲報告軍事情報。本書卷九四上《匈奴傳上》載，匈奴亡人題除渠堂向漢朝報告單于寇邊信息，被封爲“言兵鹿奚盧侯”。

［7］【今注】金城屬國：西漢七屬國之一。漢宣帝神爵二年（前 60）建立，用以安置罕、幵、先零等降羌。轄區在金城郡及其附近。其治所本書《地理志》未載，或以爲最初在金城郡允吾縣西。（詳見王宗維《漢代的屬國》，《文史》第 20 輯，中華書局 1983 年版，第 50 頁）

［8］【今注】護羌校尉：官名。武帝時始置，主要掌管西羌事務。《後漢書》卷八七《西羌傳》載其主要職責是：“持節領護，理其怨結，歲時循行，問所疾苦。又數遣驛通動静，使塞外羌夷爲吏耳目，州郡因此可得儆備。”秩比二千石。

［9］【今注】四府：指丞相、御史、車騎將軍、前將軍府。四府加上後將軍府，即爲五府，是當時朝廷在軍事及邊疆民族事務方面的核心決策機構。時丞相爲魏相，御史大夫爲丙吉，車騎將軍爲許延壽，前將軍爲韓增，後將軍爲趙充國。

［10］【顔注】師古曰：使酒，因酒以使氣，若今言惡酒者。

［11］【顔注】師古曰：酗音況務反。師古曰：即酗字也。醉怒曰酗。

初，破羌將軍武賢在軍中時與中郎將卬宴語，[1]卬道：“車騎將軍張安世始嘗不快上，[2]上欲誅之，卬家將軍以爲安世本持橐簪筆，[3]事孝武帝數十年，見謂忠謹，宜全度之。[4]安世用是得免。”及充國還言兵事，武賢罷歸故官，深恨，上書告卬泄省中語。[5]卬坐禁止而入至充國莫府司馬中亂屯兵，[6]下吏，自殺。

［1］【顔注】師古曰：閑宴時共語也。

［2］【顔注】如淳曰：所爲行不可上意。【今注】張安世：傳見本書卷五九。

［3］【顔注】張晏曰：槖，契囊也。近臣負槖簪筆，從備顧問，或有所紀也。師古曰：囊（囊，白鷺洲本、大德本、殿本作“槖”），所以盛書也。有底曰囊，無底曰槖。簪筆者，插筆於首。槖，音汀各反。又音託。

［4］【顔注】師古曰：全安而免度之，不令喪敗也。

［5］【今注】泄省中語：即“漏泄省中語”，指泄漏宫禁内應當保密的言論信息，特别是和皇帝相關者。依照漢律，漏泄省中語屬大罪，當重治。省中，指皇帝居處的宫禁之地。（詳參党超《兩漢“漏泄省中語”考論》，《史學月刊》2016年第12期）

［6］【顔注】如淳曰：方見禁止而入至充國莫府司馬中。司馬中，律所謂營軍司馬中也。

充國乞骸骨，[1]賜安車駟馬、黄金六十斤，[2]罷就第。[3]朝庭每有四夷大議，常與參兵謀，問籌策焉。[4]年八十六，甘露二年薨，謚曰壯侯。傳子至孫欽，欽尚敬武公主。[5]主亡子，主教欽良人習詐有身，[6]名它人子。[7]欽薨，子岑嗣侯，習爲太夫人。岑父母求錢財亡已，忿恨相告。岑坐非子免，國除。元始中，[8]修功臣後，復封充國曾孫伋爲營平侯。[9]

［1］【今注】乞骸骨：大臣請求致仕退休的謙辭。

［2］【今注】安車駟馬：安車爲坐乘之車，常以四匹馬駕，舒適安坐，故稱駟馬安車。高官告老，君主往往賜予安車，以示優容。江陵鳳凰山168號漢墓出土的《遣册》記有“案車一乘，馬四

匹”。“案車”即安車。

［3］【今注】案，趙充國罷官之時間，史書語焉不詳。清人錢大昕《廿二史考異·漢書三》曰：“按《公卿表》於神爵二年書後將軍充國，不言何年罷免。據此傳，似即是神爵二年事。而《常惠傳》言‘甘露中，後將軍充國薨，天子遂以惠爲右將軍’，則充國雖以病免，宣帝猶以將軍待之，終充國之身，虚將軍位不置也。”

［4］【顏注】師古曰：“與”讀曰“豫”。

［5］【今注】敬武公主：即敬武長公主。漢宣帝劉詢之女，漢元帝劉奭之妹。初嫁張安世曾孫張臨；張臨死後，再嫁趙充國之孫趙欽；趙欽死後，又嫁丞相薛宣。後因得罪安漢公王莽而被迫自殺。事迹見本書卷五九《張湯傳》、卷八三《薛宣傳》、卷九九《王莽傳上》。

［6］【今注】良人：列侯媵妾稱號，地位較低。

［7］【今注】名它人子：把他人之子登記到自己名下，作爲己子。

［8］【今注】元始：漢平帝年號（1—5）。

［9］【顏注】師古曰：“伋”音“汲”。【今注】伋：人名。即趙伋。《趙寬碑》記爲“元始二年，復封曾孫匿纂”。“伋”“纂”同音。

初，充國以功德與霍光等列，畫未央宮。[1]成帝時，[2]西羌嘗有警，上思將帥之臣，追美充國，迺召黄門郎楊雄即充國圖畫而頌之，[3]曰：

［1］【今注】未央宮：宮名。位於漢長安城西南。由前殿、宣室殿、温室殿、麒麟閣、石渠閣等建築組成，是長安城最重要的宮殿。宣帝甘露三年（前51），朝廷將霍光等十一位本朝功臣形象畫在未央宮麒麟閣，並署以官爵姓名，以示表彰紀念。趙充國位列

第四。

［2］【今注】成帝：漢成帝劉驁。紀見本書卷一〇。

［3］【顔注】師古曰：即，就也。於畫側而書頌（白鷺洲本、殿本“頌”後有“也”字）。【今注】黄門郎：官名。給事黄門的郎官，簡稱黄門郎。黄門即禁門。本爲加官，至西漢末成爲少府黄門令下屬常設官職。侍從皇帝左右，關通内外。　楊雄：傳見本書卷八七。案，楊，白鷺洲本、殿本作“揚”。

明靈惟宣，［1］戎有先零。先零昌狂，侵漢西疆。漢命虎臣，惟後將軍。整我六師，是討是震。［2］既臨其域，諭以威德。有守矜功，謂之弗克。請奮其旅，于罕之羌。天子命我，從之鮮陽。［3］營平守節，婁奏封章。［4］料敵制勝，威謀靡亢。［5］遂克西戎，還師於京。鬼方賓服，罔有不庭。［6］昔周之宣，［7］有方有虎，［8］詩人歌功，迺列于《雅》。［9］在漢中興，充國作武。赳赳桓桓，亦紹厥後。［10］

［1］【今注】宣：指宣帝時期。

［2］【顔注】師古曰：震合韻音真。

［3］【顔注】應劭曰：酒泉大守辛武賢自將萬騎出張掖擊羌。宣帝使充國共武賢討罕、幵於鮮水之陽也。

［4］【顔注】師古曰：婁，古屢字。

［5］【顔注】師古曰：料，量也。亢，當也。合韻音康。

［6］【顔注】師古曰：鬼方，言其幽昧也。庭，來帝庭也。一説庭，直也。

［7］【今注】周之宣：周宣王時期。

［8］【顔注】張晏曰：方叔、邵虎也（邵，殿本作“召”）。【今注】方：方叔。周宣王時曾率軍南征荆楚，北伐玁狁。　虎：邵虎。又作“召虎”“召伯”。周宣王時曾率軍戰勝淮夷。

［9］【顔注】師古曰：《大雅》《小雅》之詩也。【今注】案，《詩·小雅·采芑》爲歌頌方叔率軍南征荆變之詩。《詩·大雅·江漢》爲歌頌召虎討伐淮夷之詩。

［10］【顔注】師古曰：赳赳，勁也。桓桓，威也。紹厥後謂繼周之方、邵也（邵，殿本作“召”）。

充國爲後將軍，徙杜陵。[1]辛武賢自羌軍還後七年，復爲破羌將軍，[2]征烏孫，至燉煌，[3]後不出。[4]徵未到，病卒。[5]子慶忌至大官。

［1］【今注】杜陵：漢宣帝陵園。漢代因陵設縣，徙天下富豪、二千石以上官員等居處奉請，是爲杜陵縣。杜陵縣治所在今陝西西安市雁塔區曲江街道辦事處三兆村西北。

［2］【今注】復爲破羌將軍：時在宣帝甘露元年（前53）。案，辛武賢自神爵二年（前60）罷兵復官酒泉太守，七年之間職務變動情形，不見史載。敦煌懸泉漢簡編號Ⅱ90DXT0114③：214簡云：“破羌將軍、西河太守臣武賢請假及長吏以下……出粟七十二斤。”説明武賢還做過西河太守，可補史之闕。《敦煌懸泉漢簡釋粹》整理者認爲，辛武賢任西河太守事，在歸任酒泉太守之後、第二次出任破羌將軍之前（詳見胡平生、張德芳《敦煌懸泉漢簡釋粹》，上海古籍出版社2001年版，第165—166頁）。有學者進一步推斷，辛武賢極有可能在第二次任破羌將軍時還兼任西河太守（詳見袁延勝《懸泉漢簡所見辛武賢事迹考略》，載《秦漢研究》第4輯，陝西人民出版社2010年版）。

［3］【今注】征烏孫至燉煌：據本書卷九六《西域傳下》，宣

帝甘露元年，烏孫發生内亂，烏就屠襲殺狂王，自立爲昆彌，意欲背漢而親附匈奴。漢廷復拜辛武賢爲征羌將軍，率兵一萬五千至敦煌，準備征討。敦煌懸泉漢簡中有多枚簡文與此有關。如編號Ⅱ90DXT0114④：340 簡："效穀長禹、丞壽告遮要、懸泉置：破羌將軍將騎萬人從東方來，會正月七日。今調米、肉、厨、乘假自致受作，毋令客到不辦與，毋忽，如律令。掾德成、尉史廣德。"意即破羌將軍辛武賢部衆從東面發來，即將途經效穀縣，效穀縣長禹及丞壽通知遮要置、懸泉置，做好接待準備。編號Ⅴ92DXT1311④：82 簡："甘露二年四月庚申朔丁丑，樂官令充敢言之：詔書以騎馬助傳馬，送破羌將軍、穿渠校尉、使者馮夫人。軍吏遠者至敦煌郡，軍吏晨夜行，吏御逐馬，前後不相及，馬罷亟，或道棄，逐索未得。謹遣騎士張世等，以物定逐各如牒，唯府告部、縣官、旁郡：有得此馬者以與世等。敢言之。"反映出地方協助破羌將軍等西行通過。編號Ⅱ90DXT0113③：152 簡"西合檄四，其一封鳳博印，詣破羌將軍莫府……"，此簡當爲甘露元年從東方送往敦煌破羌將軍幕府的軍情文書。（詳參張德芳、郝樹聲《懸泉漢簡研究》，甘肅文化出版社 2009 年版，第 232—233 頁）燉，白鷺洲本、大德本作"敦"。

［4］【今注】不出：謂未出塞。本書卷九六下《西域傳下》云："破羌將軍不出塞還。"

［5］【今注】病卒：病死。敦煌懸泉漢簡編號Ⅱ90DXT0114③：214 簡所謂"破羌將軍、西河太守臣武賢請假"，或即與武賢先"病"後"卒"有關。

辛慶忌字子真，少以父任爲右校丞，[1]隨長羅侯常惠屯田烏孫赤谷城，[2]與歙侯戰，[3]陷陳卻敵。惠奏其功，拜爲侍郎，遷校尉，將吏士屯焉耆國。[4]還爲謁者，[5]尚未知名。元帝初，補金城長史，[6]舉茂材，[7]

遷郎中車騎將軍，[8]朝庭多重之者。[9]轉爲校尉，遷張掖大守，徙酒泉，所在著名。成帝初，徵爲光禄大夫，遷左曹中郎將，[10]至執金吾。[11]始武賢與趙充國有隙，後充國家殺辛氏，至慶忌爲執金吾，坐子殺趙氏，左遷酒泉大守。歲餘，大將軍王鳳薦慶忌“前在兩郡著功迹，徵入，歷位朝庭，莫不信鄉。[12]質行正直，仁勇得衆心，通於兵事，明略威重，任國柱石。[13]父破羌將軍武賢顯名前世，有威西夷。臣鳳不宜久處慶忌之右。”[14]迺復徵爲光禄大夫、執金吾。

[1]【今注】任：保任。漢代，高官可以保任子弟爲官，此即任子制。本書卷一一《哀紀》顏師古注引應劭曰：“《漢儀注》：‘吏二千石以上視事滿三年，得任同産若子一人爲郎。’”　右校丞：官名。將作大匠屬官。漢代封泥有“右校丞印”。

[2]【今注】常惠：傳見本書卷七〇。　赤谷城：烏孫國都。在今吉爾吉斯斯坦伊塞克湖東南、納倫河上游。宣帝甘露年間，烏孫内亂，漢廷遣長羅侯常惠率領三校屯田於赤谷，節制烏孫大小昆彌。

[3]【顔注】師古曰：歙即翕字也。歙侯，烏孫官名。【今注】歙侯：清人陳景雲《兩漢訂誤》卷二認爲“與歙侯戰”中的“歙侯”，不是烏孫官佐，而是康居所遣之將。

[4]【今注】焉耆：西域國名。治員渠城（今新疆焉耆回族自治縣）。

[5]【今注】謁者：官名。光禄勳屬官，掌賓贊受事。秩比六百石。

[6]【今注】金城長史：金城郡太守屬官。掌兵馬武事，秩六百石。西漢時邊郡設長史一人。

［7］【今注】茂材：即秀才，漢代察舉仕進的重要科目。東漢爲避光武帝劉秀諱而稱茂才。

［8］【今注】郎中車騎將：西漢時郎中有車郎、户郎、騎郎，相應設置郎中車將、郎中户將、郎中騎將分别統領，此即所謂郎中三將，秩比千石。本文“郎中車騎將軍”，“軍”爲衍字無疑，“車”“騎”亦應有一爲衍字。“郎中車騎將”或可理解爲先後擔任郎中車將、郎中騎將。

［9］【今注】案，庭，白鷺洲本、殿本作“廷”，下同不注。

［10］【今注】左曹中郎將：官名。兼理尚書左曹事務的中郎將。左曹爲加官，加此即可日上朝謁，與聞政事。

［11］【今注】執金吾：官名。西漢中央諸卿之一。職掌宫殿之外、京城之内的警備事務，天子出行時充任儀衛導行。秩中二千石。

［12］【顔注】師古曰：“鄉”讀曰“嚮”。【今注】王鳳：字孝卿，東平陵（今山東濟南市東）人。元帝王皇后之弟，成帝時任大司馬大將軍，領尚書事，爲西漢後期權臣。事迹見本書卷九八《元后傳》等處。

［13］【顔注】師古曰：任，堪也。

［14］【顔注】師古曰：右，上也。

數年，坐小法左遷雲中大守，[1]復徵爲光禄勳。[2]時數有灾異，丞相司直何武上封事曰：[3]“虞有宫之奇，晉獻不寐；[4]衛青在位，淮南寢謀。[5]故賢人立朝，折衝厭難，勝於亡形。[6]《司馬法》曰：‘天下雖安，忘戰必危。’[7]夫將不豫設，則亡以應卒；[8]士不素厲，則難使死敵。是以先帝建列將之官，近戚主内，異姓距外，故姦軌不得萌動而破滅，[9]誠萬世之長册也。光禄勳慶忌行義修正，柔毅敦厚，[10]謀慮深遠。前在邊郡，數破敵獲虜，外夷莫不聞。迺者大異並見，未有其應，加以兵革久寢，《春秋》大災未至而豫禦之，[11]慶忌宜在爪牙官，以備不虞。"[12]其後拜爲右將軍諸吏散騎給事中，[13]歲餘徙爲左將軍。[14]

［1］【今注】雲中：郡名。治雲中（今内蒙古托克托縣古城村）。本書《百官公卿表下》："（河平三年）右曹光禄大夫辛慶忌爲執金吾，四年貶爲雲中太守。"

［2］【今注】光禄勳：官名。中央諸卿之一。負責皇宫門户侍衛，侍從皇帝左右，實爲皇帝之顧問參謀、宫總管。秩中二千石。本書《百官公卿表下》："（陽朔四年）雲中太守辛慶忌爲光禄勳，四年遷。"

［3］【今注】丞相司直：官名。佐助丞相，負責監察檢舉。秩比二千石。　何武：傳見本書卷八六。

［4］【顔注】應劭曰：晉獻公欲伐虞，以宫之奇在，寢不寐也。

［5］【今注】衛青：西漢名將。武帝時任大將軍。傳見本書卷五五。本書卷四五《伍被傳》記載淮南王劉安與謀臣伍被之間的對話："王又曰：'山東即有變，漢必使大將軍將而制山東，公以爲大將軍何如人也？'被曰：'臣所善黄義，從大將軍擊匈奴，言大將軍遇士大夫以禮，與士卒有恩，衆皆樂爲用。騎上下山如飛，材力絶人如此，數將習兵，未易當也。及謁者曹梁使長安來，言大將軍號令明，當敵勇，常爲士卒先；須士卒休，乃舍；穿井得水，乃敢飲；軍罷，士卒已踰河，乃度。皇太后所賜金錢，盡以賞賜。雖古名將不過也。'"何武所言"衛青在位，淮南寢謀"，即由此出。

［6］【顔注】師古曰：厭，抑也（抑，白鷺洲本作"押"）。未有禍難之形，豫勝之也。厭，音一葉反。

［7］【今注】司馬法：古兵書名。相傳爲齊軍事家司馬穰苴所作，故名。實係戰國時齊威王命諸大夫集古兵法，並將司馬穰苴著述附入而成。本書《藝文志》著録《軍禮司馬法》一百五十五篇。

［8］【顏注】師古曰：卒，讀曰“猝”，謂暴也。

［9］【顏注】師古曰：始生曰萌。

［10］【顏注】師古曰：和柔而能沈毅也。《尚書·咎繇謩》曰‘擾而毅’。擾亦柔也。今流俗書本柔字作果者，妄改之。

［11］【顏注】師古曰：莊十六年“公追戎於濟西”（十六，白鷺洲本、大德本、殿本作“十八”。案，“公追戎於濟西”係於《春秋》莊公十八年。底本誤），《公羊傳》曰：“此未有伐中國者，言追何？大其未至而豫禦也。”

［12］【顏注】師古曰：虞，度也。言有寇難，非意所度也。【今注】爪牙官：近侍皇帝的武職。

［13］【今注】右將軍：高級武官名號。漢代有前、後、左、右將軍，本爲大規模作戰時大將軍麾下裨將臨時名號，各統一軍，以方位命名，事訖即罷。武帝之後常置但不並置，或有前、後，或有左、右。職在典兵宿衛，亦任征伐之事。通過兼職或加官預聞政事，參與中朝決策。四將軍並位上卿，金印紫綬。位次在大將軍、驃騎將軍、車騎將軍、衛將軍之後。　諸吏散騎給事中：並爲加官名。加諸吏者得舉劾百官，與左右曹共同平議尚書奏事。加散騎者可陪侍皇帝乘輿出行。加給事中則供職殿中，備顧問應對，討論政事。西漢加官名號甚多，加諸吏之號的中朝官一般級別較高。同一官員可以擁有數個加官，其中諸吏與散騎組合較爲常見。本書《百官公卿表下》：“（鴻嘉元年）光禄勳辛慶忌爲右將軍。”“（鴻嘉三年）右將軍慶忌爲光禄勳。四年遷光禄勳並將軍。”

［14］【今注】左將軍：武官名。漢代有前、後、左、右將軍，皆位上卿，金印紫綬。左將軍位在右將軍之上。本書卷六七《朱雲傳》記載，朱雲廷諫，幾陷死罪，“於是左將軍辛慶忌免冠解印綬，

叩頭殿下曰：'此臣素著狂直於世。使其言是，不可誅；其言非，固當容之。臣敢以死争。' 慶忌叩頭流血。上意解，然後得已。"又本書卷七七《劉輔傳》記載，諫大夫劉輔强諫犯罪，"於是中朝左將軍辛慶忌、右將軍廉褒、光禄勳師丹、太中大夫谷永俱上書"云云。

慶忌居處恭儉，食飲被服尤節約，然性好輿馬，號爲鮮明，唯是爲奢。爲國虎臣，遭世承平，匈奴、西域親附，敬其威信。年老卒官。長子通爲護羌校尉，中子遵函谷關都尉，[1]少子茂水衡都尉出爲郡守，[2]皆有將帥之風。宗族支屬至二千石者十餘人。

[1]【今注】函谷關都尉：官名。職在守備函谷關，稽察行人，並徵收關税。秩比二千石。函谷關是扼守關中、溝通東西的要隘。故關在今河南靈寶市東北。漢武帝元鼎三年（前114）徙關至今河南新安縣東。

[2]【今注】茂：即辛茂。本書《百官公卿表下》載平帝元始二年（1）"中郎將幸成子淵爲水衡都尉"。清人錢大昭《漢書辨疑》卷一九曰："茂字子淵，由中郎將遷。見《公卿表》。"

元始中，安漢公王莽秉政，[1]見慶忌本大將軍鳳所成，三子皆能，欲親厚之。是時莽方立威柄，用甄豐、甄邯以自助，[2]豐、邯新貴，威震朝廷。水衡都尉茂自見名臣子孫，兄弟並列，不甚詘事兩甄。[3]時平帝幼，[4]外家衛氏不得在京師，[5]而護羌校尉通長子次兄素與帝從舅衛子伯相善，[6]兩人俱游俠，賓客甚盛。及吕寬事起，[7]莽誅衛氏，兩甄搆言諸辛陰與衛子伯爲心腹，有背恩不説安漢公之謀。[8]於是司直陳崇舉奏其宗親隴西辛興等侵陵百姓，[9]威行州郡。莽遂按通父子、遵茂兄弟及南郡太守辛伯等，[10]皆誅殺之。辛氏繇是廢。[11]慶忌本狄道人，爲將軍，徙昌陵。[12]昌陵罷，留長安。[13]

［1］【今注】王莽：傳見本書卷九九。

［2］【今注】甄豐：字長伯。西漢末至新莽朝官員。成、哀時歷任京兆都尉、水衡都尉、泗水相、左曹中郎將、光禄勳、右將軍等職。平帝時任少傅左將軍、大司空，封廣陽侯，爲權臣王莽心腹之一。新莽代漢，拜更始將軍，封廣新公。後因其子犯罪，被迫自殺。事迹見本書卷九九《王莽傳》。　甄邯：字子心。西漢末至新莽朝官員。丞相孔光女婿。哀、平時歷任侍中奉車都尉、光禄勳、右將軍，封承陽侯（亦作“丞陽侯”），爲王莽心腹之一。王莽居攝，先後任太保後承、大將軍。新莽代漢，拜大司馬，封承新公。事迹見本書《王莽傳》。

［3］【今注】詘（qū）事：屈尊侍奉。

［4］【今注】平帝：漢平帝劉衎。紀見本書卷一二。

［5］【今注】衛氏：漢平帝母家。中山孝王娶中山衛子豪小女，生子劉衎。時王莽擅權，立劉衎爲帝，隔絶衛氏，禁止平帝生母衛姬及衛氏親族進京。

［6］【顔注】師古曰：次兄，其字也。兄讀如本字，亦讀曰“況”。

［7］【今注】吕寬：王莽子王宇妻兄。與王宇密謀在王莽府門塗血，以神怪迫懾王莽歸政衛氏。事敗，吕寬、王宇皆死，多人受牽連。事見本書卷九二《游俠傳》、卷九九《王莽傳》。

［8］【顔注】師古曰：“説”讀曰“悦”。

［9］【今注】陳崇：南陽人。西漢末，以材能受到權臣王莽信

任，任司隸校尉、大司徒司直。新莽時任五威司命，封統睦侯。事見本書《王莽傳》。司直，指其時爲大司徒司直。　辛興：其事又見本書卷七二《鮑宣傳》："平帝即位，王莽秉政，陰有篡國之心，乃風州郡以辠法案誅諸豪桀，及漢忠直臣不附己者，宣及何武等皆死。時名捕隴西辛興，興與宣女壻許紺俱過宣，一飯去，宣不知情，坐繫獄，自殺。"

［10］【今注】南郡：治江陵（今湖北荆州市江陵區）。

［11］【顔注】師古曰："繇"讀與"由"同。

［12］【今注】昌陵：漢成帝最初營建的陵園。鴻嘉元年（前20），確定在新豐戲鄉（今陝西西安市臨潼區東）建昌陵縣。次年，徙郡國豪傑五千户實昌陵，並賜丞相、御史、將軍、列侯、公主、中二千石塚地、第宅。

［13］【今注】案，本段自"見慶忌本"之後，底本闕，據殿本補。

贊曰：秦漢已來，山東出相，山西出將。[1]秦時將軍白起，郿人；[2]王翦，頻陽人。[3]漢興，郁郅王圍、甘延壽，[4]義渠公孫賀、傅介子，[5]成紀李廣、李蔡，[6]杜陵蘇建、蘇武，[7]上邽上官桀、趙充國，[8]襄武廉褒，[9]狄道辛武賢、慶忌，皆以勇武顯聞。蘇、辛父子著節，此其可稱列者也，其餘不可勝數。何則？山西天水、隴西、安定、北地處埶迫近羌胡，民俗修習戰備，高上勇力鞌馬騎射。[10]故《秦詩》曰："王于興師，修我甲兵，與子皆行。"[11]其風聲氣俗，自古而然，今之歌謡慷慨，風流猶存耳。[12]

［1］【今注】山東出相山西出將：又作"關東出相，關西出

將”。山，指崤山或華山。關，指函谷關。秦及西漢時期，名相多出自崤山—函谷關以東地區，名將出自崤山—函谷關以西地區。

［2］【顔注】師古曰：郿，扶風之縣也，音“媚”。【今注】案，秦時，白鷺洲本、殿本無“時”字。　白起：戰國後期秦國大將。傳見《史記》卷七三。　郿：縣名。治所在今陝西眉縣東北。原爲周邑，秦置縣。

［3］【今注】王翦：秦統一前後名將。傳見《史記》卷七三。　頻陽：縣名。治所在今陝西富平縣東北。

［4］【顔注】師古曰：圍爲彊弩將軍，見《藝文志》。郁，音於六反。郅，音“質”。【今注】郁郅：縣名。治所在今甘肅慶陽市。　王圍：曾任彊弩將軍。本書《藝文志》記有《彊弩將軍王圍射法》五卷，亡佚。　甘延壽：傳見本書卷七〇。

［5］【今注】義渠：道名。治所在今甘肅慶陽市西峰區。　公孫賀：傳見本書卷六六。　傅介子：傳見本書卷七〇。

［6］【今注】成紀：縣名。治所在今甘肅静寧縣西南（一説在今甘肅秦安縣北）。　李廣：傳見本書卷五四。　李蔡：西漢名將。武帝時期曾任丞相。事迹詳見本書卷五四《李廣傳》。

［7］【今注】蘇建：傳見本書卷五四。　蘇武：蘇建中子。傳見本書卷五四。

［8］【今注】上官桀：隴西郡上邽縣（今甘肅天水市麥積區）人。武帝時，初爲羽林期門郎，後任未央厩令，侍中、騎都尉，遷太僕。武帝病篤，任爲左將軍，與霍光同受遺詔輔少主，封安陽侯。昭帝即位，其孫女被立爲皇后。後與大將軍霍光争權，遂與御史大夫桑弘羊、帝姊鄂邑長公主及燕王劉旦合謀除光，並另立帝。後謀泄被誅。

［9］【今注】襄武：縣名。治所在今甘肅隴西縣東南。　廉褒：字子上。成帝時曾任金城太守、執金吾、右將軍。事迹見本書卷一九下《百官公卿表下》、卷七七《劉輔傳》、卷九六下《西域

傳下》等處。

［10］【今注】高上：崇尚。案，韏，白鷺洲本、殿本作“鞚”。

［11］【顏注】師古曰：《小戎》之詩也，解在《地理志》。【今注】秦詩：詳《毛詩·秦風·無衣》。

［12］【今注】案，本段自“贊曰”至“王于興”，底本闕，據殿本補。

漢書　卷七〇

傅常鄭甘陳段傳第四十

傅介子，北地人也，[1]以從軍爲官。[2]先是龜兹、樓蘭皆嘗殺漢使者，[3]語在《西域傳》。至元鳳中，[4]介子以駿馬監求使大宛，[5]因詔令責樓蘭、龜兹國。

［1］【顔注】師古曰：《趙充國傳》贊云“義渠公孫賀、傅介子”，然則介子北地義渠人也。【今注】北地：郡名。治馬領縣（今甘肅慶陽市西北馬嶺鎮）。

［2］【今注】以從軍爲官：從軍，漢代仕進途逕之一。《西京雜記》：“傅介子年十四，好學書，嘗棄觚而歎曰：‘大丈夫當立功絶域，何能坐事散儒！’”

［3］【顔注】服虔曰：龜兹音丘慈反（白鷺洲、大德本、殿本無“反”字）。【今注】龜兹：西域國名。王治延城（今新疆庫車縣東皮朗舊城）。　樓蘭：西域國名。王治扜泥城（今新疆若羌縣東北羅布泊西岸樓蘭古城）。漢昭帝元鳳四年（前77）改名“鄯善”。懸泉漢簡編號ⅡT0115②：47簡：“樓蘭王以下二百六十人當東，傳車馬皆當柱敦☐。”記録了樓蘭王率領二百餘名屬下前往長安之事。（詳張俊民《西漢樓蘭、鄯善簡牘資料鉤沈》，《魯東大學學報》2013年第4期）

［4］【今注】元鳳：漢昭帝年號（前80—前75）。

［5］【今注】駿馬監：官名。秦置駿馬令、丞，漢沿置，掌皇帝車乘，屬太僕。駿馬監當爲駿馬令、丞之屬官。周壽昌《漢書注校補》曰："駿馬監當屬太僕，而《百官表》駿馬有令、丞，無監，《續志》注引同。後漢有左駿令，亦無監。疑此'監'字爲'令''丞'字誤也。"陳直《漢書新證》："駿馬監爲太僕駿馬令之屬官，《百官表》祇記令丞不記監。除駿馬監外，如尚食監屬於大官令，盧監屬於掖庭令（見《漢官儀》），太醫監屬於太醫令（見《外戚·上官皇后傳》），狗監疑屬於上林令。其職務紛繁者，尚不止一監。如黄門令有倡監，見於《東方朔傳》，有馬監，見於《金日磾傳》。樂府令有音監，見於《張安世傳》。湯官令有飲監，見於封泥。又如僅掌一宫觀池沼，不够設令丞，祇够設監者，如平樂監見於本傳，棫中監見於《常惠傳》，安池監見於《外戚·霍皇后傳》，章門觀監，嚴道橘監，均見於封泥是也。本傳駿馬監凡二見，平樂監亦二見，周壽昌謂駿馬監不見於《百官表》，疑爲駿馬令之誤字，蓋未達漢制也。"沈家本疑"駿馬監"爲"駿馬丞"之誤，《漢律摭疑》卷二二按云："《百官表》駿馬有令丞而無監。介子由駿馬監拜中郎，又由中郎而遷平樂厩監，中郎秩六百石，厩令亦六百石，厩監當在厩令之次，是監之位次在中郎之右，不應由厩監而拜中郎，由中郎而又遷厩監。疑駿馬監乃駿馬丞之誤，丞位次在令長之下，故奉使歸而拜爲中郎也。"　大宛：西域國名。王治貴山城（今烏兹别克斯坦塔什干市東南卡散賽）。傳見本書卷九六上。

介子至樓蘭，責其王教匈奴遮殺漢使："大兵方至，王苟不教匈奴，匈奴使過至諸國，何爲不言？"王謝服，言匈奴使屬過，[1]當至烏孫，[2]道過龜兹。介子至龜兹，復責其王，王亦服罪。介子從大宛還到龜兹，龜兹言："匈奴使從烏孫還，在此。"介子因率其吏士共誅斬匈奴使者。還奏事，詔拜介子爲中郎，[3]遷平樂監。[4]

[1]【顔注】師古曰：屬，近也。近始過去。屬，音之欲反。

[2]【今注】烏孫：西域國名。王治赤谷城（今吉爾吉斯斯坦伊塞克湖州東南伊什提克）。傳見本書卷九六下。

[3]【今注】中郎：官名。掌守衛宫殿門户，出充車騎。屬郎中令（光禄勳）。秩比六百石。

[4]【今注】平樂監：官名。《資治通鑑》卷二四《漢紀》孝昭皇帝四年胡三省注："平樂監，監平樂觀。"西漢上林苑有平樂觀，武帝時常與侍從馳逐狩獵其中，或有駐屯衛士，故設監以負責。《史記》卷一〇九《李將軍列傳》記載，"李陵既壯，選爲建章監，監諸騎"。李陵所監乃建章營騎。平樂監職掌或與此相類。按建章營騎後改爲羽林，設羽林左、右監各一人分主左、右騎，秩六百石，則平樂監秩亦當爲六百石。平樂監，本書《功臣表》作"平樂厩監"，似平樂觀有厩馬，設平樂厩監以主其事。

介子謂大將軍霍光曰：[1]"樓蘭、龜兹數反覆而不誅，無所懲艾。[2]介子過龜兹時，其王近就人，易得也，[3]願往刺之，以威示諸國。"大將軍曰："龜兹道遠，且驗之於樓蘭。"於是白遣之。

[1]【今注】大將軍：戰國秦至西漢前期本爲將軍的最高稱號，非常設，遇有戰事時負責統兵作戰，事畢即罷。武帝之後漸成常設性高級軍政官職，其前多冠以大司馬，領尚書事，秩萬石，位高權重，事實上成爲最高行政長官。多由貴戚擔任。　霍光：傳見本書卷六八。

[2]【顔注】師古曰："艾"讀曰"乂"。【今注】懲艾：懲治。

［3］【顔注】師古曰：附近而親就，言不相猜阻也。

介子與士卒俱齎金幣，揚言以賜外國爲名。至樓蘭，樓蘭王意不親介子，介子陽引去，至其西界，使譯謂曰："漢使者持黄金錦繡行賜諸國，[1]王不來受，我去之西國矣。"即出金幣以示譯。譯還報王，王貪漢物，來見使者。介子與坐飲，陳物示之。飲酒皆醉，介子謂王曰："天子使我私報王。"[2]王起隨介子入帳中，屏語，[3]壯士二人從後刺之，刃交匈，[4]立死。其貴人左右皆散走。介子告諭以"王負漢罪，天子遣我來誅王，當更立前大子質在漢者。漢兵方至，毋敢動，動滅國矣！"遂持王首還詣闕。[5]公卿將軍議者咸嘉其功。[6]上迺下詔曰："樓蘭王安歸常爲匈奴閒，候遮漢使者，[7]發兵殺略衛司馬安樂、光禄大夫忠、期門郎遂成等三輩及安息、大宛使，盗取節印獻物，[8]甚逆天理。平樂監傅介子持節使誅斬樓蘭王安歸首，縣之北闕，[9]以直報怨，[10]不煩師衆。其封介子爲義陽侯，[11]食邑七百户。[12]士刺王者皆補侍郎。"[13]

［1］【顔注】師古曰：徧往賜之。

［2］【顔注】師古曰：謂密有所論。

［3］【顔注】師古曰：屏人而獨共語也。

［4］【今注】案，匈，白鷺洲本、大德本、殿本作"胸"。

［5］【今注】遂持王首還詣闕：居延漢簡載"詔伊循候章□卒曰，持樓蘭王頭詣敦煌，留卒十人，女譯二人，留守證□"（簡號303.8。參謝桂華、李均明、朱國炤主編《居延漢簡釋文合校》，文

物出版社 1987 年版）。意即朝廷下詔，命伊循候派人將樓蘭王首級送到敦煌。其事可補本傳。

［6］【今注】咸嘉其功：何焯《義門讀書記》卷一九以爲，介子此行係大將軍霍光派遣，故群臣廷議無異議。

［7］【顏注】師古曰：言爲匈奴之間而候伺（本書卷九六《西域傳》記爲“後數爲匈奴反間”。《漢書考證》齊召南據此以爲“爲匈奴之間”當作“爲匈奴反間”，“反”字誤作“之”字）。【今注】安歸：樓蘭王名。本書卷九六上《鄯善國傳》作“嘗歸”。

［8］【顏注】晉灼曰：此安息、大宛遠遣使獻漢，而樓蘭王使人盜取所獻之物也。師古曰：節及印，漢使者所賫也。獻物，大宛等使所獻也。樓蘭既殺漢使，又殺諸國使者。【今注】衛司馬：官名。校尉屬官。掌秩千石。漢中央設中壘、屯騎、步兵、越騎、長水、胡騎、射聲、虎賁八校尉，校尉屬衛尉，故稱八校尉下之司馬爲衛司馬。本書卷八《元紀》載漢元帝初元五年（前 44）冬十二月丁未事：“衛司馬谷吉使匈奴，不還。”師古注曰：“即衛尉八屯之衛司馬。”　安樂：人名。姓氏不詳。　光禄大夫：官名。漢武帝時改中大夫置，掌論議。屬光禄勳，秩比二千石。　忠：即王忠。據本書卷九四上《匈奴傳上》，光禄大夫王忠曾帶領副使馬宏等出使西域，爲匈奴所遮，戰死。　期門郎：官名。武帝時置。掌執兵扈從侍衛。武帝喜微行，與諸護衛期約於殿門，故稱期門。位比於郎，故稱期門郎。又稱“期門武士”。平帝時更名“虎賁郎”。　安息：古國名。在今伊朗高原及兩河流域一帶。

［9］【今注】北闕：此指未央宫北闕，又名玄武闕，在未央宫北面司馬門外，故名。臣民謁見或上書，均需候於北闕之下。（參見徐暢《西漢長安城未央宫北闕的地理位置及政治作用》，《四川文物》2012 年第 4 期）

［10］【顏注】師古曰：《論語》載孔子言曰“以直報怨，以

德報德”，言怨於我者則直道而報之（而，白鷺洲、大德本同，殿本作“以”）。故詔引之也。

［11］【今注】義陽侯：封爵名。義陽，在今河南桐柏縣東。

［12］【今注】食邑七百户：據本書《景武昭宣元成功臣表》，介子在昭帝元鳳四年（前77）七月乙巳受封，食邑七百五十九户。

［13］【今注】侍郎：官名。漢武帝以後置，爲郎官的一種，郎中滿一年（一説爲三年）即可升爲侍郎，職在侍奉皇帝，宿衛宫禁。屬光禄勳。秩四百石。

介子薨，[1]子敞有罪不得嗣，國除。元始中，[2]繼功臣世，復封介子曾孫長爲義陽侯，[3]王莽敗，迺絶。

［1］【今注】介子薨：據本書《景武昭宣元成功臣表》，介子卒於漢宣帝元康元年（前65）。

［2］【今注】元始：漢平帝年號（1—5）。

［3］【今注】案，據本書《景武昭宣元成功臣表》，傅長於平帝元始四年（4）被紹封爲義陽侯，更始元年（23），爲亂兵所殺。

常惠，太原人也。[1]少時家貧，自奮應募，隨栘中監蘇武使匈奴，[2]并見拘留十餘年，昭帝時迺還。漢嘉其勤勞，拜爲光禄大夫。[3]

［1］【今注】太原：郡名。治晉陽（今山西太原市西南）。

［2］【顔注】師古曰：栘中，廄名也，音“移”。解在《昭紀》。【今注】栘（yí）中監：官名。屬太僕。西漢有栘園，中有馬廄，設監以掌其事。　蘇武：傳見本書卷五四。

［3］【今注】光禄大夫：據本書卷五四《蘇武傳》，常惠自匈奴還漢，僅拜中郎。

是時，烏孫公主上書言："匈奴發騎田車師，[1]車師與匈奴爲一，共侵烏孫，唯天子救之！"漢養士馬，議欲擊匈奴。會昭帝崩，宣帝初即位，本始二年，[2]遣惠使烏孫。公主及昆彌皆遣使，[3]因惠言："匈奴連發大兵擊烏孫，取車延、惡師地，[4]收其人民去，使使脅求公主，[5]欲隔絶漢。昆彌願發國半精兵，自給人馬五萬騎，盡力擊匈奴。唯天子出兵以救公主、昆彌！"於是漢大發十五萬騎，五將軍分道出，[6]語在《匈奴傳》。

[1]【顔注】師古曰：車師，西域國名也。【今注】烏孫公主：名解憂。本爲楚王劉戊之孫女，武帝元封、太初年間以公主身份嫁給烏孫昆彌軍須靡，漢稱烏孫公主。軍須靡死，復嫁昆彌翁歸靡，生三男二女。事見本書卷九六下《西域傳下》。　車師：西域國名。王治交河（今新疆吐魯番市西北）。東南通敦煌，南通樓蘭（鄯善），西通焉耆，西北通烏孫，東北通匈奴，居絲路要地。原名"姑師"。

[2]【今注】本始：漢宣帝年號（前73—前70）。

[3]【今注】昆彌：或稱"昆莫"，烏孫首領名號。

[4]【今注】車延：地名。在今新疆石河子市。　惡師：地名。在今新疆烏蘇市。

[5]【顔注】師古曰：脅謂以威迫之也。

[6]【顔注】師古曰：祁連將軍田廣明、蒲類將軍趙充國、武牙將軍田順、度遼將軍范明友、前將軍韓增。

以惠爲校尉，[1]持節護烏孫兵。昆彌自將翕侯以下五萬餘騎，[2]從西方入至右谷蠡庭，[3]獲單于父行及嫂居次,[4]名王、騎將以下三萬九千人,[5]得馬牛驢贏橐佗五萬餘匹,[6]羊六十餘萬頭,烏孫皆自取鹵獲。[7]惠從吏卒十餘人隨昆彌還,未至烏孫,烏孫人盜惠印綬節。惠還,自以當誅。[8]時漢五將皆無功,天子以惠奉使克獲,遂封惠爲長羅侯。[9]復遣惠持金幣還賜烏孫貴人有功者,惠因奏請龜兹國嘗殺校尉賴丹,[10]未伏誅,請便道擊之,宣帝不許。大將軍霍光風惠以便宜從事。[11]惠與吏士五百人俱至烏孫,還過,發西國兵二萬人,令副使發龜兹東國二萬人,烏孫兵七千人,從三面攻龜兹,兵未合,先遣人責其王以前殺漢使狀。王謝曰:“迺我先王時爲貴人姑翼所誤耳,我無罪。”惠曰:“即如此,縛姑翼來,吾置王。”[12]王執姑翼詣惠,惠斬之而還。

[1]【今注】校尉:武官名。職位次於將軍。因職務不同,加各種名號,如司隸校尉、輕騎校尉、戊己校尉等。

[2]【顏注】師古曰:翎即“翕”字也。翎侯,烏孫官號也。【今注】案,翕,白鷺洲本、大德本、殿本作“翖”。

[3]【顏注】師古曰:“谷”音“鹿”。“蠡”音“黎”。【今注】右谷蠡庭:右谷蠡王駐牧施政之處。《後漢書》卷八九《南匈奴傳》:匈奴單于之下,“大臣貴者左賢王,次左谷蠡王,次右賢王,次右谷蠡王,謂之四角。……皆單于子弟,次第當爲單于者也”。右谷蠡王爲匈奴(四角)之一,駐牧地大致在鹽澤以西至葱嶺的匈奴控制地區。王庭對應今地無考。

[4]【顏注】晉灼曰:匈奴女號,若言公主也。師古曰:行胡浪反(白鷺洲同,大德本、殿本“胡”前有“音”字)。【今注】父行:猶“父輩”。行,輩分行次。　居次:匈奴貴族女子的

尊號，相當於漢之公主。

［5］【今注】名王：匈奴諸王中有名號者以區别於諸小王。

［6］【今注】贏：同“騾”。

［7］【今注】鹵獲：虜掠所得之物。

［8］【顏注】師古曰：謂失印綬及節爲辱命。

［9］【今注】長羅侯：長羅，陳留郡屬縣，在今河南長垣縣東北。據本書《景武昭宣元成功臣表》，常惠於宣帝本始四年（前70）四月癸巳受封，食邑二千八百五十户。

［10］【今注】賴丹：本爲西域杅彌國太子，被漢廷拜爲校尉，率軍在輪臺屯田，後被龜兹殺害。

［11］【顏注】師古曰：言至前所專命而行也。“風”讀曰“諷”。

［12］【顏注】師古曰：置猶放。

後代蘇武爲典屬國，[1]明習外國事，勤勞數有功。甘露中，[2]後將軍趙充國薨，[3]天子遂以惠爲右將軍，[4]典屬國如故。宣帝崩，惠事元帝，三歲薨，謚曰“壯武侯”。傳國至曾孫，建武中迺絶。[5]

［1］【今注】典屬國：官名。秦置，漢承之，負責管理歸附漢朝的少數民族事務。秩中二千石（一説二千石），銀印青綬，居列卿之位。

［2］【今注】甘露：漢宣帝年號（前53—前50）。

［3］【今注】後將軍：高級武官名號。漢代有前、後、左、右將軍，爲大規模作戰時大將軍麾下裨將臨時名號，各統一軍，以方位命名，事訖即罷。武帝之後常置但不並置，或有前、後，或有左、右。職在典兵宿衛，亦任征伐之事。通過兼職或加官預聞政事，參與中朝決策。四將軍並位上卿，金印紫綬。位次在大將軍、

驃騎將軍、車騎將軍、衛將軍之後。　趙充國：傳見本書卷六九。

［4］【今注】右將軍：詳參前注。右將軍地位不及左將軍尊顯。

［5］【今注】傳國至曾孫建武中迺絶：據本書《景武昭宣元成功臣表》，常惠卒後，其子常成、孫常邯、曾孫常翕先後嗣爵。東漢光武帝建武四年（28），常翕卒，國除。

鄭吉，會稽人也，[1]以卒伍從軍，[2]數出西域，由是爲郎。吉爲人彊執，習外國事。[3]自張騫通西域，[4]李廣利征伐之後，[5]初置校尉，屯田渠黎。[6]至宣帝時，吉以侍郎田渠黎積穀，因發諸國兵攻破車師，遷衛司馬，使護鄯善以西南道。[7]

［1］【今注】會稽：郡名。治吴縣（今江蘇蘇州市）。

［2］【今注】卒伍：漢代身份術語。卒即公卒，伍即士伍，均爲無爵平民男子。公卒、士伍合稱卒伍，意謂身份卑下。

［3］【顔注】師古曰：彊力而有執志者。

［4］【今注】張騫：傳見本書卷六一。

［5］【今注】李廣利：傳見本書卷六一。

［6］【今注】渠黎：西域國名。一作“渠犂”。王治在今新疆尉犂縣。傳見本書卷九六下。

［7］【顔注】師古曰：“鄯”音“善”。【今注】護：衛護、監護。　鄯善：西域國名。本名樓蘭，昭帝元鳳四年（前77）改稱鄯善。王治扜泥城（今新疆若羌縣東北羅布泊西岸樓蘭古城）。南道：東西穿行西域的途徑之一。本書卷九六上《西域傳上》：“自玉門、陽關出西域有兩道。從鄯善傍南山北，波河西行至莎車，爲南道；南道西踰葱嶺則出大月氏、安息。自車師前王廷隨北山，波河西行至疏勒，爲北道；北道西踰葱嶺則出大宛、康居、奄蔡焉。”

南道起自敦煌玉門關、陽關，西行至鹽澤（今新疆羅布泊）西北的樓蘭，西南行至鄯善（今新疆若羌縣），沿昆侖山北麓的南河（今車爾臣河，或稱且末河）西行至于闐（今新疆和田），復西行至莎車（今新疆莎車縣）。南道西逾葱嶺（今帕米爾）可至大月氏（今阿姆河流域）、安息（今伊朗高原及兩河流域）。居延漢簡簡文有云："元康四年二月己未朔，乙亥，使護鄯善以西校尉吉，副衛司馬富昌，丞慶，都尉宣建，都〼迺元康二年五月癸未以使都護檄書，遣尉丞赦，將施刑士五十人，送致將車□發〼。"（簡號118.17。參謝桂華、李均明、朱國炤主編《居延漢簡釋文合校》）簡文中的"校尉吉"即鄭吉。簡文是使護鄯善以西校尉鄭吉與其下屬富昌聯名簽署的文書。（詳張俊民《西漢樓蘭、鄯善簡牘資料鈎沈》）

神爵中，[1]匈奴乖亂，日逐王先賢撣欲降漢，[2]使人與吉相聞。吉發渠黎、龜兹諸國五萬人迎日逐王，[3]口萬二千人、小王將十二人隨吉至河曲，[4]頗有亡者，吉追斬之，遂將詣京師。漢封日逐王爲歸德侯。吉既破車師，降日逐，威震西域，遂并護車師以西北道，[5]故號都護。[6]都護之置自吉始焉。

[1]【今注】神爵：漢宣帝年號（前61—前58）。

[2]【顔注】師古曰："撣"音"纏"。【今注】日逐王先賢撣：匈奴名王。"日逐"爲王號。"先賢撣"爲名。先賢撣爲且鞮侯單于之孫，因不滿伯父狐鹿姑單于關於繼任的安排，率部衆數萬騎歸漢。

[3]【今注】案，據本書《景武昭宣元成功臣表》，鄭吉迎送日逐王時的身份是"校尉光禄大夫"。

[4]【今注】河曲：地名。黄河在今青海海南藏族自治州一帶

曲折東北流，故稱河曲。

［5］【今注】北道：東西穿行西域的途逕之一。自敦煌玉門關、陽關西行至鹽澤（今新疆羅布泊）西北的樓蘭，沿北河（今孔雀河下游）西行至龜兹（今新疆庫車縣），復西行至疏勒（今新疆喀什市），此即北道。沿北道西逾葱嶺（今帕米爾），可至大宛（今費爾幹納盆地）、唐居（今巴爾喀什湖與鹹海之間）、奄蔡（今鹹海至里海一帶）。

［6］【顔注】師古曰：並護南北二道，故謂之都。都猶大也，總也。

上嘉其功效，迺下詔曰："都護西域騎都尉鄭吉，[1]拊循外蠻，宣明威信，[2]迎匈奴單于從兄日逐王衆，擊破車師兜訾城，[3]功效茂著。其封吉爲安遠侯，[4]食邑千户。"[5]吉於是中西域而立莫府，[6]治烏壘城，[7]鎮撫諸國，誅伐懷集之。漢之號令班西域矣，[8]始自張騫而成於鄭吉。語在《西域傳》。

［1］【今注】騎都尉：官名。漢武帝始置。掌羽林騎。屬光禄勳，秩比二千石。

［2］【顔注】師古曰：《禮》云東夷、北狄、西戎、南蠻，然夷蠻戎狄亦四方之總稱耳，故史傳又云百蠻也。

［3］【顔注】師古曰：訾，子移反（白鷺洲同，大德本、殿本"子"前有"音"字）。【今注】兜訾城：即交河城。"兜訾"是車師語稱，漢統一西域之後，因其地河水分流繞城而稱"交河"，"兜訾"遂湮没無聞（詳王樾《漢車師兜訾城考》，《西域研究》1999年第2期）。

［4］【今注】安遠侯：據本書《景武昭宣元成功臣表》，鄭吉於宣帝神爵三年（前59）四月壬戌封侯，安遠侯食邑在汝南慎縣。

安遠，楊樹達《漢書窺管》卷七以爲，漢無安遠縣，此以美名封。案，敦煌懸泉漢簡編號Ⅰ90DXT0114③：62 簡文“使都護安遠侯吉上書一封□□元年十月庚辰日餔時受遮要□□□□□□□□行”（甘肅簡牘博物館等編《懸泉漢簡（壹）》，中西書局 2019 年版，第 228 頁），記録了鄭吉以使西域都護、安遠侯身份向朝廷上書之事。

［5］【今注】食邑千户：據本書《景武昭宣元成功臣表》，“坐法削户三百，定七百九十户”。

［6］【顔注】師古曰：中西域者，言冣處諸國之中，近遠均也。中，竹仲反（白鷺洲同，大德本、殿本“竹”前有“音”字）。【今注】中西域：在西域地區的中心位置。此爲大概説法。莫府：官署名。古代軍隊出征，居處以幕帳爲官署，故稱。莫或作“幕”。漢代幕府皆有屬官，參贊軍務。

［7］【今注】烏壘城：在今新疆輪臺縣東。遺址位置大致在今輪臺縣野雲溝鄉稍偏西南的緑洲地帶（詳張安福《西域都護府烏壘城遺址考》，《齊魯學刊》2013 年第 3 期）。

［8］【顔注】師古曰：班，布也。

吉薨，[1]謚曰繆侯。子光嗣，薨，無子，國除。元始中，録功臣不以罪絶者，封吉曾孫永爲安遠侯。[2]

［1］【今注】吉薨：據本書《景武昭宣元成功臣表》，鄭吉封侯十一年薨，時當宣帝黄龍元年（前 49）。

［2］【今注】封吉曾孫永爲安遠侯：據本書《景武昭宣元成功臣表》，孺子居攝元年（6），鄭吉曾孫鄭永紹封爲侯，食邑千户。新莽敗，國絶。

甘延壽字君況，北地郁郅人也。[1]少以良家子善騎射爲羽林，[2]投石拔距，絶於等倫，[3]嘗超踰羽林亭樓，由是遷爲郎。[4]試弁，爲期門，[5]以材力愛幸。稍遷至遼東太守，[6]免官。車騎將軍許嘉薦延壽爲郎中諫大夫，[7]使西域都護騎都尉，與副校尉陳湯共誅斬郅支單于，[8]封義成侯。[9]薨，[10]謚曰壯侯。傳國至曾孫，王莽敗，迺絶。[11]

［1］【今注】郁郅：縣名。治所在今甘肅慶陽市。

［2］【今注】良家子：漢代身份術語。罪犯、商賈、巫、醫、百工、贅婿以外的身世清白之家即爲良家，屬自由民，子女即稱"良家子"。　羽林：西漢宫廷禁軍的一種，屬郎衛系統。武帝太初元年（前104）建置。初名建章營騎，主要負責建章宫警衛事務，故名。後改稱羽林，取其"爲國羽翼，如林之盛"之意，負責扈從侍衛及殿内省外區域的警衛。能力出衆者可遷爲郎，謂爲羽林郎。多選自三輔及西北六郡良家子中有材力善騎射者。陣亡將士的子弟亦得收養於羽林並接受軍事教育，稱爲"羽林孤兒"。屬郎中令（光禄勳）。

［3］【顔注】應劭曰：投石，以石投人也。拔距，即下超踰羽林亭樓是也。張晏曰：《范蠡兵法》飛石重十二斤，爲機發，行三百步。延壽有力，能以手投之。拔距，超距也。師古曰：投石，應説是也。拔距者，有人連坐相把據地，距以爲堅而能拔取之，皆言其有手掔之力。超踰亭樓，又言其趫捷耳，非拔距也。今人猶有拔爪之戲，蓋拔距之遺法。【今注】投石拔距：漢代軍事訓練科目名稱。投石，即投擲石塊，屬投擲運動。拔距，二人隔距據地，以手推拿擒取，屬角力運動。或以爲拔距即"超距"，屬於跳躍運動。《史記》卷七三《白起王翦列傳》記載戰國末王翦伐楚之事："王翦日休士洗沐，而善飲食撫循之，親與士卒同食。久之，王翦使人問軍中戲乎？對曰：'方投石超距。'於是王翦曰：'士卒可用矣。'"司馬貞《索隱》："超距猶跳躍也。"或以"投石拔距"

爲一種運動。如王念孫《讀書雜志·漢書第十二》:"左思《吴都賦》'袒裼徒搏,拔距投石之部',劉逵云:'拔距,謂兩人以手相案,能拔引之也。'師古之解拔距蓋本於此。今案,投石拔距者:石,擿也。投石猶言投擿。擿亦投也。《廣雅》曰:'擿,投也','石,擿也'。賈子《連語篇》曰:'提石之者,猶未肯止'是也。(提亦擿也。《史記·刺客傳》荆軻'引其匕首以擿秦王',《燕策》'擿'作'提'。)拔距,超距也,故下文即云'超踰亭樓'。《史記·王翦傳》'方投石超距',徐廣曰:'超,一作拔。'應劭以拔距爲超踰是也。距亦超也。(僖二十八年《左傳》'距躍三百',杜注曰:'距躍,超越也。'《吕氏春秋·悔過篇》注曰:'超乘,巨踊車上也。巨與距同。')超亦拔也。'投石拔距''投石超距'皆四字平列。《管子·輕重丁篇》'戲笑超距'亦四字平列。應劭謂投石爲'以石投人',劉逵謂拔距爲'兩人以手相案,能拔引之',皆非是。"

[4]【今注】郎:此指羽林郎。

[5]【顔注】孟康曰:弁,手搏。【今注】期門:即期門郎。據本書卷九六下《西域傳下》,宣帝甘露年間,甘延壽曾以期門身份擔任副使,護送馮夫人往烏孫。

[6]【今注】遼東:郡名。治襄平縣(今遼寧遼陽市)。

[7]【今注】車騎將軍:漢代高級武官名號。最初是作戰時統帥車兵、騎兵部隊的將領,不常置,遇有戰事時負責統兵作戰,事畢即罷。武帝之後漸變爲統領京師宿衛、具有武職性質的中朝重臣,預聞政事,加大司馬號、録尚書事則成爲最高軍政長官。金印紫綬。位次僅次於大將軍、驃騎將軍,在衛將軍及前、後、左、右將軍之上。 許嘉:宣帝許皇后從兄。元帝時封平恩侯,官拜大司馬車騎將軍。成帝即位,以皇后父身份繼續任大司馬車騎將軍,權勢甚重。死後謚恭侯。事詳本書卷九七上《外戚傳上》。 郎中:漢承秦置,爲九卿之一郎中令(光禄勳)屬官,爲郎官之一種。掌宿衛殿門。秩比三百石。 諫大夫:官名。漢武帝置。掌諫争、顧

問應對，議論朝政。屬光禄勳，無定員，秩比八百石。

［8］【今注】郅支單于：即郅支骨都侯單于，呼韓邪單于之兄。名呼屠吾斯，郅支爲單于名號。初爲匈奴左賢王，宣帝五鳳二年（前56）乘匈奴統治集團内訌之機，自立爲單于。後擊敗呼韓邪，逼其所部南附漢朝，匈奴就此分裂爲南、北二部。北匈奴拘殺漢朝使者谷吉等，與漢關係惡化。復西與康居結盟，破壞漢朝在西域的統治秩序。元帝建昭三年（前36）被漢西域都護甘延壽、副校尉陳湯等圍攻殺死。

［9］【今注】義成侯：侯國在今安徽懷遠縣東北。孺子嬰居攝二年（7）更名爲誅郅支侯國。據本書《景武昭宣元成功臣表》，甘延壽於元帝竟寧元年（前33）四月戊辰封侯，食邑四百户。

［10］【今注】案，據本書《景武昭宣元成功臣表》，甘延壽封侯九年薨，時當成帝河平四年（前25）。

［11］【今注】案，據本書《景武昭宣元成功臣表》，甘延壽曾孫甘相於新莽始建國二年（10）嗣爵，東漢光武帝建武四年（28）爲亂兵所殺。

陳湯字子公，山陽瑕丘人也。[1]少好書，博達善屬文。[2]家貧，匄貣無節，不爲州里所稱。[3]西至長安求官，得太官獻食丞。[4]數歲，富平侯張勃與湯交，[5]高其能。初元二年，[6]元帝詔列侯舉茂材，[7]勃舉湯。湯待遷，父死不犇喪，[8]司隸奏湯無循行，[9]勃選舉故不以實，[10]坐削户二百，會薨，因賜謚曰繆侯。[11]湯下獄論。後復以薦爲郎，數求使外國。久之，遷西域副校尉，與甘延壽俱出。

［1］【今注】山陽：郡名。治昌邑縣（今山東巨野縣東南昌邑

故城）。　瑕丘：侯國名。治所在今山東濟寧市兖州區北。

［2］【顔注】師古曰：屬，音之欲反。【今注】善屬文：揚雄曾言，起草章奏，“吾不如陳湯”（汪榮寶《法言義疏·先知》）。

［3］【顔注】師古曰：匄，乞也。貣，音吐得反。【今注】貣（dài）：同“貸”。　不爲州里所稱：在當地没有好名聲。漢世以察舉制選官，聲譽不佳則難以得到被舉薦資格。

［4］【今注】太官：官署名。或作“大官”。戰國秦置，秦漢沿置，掌宫廷膳食。屬少府。長官爲太官令，秩千石。　獻食丞：官名。簡稱“獻丞”。太官令下屬七丞之一。掌各地進獻宫廷之果鮮食材。

［5］【今注】富平侯張勃：張勃，張安世之孫，張延壽之子。襲父富平侯爵，元帝時爲散騎常侍。事迹詳見本書卷五九《張湯傳》。富平，侯國名。在今山東德州市陵城區西南。本爲厭次縣，宣帝時富平侯張延壽上書請減户，天子以爲有讓，徙封平原，並食一邑，此食邑即厭次縣，改爲富平侯國。

［6］【今注】初元二年：公元前47年。初元，漢元帝年號（前48—前44）。

［7］【今注】茂材：漢代選舉科目。西漢時稱秀才，始於武帝元封間（前110—前105）。東漢避光武帝劉秀諱，改爲“茂才”，或作“茂材”。

［8］【顔注】師古曰：犇，古“奔”字。

［9］【今注】司隸：即司隸校尉。漢武帝時置。職掌糾察，内察京師權貴百僚，外及附近三輔（京兆、右扶風、左馮翊）、三河（河南、河内、河東）、弘農七郡之地。相當於州刺史。秩比二千石。　循行：良好的品行。

［10］【今注】舉故不以實：漢代罪名。漢律規定，舉非其人，追究舉主之罪。列侯舉薦官員不以實，以削減封户論處。

［11］【顔注】師古曰：以其繆舉人也。

先是，宣帝時匈奴乖亂，五單于争立，[1]呼韓邪單于與郅支單于俱遣子入侍，[2]漢兩受之。後呼韓邪單于身入稱臣朝見，郅支以爲呼韓邪破弱降漢，不能自還，即西收右地。會漢發兵送呼韓邪單于，郅支由是遂西破呼偈、堅昆、丁令，[3]兼三國而都之。怨漢擁護呼韓邪而不助己，困辱漢使者江迺始等。初元四年，遣使奉獻，因求侍子，願爲内附。漢議遣衞司馬谷吉送之。御史大夫貢禹、博士匡衡以爲：[4]“《春秋》之義，‘許夷狄者，不壹而足’。[5]今郅支單于鄉化未醇，[6]所在絶遠，宜令使者送其子至塞而還。”吉上書言：“中國與夷狄有羈縻不絶之義，今既養全其子十年，德澤甚厚，空絶而不送，近從塞還，示棄捐不畜，[7]使無鄉從之心。[8]棄前恩，立後怨，不便。議者見前江迺始無應敵之數，知勇俱困，以致恥辱，即豫爲臣憂。臣幸得建彊漢之節，承明聖之詔，宣諭厚恩，不宜敢桀。[9]若懷禽獸，加無道於臣，則單于長嬰大罪，[10]必遁逃遠舍，不敢近邊。[11]没一使以安百姓，國之計，臣之願也。願送至庭。”[12]上以示朝者，禹復争，以爲吉往必爲國取悔生事，不可許。右將軍馮奉世以爲可遣，[13]上許焉。既至，郅支單于怒，竟殺吉等。自知負漢，又聞呼韓邪益彊，遂西奔康居。[14]康居王以女妻郅支，郅支亦以女予康居王。康居甚尊敬郅支，欲倚其威以脅諸國。[15]郅支數借兵擊烏孫，深入至赤谷城，殺略民人，敺畜産，[16]烏孫不敢追，西邊空虚，不居者且千里。郅支單于自以大國，威名尊重，又乘勝驕，不爲康居王禮，怒殺康居王女及貴人、人民數百，或支解投都賴水中。[17]發民作城，[18]日作五百人，二歲迺已。又遣使責闔蘇、大宛諸國歲遺，[19]不敢不予。漢遣使三輩至康居求谷吉等死，[20]郅支困辱使者，不肯奉詔，而因都護上書言："居困厄，願歸計彊漢，遣子入侍。"[21]其驕嫚如此。

[1]【今注】五單于争立：漢宣帝五鳳元年（前57），匈奴統治集團發生内訌，握衍朐鞮單于、呼韓邪單于、呼揭單于、車犁單于、烏藉單于五位單于紛立，彼此争鬥。

[2]【今注】呼韓邪單于：呼韓邪爲單于名號。名稽侯狦，虚閭權渠單于子，公元前58年被部分匈奴貴族擁立爲呼韓邪單于，卷入五單于紛争，爲郅支單于所敗，遂於宣帝甘露二年（前52）率衆歸附漢朝，並在漢廷支持下逐漸恢復對匈奴的統治，漢匈之間得以和平相處數十年之久。事迹詳本書卷九四上《匈奴傳上》。

[3]【顏注】服虔曰：呼偈，小國名，在匈奴北。師古曰：偈，起厲反。"令"與"零"同。【今注】呼偈：西北古族名。又作"呼揭""烏揭""烏得"。《三國志》卷三〇《魏書·烏丸鮮卑東夷傳》注引《魏略》："呼得國在葱嶺北，烏孫西北，康居東北，勝兵萬餘人，隨畜牧，出好馬，有貂。"秦漢時期其活動地域大致在匈奴西北、烏孫與丁令之間，即今阿爾泰山至齋桑泊之間（詳林梅村《世界歷史（第16册）：中亞民族與宗教》，江西人民出版社2012年版，第60頁）。初爲月氏附屬國，西漢初匈奴逐走月氏，呼揭轉附匈奴，屬右賢王管轄，右賢王委任親信爲呼揭王，統領其衆。宣帝時，匈奴内亂，呼揭王自立爲單于，後爲郅支單于所敗。堅昆：西北古族名。又作"隔昆""鬲昆""結骨""紇骨"等。秦漢時期活動於今俄羅斯葉尼塞河上游阿巴坎一帶，西漢時臣服於匈奴。《三國志·魏書·烏丸鮮卑東夷傳》注引《魏略》："堅昆國

在康居西北，勝兵三萬人，隨畜牧，亦多貂，有好馬。"　丁令：北方古族名。又作"丁靈""丁零"。秦漢時期流動於今俄羅斯貝加爾湖南部一帶，西漢時臣服於匈奴。《三國志·魏書·烏丸鮮卑東夷傳》注引《魏略》："丁令國在康居北，勝兵六萬人，隨畜牧，出名鼠皮，白昆子、青昆子皮。"

［4］【今注】貢禹：傳見本書卷七二。　博士：戰國末齊、魏、秦等國置，漢初爲皇帝顧問，子、儒經、術數、方伎等皆立，參與議政、制禮，典守書籍，隸太常。設僕射一人領之，秩比六百石。　匡衡：傳見本書卷八一。

［5］【顔注】師古曰：言節制之，不皆稱其所求也。【今注】許夷狄者不壹而足：出自《春秋公羊傳》文公九年。意謂不可因夷狄一時一事之善舉而予以全面肯定。

［6］【顔注】師古曰："鄉"讀曰"嚮"。不雜曰醇。醇，壹也，厚也。

［7］【顔注】師古曰：畜謂愛養也。

［8］【顔注】師古曰："鄉"讀曰"嚮"。嚮從謂向化而從命也。

［9］【顔注】師古曰：言郅支畏威，當不敢桀黠也。

［10］【顔注】師古曰："嬰"猶"帶"也。

［11］【顔注】師古曰：舍，止也。

［12］【顔注】師古曰：單于庭。

［13］【今注】馮奉世：傳見本書卷七九。

［14］【今注】康居：西域國名。王治卑闐城（今烏兹别克斯坦塔什干市一帶）。

［15］【顔注】師古曰：倚，音於綺反。

［16］【顔注】師古曰：敺與驅同。下皆類此。

［17］【顔注】師古曰：支解謂解截其四支也。都賴，郅支水名。【今注】都賴水：即今吉爾吉斯斯坦西部、哈薩克斯坦南部之

塔拉斯河。

[18]【今注】發民作城：此城即所謂“郅支城”。遺址在今哈薩克斯坦江布爾城。

[19]【顔注】師古曰：胡廣云康居北可一千里有國名奄蔡，一名闔蘇。然則闔蘇即奄蔡也。歲遺者，年常所獻遺之物。遺，弋季反。【今注】闔蘇：古國名。又稱“奄蔡”。西漢時在今里海至鹹海一帶游牧。

[20]【顔注】師古曰：死，尸也。

[21]【顔注】師古曰：故爲此言以調戲也。歸計謂歸附而受計策也。

建昭三年，[1]湯與延壽出西域。湯爲人沈勇有大慮，多策謀，喜奇功，[2]每過城邑山川，常登望。既領外國，與延壽謀曰：“夷狄畏服大種，其天性也。西域本屬匈奴，今郅支單于威名遠聞，侵陵烏孫、大宛，常爲康居畫計，欲降服之。如得此二國，[3]北擊伊列，[4]西取安息，南排月氏、山離烏弋，數年之間，城郭諸國危矣。[5]且其人剽悍，[6]好戰伐，數取勝，久畜之，必爲西域患。郅支單于雖所在絶遠，蠻夷無金城强弩之守，如發屯田吏士，歐從烏孫衆兵，[7]直指其城下，彼亡則無所之，守則不足自保，[8]千載之功可一朝而成也。”延壽亦以爲然，欲奏請之，湯曰：“國家與公卿議，大策非凡所見，事必不從。”[9]延壽猶與不聽。[10]會其久病，湯獨矯制發城郭諸國兵、車師戊己校尉屯田吏士。[11]延壽聞之，驚起，欲止焉。湯怒，按劍叱延壽曰：“大衆已集會，豎子欲沮衆邪？”[12]延壽遂從之。部勒行陳，益置揚威、白虎、合騎之校，[13]漢兵胡兵合四萬餘人，延壽、湯上疏自劾奏矯制，陳言兵狀。

［1］【今注】建昭三年：公元前36年。建昭，漢元帝年號（前38—前34）。案，三年，白鷺洲本作“二年”。

［2］【顏注】師古曰：喜，許吏反（白鷺洲本、大德本、殿本“許”前有“音”字）。

［3］【今注】二國：王念孫《讀書雜志·漢書第十二》引《漢紀·孝元紀》“如得此三國”，以爲“二國”當爲“三國”，即烏孫、大宛、康居。楊樹達《漢書窺管》卷七以爲康居已爲郅支所用，“二國”即烏孫、大宛，故當以“二國”爲是。

［4］【今注】伊列：西域國名。處於今新疆伊犁草原一帶，國在康居之東。

［5］【顏注】服虔曰：山離烏弋不在三十六國中，去中國二萬里。師古曰：謂西域國爲城郭者，言不隨畜牧遷徙，以別於匈奴也。【今注】月氏：古族名。秦漢之際游牧於今敦煌、祁連地區。漢初爲匈奴所破，一部分轉入南山（今祁連山），與羌人雜居，稱“小月氏”。大部西遷至今伊犁河流域一帶，稱“大月氏”。後遭烏孫攻擊，復南遷至今阿姆河、錫爾河及阿富汗北部，征服大夏，以大夏國都監氏城（或稱“藍氏城”，今阿富汗瓦齊拉巴德）爲都。山離烏弋：西域國名。居處於今阿富汗西部一帶。本書《西域傳》：“烏弋山離國，王去長安萬二千二百里。”錢大昭《漢書辨疑·十九》疑“山離烏弋”爲傳寫倒置，甚是。或省稱爲烏弋，又稱“排特”。

［6］【顏注】師古曰：剽，輕也。悍，勇也。剽，頻妙反（白鷺洲本、大德本、殿本“頻”前有“音”字），又匹妙反（大德本、殿本“匹”前有“音”字）。悍，胡幹反（大德本、殿本

"胡"前有"音"字)。

[7]【顔注】師古曰：驅，帥之令隨從也。

[8]【顔注】師古曰：之，往。保，安也。

[9]【顔注】師古曰：言凡庸之人，不能遠見，故壞其事也。

[10]【顔注】師古曰："與"讀曰"豫"。【今注】猶與：同"猶豫"。

[11]【今注】矯制：詐稱妄託或不執行皇帝詔令的行爲。漢代將矯制行爲視爲重罪，旨在防範和懲治臣子借用皇帝的名義行事。事發後根據"害"與"不害"（是否損害國家利益）靈活處罰：害大者可處死，害小者可贖免，無害者罰金或免處。（參孫家洲、李宜春《西漢矯制考論》，《中國史研究》1998年第1期；孫家洲《再論"矯制"——讀〈張家山漢墓竹簡〉札記》，《南都學壇》2003年第4期）　城郭諸國：在綠洲上耕種定居的西域邦國，有別於匈奴等逐水草游牧者。　戊己校尉：官名。戊校尉與己校尉之合稱。元帝初元元年（前48）始置，常駐車師前王庭（今新疆吐魯番市西北交河故城），掌管屯田事務，亦率吏士作戰平亂，維護西域秩序。秩比二千石。有丞、司馬、候等屬官。據敦煌懸泉漢簡，戊己校尉或合稱，或單稱，戊校尉亦簡稱"戊校"，己校尉簡稱"己校"，屬下有"左部""右部"，"部"下有"曲"，"曲"有"軍候"爲之長。戊己校尉隸屬於西域都護，平帝時多以己校尉兼領西域都護。

[12]【顔注】師古曰：沮，止也，壞也，音才汝反。

[13]【顔注】張晏曰：西域陳法之名也。師古曰：張説非也。一校則別爲一部軍，故稱校耳。湯特新置此等諸校名，以爲威聲也。

即日引軍分行，別爲六校，[1]其三校從南道踰忽領徑大宛，[2]其三校都護自將，發温宿國，[3]從北道入赤谷，過烏孫，涉康居界，至闐池西。[4]而康居副王抱闐將數千騎，寇赤谷城東，[5]殺略大昆彌千餘人，敺畜産甚多。從後與漢軍相及，頗寇盜後重。[6]湯縱胡兵擊之，殺四百六十人，得其所略民四百七十人還付大昆彌，其馬牛羊以給軍食。又捕得抱闐貴人伊奴毒。

［1］【今注】六校：據《資治通鑑》卷二九《漢紀》孝元皇帝三年胡三省注，陽威、合騎、白虎三校，副校尉、戊校尉、己校尉三校，合爲六校。

［2］【今注】怱領：即葱嶺。古代對今帕米爾高原及昆侖山、天山西段地區的統稱。

［3］【今注】温宿國：西域國名。王治温宿城（今新疆烏什縣）。

［4］【今注】闐池：古湖泊名。即今哈薩克斯坦伊塞克湖。

［5］【顔注】文穎曰："闐"音"填"。【今注】副王抱闐：周壽昌《漢書注校補》以爲"副王，其王之副，若匈奴中左、右賢王"。沈欽韓《漢書疏證》以爲本書《西域傳》中康居小王之一的奥王當即抱闐。

［6］【顔注】師古曰：重謂輜重也，音，直用反。

入康居東界，令軍不得爲寇。[1]間呼其貴人屠墨見之，[2]諭以威信，與飲盟遣去。徑引行，未至單于城可六十里止營。復捕得康居貴人貝色子男開牟以爲道。[3]貝色子即屠墨母之弟，[4]皆怨單于，由是具知郅支情。

［1］【顔注】師古曰：勿抄掠。

［2］【顔注】師古曰：間謂密呼也。

[3]【今注】貝色子男開牟：貝色、開牟，俱人名。

[4]【顔注】師古曰：母之弟即謂舅者。

明日引行，未至城三十里止營。單于遣使問："漢兵何以來？"應曰："單于上書言居困阸，願歸計彊漢，身入朝見。天子哀閔單于棄大國，屈意康居，故使都護將軍來迎單于妻子，[1]恐左右驚動，故未敢至城下。"使數往來相荅報。延壽、湯因讓之：[2]"我爲單于遠來，而至今無名王、大人見將軍受事者，[3]何單于忽大計，失客主之禮也！[4]兵來道遠，人畜罷極，食度且盡，[5]恐無以自還，願單于與大臣審計策。"

[1]【今注】都護將軍：此爲漢方自大壯勢之辭。

[2]【顔注】師古曰：讓，責也。

[3]【顔注】師古曰：名王，諸王之貴者。受事，受教命而供事也。

[4]【顔注】師古曰：忽，忘也。

[5]【顔注】師古曰："罷"讀曰"疲"。度，大各反（白鷺洲本、大德本、殿本作"大"前有"音"字）。

明日，前至郅支城都賴水上，離城三里，止營傅陳。[1]望見單于城上立五采幡織，[2]數百人披甲乘城，[3]又出百餘騎往來馳城下，步兵百餘人夾門魚鱗陳，[4]講習用兵。城上人更招漢軍，曰："鬬來！"[5]百餘騎馳赴營，營皆張弩持滿指之，騎引却。頗遣吏士射城門騎步兵，騎步兵皆入。延壽、湯令軍聞鼓音皆薄城下，[6]四面圍城，各有所守，穿壍，塞門户，鹵楯爲前，[7]戟弩爲後，卬射城中樓上人，[8]樓上人下走。土城外有重木城，[9]從木城中射，頗殺傷外人。外人發薪燒木城。夜，數百騎欲出外，迎射殺之。

[1]【顔注】師古曰："傅"讀曰"敷"。敷，布也。
[2]【顔注】師古曰："織"讀曰"幟"，音式志反。
[3]【顔注】師古曰：乘謂登之備守也。
[4]【顔注】師古曰：言其相接次，形若魚鱗。
[5]【顔注】師古曰：更，互也，音工行反。
[6]【顔注】師古曰：薄，迫也。
[7]【今注】鹵楯：大型盾牌。
[8]【顔注】師古曰："卬"讀曰"仰"。
[9]【今注】重木城：木構防禦工事。

初，單于聞漢兵至，欲去，疑康居怨己，爲漢内應，又聞烏孫諸國兵皆發，自以無所之。[1]郅支已出，復還，曰："不如堅守。漢兵遠來，不能久攻。"單于乃被甲在樓上，諸閼氏、夫人數十皆以弓射外人。[2]外人射中單于鼻，諸夫人頗死。單于下騎，傳戰大内。[3]夜過半，木城穿，中人卻入土城，乘城呼。[4]時康居兵萬餘騎分爲十餘處，四面環城，亦與相應和，[5]夜數犇營，不利輒卻。[6]平明，四面火起，吏士喜，大呼乘之，[7]鉦鼓聲動地。康居兵引卻。漢兵四面推鹵楯，並入土城中。單于男女百餘人走入大内。漢兵縱火，吏士争入，單于被創死。軍候假丞杜勳斬單于首，[8]得漢節使二及谷吉等所齎帛書。[9]諸鹵獲以畀得者。[10]凡斬閼氏、太子、名王以下千五百一十八級，生虜百四十五人，降虜千餘人，賦予城郭諸國所發十五王。[11]

[1]【顏注】師古曰：之，往也。

[2]【今注】閼氏：對匈奴單于、諸王之妻的尊稱。又作“焉提”“閼支”。

[3]【顏注】師古曰：下騎謂下樓而騎馬也。傳戰，轉戰也。大內，單于之內室也。言且戰且行而入內室。【今注】傳戰大內：周壽昌《漢書注校補》以爲“蓋傳呼大內諸人助戰。此時城未破，何由入內而且戰且行邪？觀下‘走入大內’，知顏注誤”。楊樹達《漢書窺管》卷七以爲“大內”二字衍。

[4]【顏注】師古曰：乘，登也。呼，火故反（大德本、殿本“火”前有“音”字）。次下亦同。

[5]【顏注】師古曰：環，繞也，音“患”。和，胡卧反（“胡”前有“音”字）。

[6]【顏注】師古曰：犇，古“奔”字也（白鷺洲本、殿本句末無“也”字）。

[7]【顏注】師古曰：乘，逐也。

[8]【今注】軍候假丞：軍候，官名。漢代軍隊編制，一軍分若干部，部設校尉一人，秩比二千石；部下有若干曲，曲有軍候一人，秩比六百石。曲下有若干屯，屯有屯長一人，秩比二百石。西域都護屬官有副校尉一人，丞一人，司馬、軍候、千人各二人。軍候假丞，似可理解爲其本爲軍候，當時代行丞職。

[9]【今注】案，節使，白鷺洲本、大德本、殿本作“使節”。

[10]【顏注】師古曰：畀，予也。各以與所得人。畀，必寐反（白鷺洲本、大德本、殿本“必”前有“音”字）。

[11]【顏注】師古曰：賦謂班與之也。所發十五王，謂所發

諸國之兵，共圍郅支王者也。

於是延壽、湯上疏曰："臣聞天下之大義，當混爲一，[1]昔有唐虞，今有彊漢。匈奴呼韓邪單于已稱北藩，唯郅支單于叛逆，未伏其辜，大夏之西，[2]以爲彊漢不能臣也。[3]郅支單于慘毒行於民，大惡通於天。臣延壽、臣湯將義兵，行天誅，賴陛下神靈，陰陽並應，天氣精明，[4]陷陳克敵，斬郅支首及名王以下。宜縣頭槀街蠻夷邸間，[5]以示萬里，明犯彊漢者，雖遠必誅。"事下有司。丞相匡衡、御史大夫繁延壽[6]以爲："郅支及名王首更歷諸國，蠻夷莫不聞知。[7]月令春'掩骼埋胔'之時，[8]宜勿縣。"車騎將軍許嘉、右將軍王商以爲："《春秋》夾谷之會，優施笑君，孔子誅之，[9]方盛夏，首足異門而出。宜縣十日迺埋之。"有詔將軍議是。

[1]【顔注】師古曰：混，同也，音胡本反。

[2]【今注】大夏：中亞古國名。在今阿富汗北部，國都藍氏城（今阿富汗瓦齊拉巴德）。

[3]【顔注】師古曰：謂漢爲不能使郅支臣服也。

[4]【今注】精明：周壽昌《漢書注校補》卷四三曰："精，即'晴'也，亦作'啈'。"

[5]【顔注】晉灼曰：《黄圖》在長安城門内。師古曰：槀街，街名，蠻夷邸在此街也。邸，若今鴻臚客館也。崔浩以爲槀當爲橐，街即銅駝街也（街，白鷺洲本、殿本作"橐街"）。此説失之。銅駝街在雒陽，西京無也。【今注】槀街：西漢長安城街道名。趙岐《三輔舊事》云"長安城中八街九陌"，槀街爲"八

街”之一，亦可能是直城門或横門大街（參劉慶柱《漢長安城的宫城和市里布局形制述論》，載《古代都城與帝陵考古學研究》，科學出版社 2000 年版，第 169 頁）。 蠻夷邸：接待周邊少數民族及外國來客以備朝奉的官營館舍。邸有長、丞，屬大鴻臚。邸在長安城槀街上，地近北闕。（詳王静《漢代蠻夷邸論考》，《史學月刊》2000 年第 3 期）

［6］【顔注】師古曰：繁，蒲何反（白鷺洲本、大德本、殿本“蒲”前有“音”字）。【今注】繁延壽：本書《百官公卿表下》元帝建昭三年七月“衛尉李延壽爲御史大夫，三年，卒。一姓繁”。據此，李延壽即繁延壽。

［7］【顔注】師古曰：更，工衡反（白鷺洲本、大德本、殿本“工”前有“音”字）。

［8］【顔注】應劭曰：禽獸之骨曰骼。骼，大也。鳥鼠之骨曰骴。骴，可惡也。臣瓚曰：枯骨曰骼，有肉曰骴。師古曰：瓚説是也。骼，工客反（白鷺洲本、大德本、殿本“工”前有“音”字）。骴，才賜反（白鷺洲本、大德本、殿本“才”前有“音”字）。【今注】月令：古代關於一年中每月氣候、時令的習俗文化。秦漢月令主要記録於《禮記·月令》《吕氏春秋·十二紀》《淮南子·時則訓》《四民月令》及新出簡牘材料中。據月令，“掩骼埋骴”屬孟春之月所行之事，意謂遇到動物尸骨要及時掩埋，以避免“死氣”影響“生氣”滋長。

［9］【顔注】師古曰：夾谷，地名，即祝其也。定十年，“公會齊侯於夾谷，孔子攝相事，齊侯奏宫中之樂，俳優侏儒戲於前，孔子歷階而上曰：‘匹夫侮諸侯者，罪應誅。’於是斬侏儒，首足異處。齊侯懼，有慙色”。施者，優人之名。“夾”音“頰”。【今注】王商：傳見本書卷八二。 夾谷：地名。在今山東萊蕪市萊城區。 優施：齊國歌舞藝人，名施。

初，中書令石顯嘗欲以姊妻延壽，[1]延壽不取。及丞相、御史亦惡其矯制，皆不與湯。[2]湯素貪，所鹵獲財物入塞多不法。[3]司隸校尉移書道上，[4]繫吏士按驗之。湯上疏言："臣與吏士共誅郅支單于，幸得禽滅，萬里振旅，[5]宜有使者迎勞道路。[6]今司隸反逆收繫按驗，是爲郅支報讎也！"上立出吏士，令縣道具酒食以過軍。[7]既至，論功，石顯、匡衡以爲："延壽、湯擅興師矯制，幸得不誅，如復加爵土，則後奉使者争欲乘危徼幸，生事於蠻夷，[8]爲國招難，漸不可開。"元帝内嘉延壽、湯功，而重違衡、顯之議，[9]議久不決。

[1]【今注】中書令：漢武帝時置，由宦者擔任，掌收納尚書奏事、傳達皇帝詔令。成帝時改中謁者令。秩二千石。　石顯：傳見本書卷九三。

[2]【顔注】師古曰：與猶許（殿本"許"後有"也"字）。

[3]【顔注】師古曰：不法者，私自取之，不依軍法。

[4]【今注】移書：漢代行政用語，指機構間公文往來。

[5]【顔注】師古曰：師入曰振旅。振，整也。旅，衆也。【今注】振旅：軍隊凱旋。

[6]【顔注】師古曰：勞，内到反（勞内到反，白鷺洲本、大德本、殿本作"勞音力到反"）。

[7]【今注】道：縣級行政區。秦漢時期少數民族聚居之縣爲道。

[8]【顔注】師古曰：如，若也。

[9]【顔注】師古曰：重，難也。

故宗正劉向上疏曰：[1]"郅支單于囚殺使者吏士以

百數，事暴揚外國，傷威毀重，群臣皆閔焉。[2]陛下赫然欲誅之，意未嘗有忘。西域都護延壽、副校尉湯承聖指，倚神靈，總百蠻之君，攬城郭之兵，[3]出百死，入絶域，遂蹈康居，屠五重城，[4]搴歙侯之旗，[5]斬郅支之首，縣旌萬里之外，揚威昆山之西，[6]埽谷吉之恥，立昭明之功，萬夷慴伏，莫不懼震。[7]呼韓邪單于見郅支已誅，且喜且懼，鄉風馳義，稽首來賓，[8]願守北藩，累世稱臣。立千載之功，建萬世之安，群臣之勳莫大焉。昔周大夫方叔、吉甫爲宣王誅獫狁而百蠻從，[9]其《詩》曰：'嘽嘽焞焞，如霆如雷，顯允方叔，征伐獫狁，蠻荆來威。'[10]《易》曰：'有嘉折首，獲匪其醜。'[11]言美誅首惡之人，而諸不順者皆來從也。今延壽、湯所誅震，雖《易》之'折首'、《詩》之'雷霆'不能及也。論大功者不録小過，舉大美者不疵細瑕。《司馬法》曰：[12]'軍賞不踰月。'欲民速得爲善之利也。蓋急武功，重用人也。吉甫之歸，周厚賜之，其《詩》曰：'吉甫宴喜，既多受祉，來歸自鎬，我行永久。'[13]千里之鎬，猶以爲遠，況萬里之外，其勤至矣！延壽、湯既未獲'受祉'之報，反屈捐命之功，久挫於刀筆之前，[14]非所以勸有功厲戎士也。昔齊桓前有尊周之功，[15]後有滅項之罪，[16]君子以功覆過而爲之諱行事。[17]貳師將軍李廣利捐五萬之師，[18]靡億萬之費，經四年之勞，[19]而廑獲駿馬三十匹，[20]雖斬宛王毋鼓之首，[21]猶不足以復費。[22]其私罪惡甚多。孝武以爲萬里征伐，不録其過，遂封拜兩侯、三卿，[23]二千石百有餘人。今康居國彊於大宛，郅支之號重於宛王，殺使者罪甚於留馬，而延壽、湯不煩漢士，不費斗糧，比於貳師，功德百之。[24]且常惠隨欲擊之烏孫，鄭吉迎自來之日逐，猶皆裂土受爵。故言威武勤勞則大於方叔、吉甫，列功覆過則優於齊桓、貳師，近事之功則高於安遠、長羅，[25]而大功未著，小惡數布，臣竊痛之！宜以時解縣通籍，[26]除過勿治，尊寵爵位，以勸有功。"

［1］【今注】宗正：管理皇族及外戚事務的官員。例由宗室成員擔任，位列九卿，秩中二千石。　劉向：傳見本書卷三六。

［2］【顏注】師古曰：閔，病也。【今注】閔：憂患。

［3］【顏注】師古曰：擥，總持之也。其字從手。【今注】擥（lǎn）：執持，總攬。

［4］【今注】案，五重城，"五"當作"三"。《資治通鑑》卷二一《漢紀》孝元皇帝竟寧元年胡三省注："郅支城木城再重，并土城爲三重。"下文谷永奏疏亦云"屠三重城"。

［5］【顏注】師古曰：搴，拔也，音"騫"。

［6］【今注】昆山：即昆侖山。西起帕米爾高原東部，東入新疆、西藏、青海。

［7］【顏注】師古曰：慴，恐也，音之涉反。

［8］【顏注】師古曰：馳義，慕義驅馳而來也（驅馳，白鷺洲本、大德本同，殿本作"馳驅"）。"鄉"讀曰"嚮"。

［9］【今注】方叔：周宣王時卿士。曾率軍南征荆楚，北伐玁狁。　吉甫：即尹吉甫，名甲。周宣王時率軍將入侵的玁狁逐至太原，又奉命發兵南征，向南淮夷徵收貢物。傳世《兮甲盤銘》詳録其事。　獫（xiǎn）狁（yǔn）：古代北方少數民族名。亦作"玁

狁”。爲匈奴之先祖。　百蠻：古代泛指南方各少數民族。

［10］【顔注】師古曰：《小雅·采芑》之詩也。嘽嘽，衆也。焞焞，盛也。言車徒既衆且盛，有如雷霆，故能克定獫狁而令荆土之蠻亦畏威而來也。嘽他丹反（殿本同，白鷺洲本、大德本“他”前有“音”字）。焞，他回反（殿本同，白鷺洲本、大德本“他”前有“音”字）。【今注】嘽：音 tān。　焞：音 tūn。

［11］【顔注】師古曰：《離》上九爻辭也。嘉，善也。醜，類也。言王者出征，克勝斬首，多獲非類，故以爲善。

［12］【今注】司馬法：古兵書名。相傳爲齊軍事家司馬穰苴所作，故名。實係戰國時齊威王命諸大夫集古兵法，並將司馬穰苴著述附入而成。本書《藝文志》著録《軍禮司馬法》一百五十五篇。

［13］【顔注】師古曰：《小雅·六月》之詩也。鎬，地名，非豐鎬之鎬。此鎬及方皆在周之北。時獫狁侵鎬及方，至于涇陽。吉甫薄伐，自鎬而還。王以燕禮樂之，多受福賜，以其行役有功，日月長久故也。

［14］【顔注】師古曰：捐棄其軀命，命言無所顧也（白鷺洲本、殿本無“命”字）。挫，屈折也。刀筆謂吏（白鷺洲本同，大德本、殿本句末有“也”字）。【今注】刀筆：刀筆吏的省稱。秦漢時期文吏主辦文案，以毛筆在簡牘上寫字録事，以削刀刮削簡牘上的錯字，此二物常隨身携帶，故稱“刀筆吏”。

［15］【顔注】師古曰：謂伐楚責苞茅，及會王大子于首山（大，白鷺洲本、大德本、殿本作“太”；山，白鷺洲本、大德本、殿本作“止”）。【今注】案，齊桓，殿本作“劉齊桓公”。

［16］【顔注】師古曰：項，國名也。《春秋》僖十七年：“夏，滅項。”《公羊傳》曰：“齊滅之也。不言齊，爲桓公諱也。桓常有繼絶存亡之功，故君子爲之諱。”【今注】項：西周封國，姞姓。在今河南沈丘縣。公元前 643 年爲魯國所滅，其地後屬

楚國。

［17］【顔注】師古曰：行事謂滅項之事也。【今注】行事：此二字置於“諱”字之後，文意費解。劉敞《漢書刊誤》以爲，行事即已行之事、舊例成法，故“諱”字以上爲句，“行事”二字屬下句。錢大昕《廿二史考異·漢書三》贊同師古之説而以劉敞之解淺陋可笑。王念孫《讀書雜志·漢書第十二》以爲：“行事二字，乃總目下文之詞。劉屬下讀是也。行者，往也。往事即下文所稱李廣利、常惠、鄭吉三人之事。《漢紀》改‘行事’爲‘近事’，近事亦往事也。然則行事爲總目下文之詞明矣。若以行事上屬爲句，則大爲不詞。錢以顔説爲是，劉説爲淺陋，失之矣。”王先謙《漢書補注》：“《通鑑》無‘行事’二字，蓋亦以‘諱行事’相屬不詞而删之。下文云‘近事之功則高於安遠、長羅’，行事之即近事益明。”今案，行事即往事、近事，當以劉、孫、王所解爲是，二字當下屬後句。

［18］【今注】貳師將軍李廣利：貳師，大宛國城名，在今吉爾吉斯斯坦奥什城，以出産良馬著稱。太初元年（前104），漢武帝派遣李廣利率軍遠征大宛，志在奪取貳師城良馬，因以貳師冠將軍名號。李廣利，傳見本書卷六一。

［19］【顔注】師古曰：靡，散也，音“縻”。

［20］【顔注】師古曰：“廑”與“僅”同。僅，少也。

［21］【顔注】師古曰：《西域傳》作毋寡，而此云毋鼓，“鼓”“寡”聲相近，蓋戎狄之言不甚諦也。

［22］【顔注】師古曰：復，償也，音扶目反。

［23］【今注】兩侯：貳師將軍李廣利封海西侯，騎士趙弟因斬郁成王之功封新時侯。　三卿：軍正趙始成因軍功最多拜爲光禄大夫；搜粟都尉上官桀因作戰勇敢拜少府；校尉李哆因有計謀拜上黨太守。

［24］【顔注】師古曰：百倍勝之。

[25]【顔注】師古曰：安遠侯鄭吉，長羅侯常惠也。

[26]【顔注】孟康曰：縣，罪未竟也，如言縣罰也。通籍，不禁止，令得出入也。【今注】解縣：解除尚未落實的罪罰。縣，同“懸”。 通籍：漢代宮省出入制度。將個人信息寫在竹牌上，作爲出入宮省的身份證明。本書卷九《元紀》：“令從官給事宮司馬中者，得爲大父母父母兄弟通籍。”師古注引應劭曰：“籍者，爲二尺竹牒，記其年紀、名字、物色，縣之宮門，案省相應，乃得入也。”

於是天子下詔曰：“匈奴郅支單于背畔禮義，留殺漢使者、吏士，甚逆道理，朕豈忘之哉！所以優游而不征者，重動師衆，勞將率，[1]故隱忍而未有云也。今延壽、湯睹便宜，乘時利，結城郭諸國，擅興師矯制而征之，賴天地宗廟之靈，誅討郅支單于，斬獲其首，及閼氏、貴人、名王以下千數。雖踰義干法，[2]内不煩一夫之役，不開府庫之臧，因敵之糧以贍軍用，立功萬里之外，威震百蠻，名顯四海，爲國除殘，兵革之原息，邊竟得以安。[3]然猶不免死亡之患，罪當在於奉憲，朕甚閔之！其赦延壽、湯罪，勿治。”詔公卿議封焉。議者以爲宜如軍法《捕斬單于令》。[4]匡衡、石顯以爲郅支本亡逃失國，竊號絶域，非真單于。元帝取安遠侯鄭吉故事，封千户，衡、顯復争，迺封延壽爲義成侯，[5]賜湯爵關内侯，[6]食邑各三百户，加賜黄金百斤。告上帝、宗廟，大赦天下。拜延壽爲長水校尉，[7]湯爲射聲校尉。[8]

［1］【顔注】師古曰：重，難也。

［2］【顔注】師古曰：干，犯也。

［3］【顔注】師古曰："竟"讀曰"境"。

［4］【今注】案，議者以爲，殿本作"議者皆以爲"。　捕斬單于令：漢代爲奬勵勇擊匈奴之行爲而制定的軍法。西北漢簡中有《捕斬匈奴虜反羌購賞科别》（《居延新簡》，編號 EPF22：222—235），記録了當時懸賞捕斬匈奴及叛羌之賞格，可參。

［5］【今注】義成侯：侯國治所在今安徽懷遠縣東北。孺子嬰居攝二年（7）更名爲誅郅支侯國。

［6］【今注】關内侯：爵位名。秦漢二十等爵制之第十九級，僅低於列侯。有其號，無封國。一般是對立有軍功將領的奬勵，封有食邑數户，有按規定户數徵收租税之權。（參師彬彬《兩漢關内侯問題研究綜述》，《中國史研究動態》2015 年第 2 期）

［7］【今注】長水校尉：漢武帝時置，領長水宣曲胡騎，屯戍京師，兼任征伐。爲北軍八校尉之一，秩二千石。

［8］【今注】射聲校尉：漢武帝時置。領待詔射聲士，所掌爲常備精兵，屯戍京師，兼任征伐。爲北軍八校尉之一，秩二千石。

延壽遷城門校尉，[1]護軍都尉，[2]薨於官。[3]成帝初即位，丞相衡復奏："湯以吏二千石奉使，顓命蠻夷中，[4]不正身以先下，而盜所收康居財物，戒官屬曰絶域事不覆校。[5]雖在赦前，不宜處位。"湯坐免。

［1］【今注】城門校尉：漢武帝時置，掌京城長安諸城門警衛，領城門屯兵，秩二千石。

［2］【今注】護軍都尉：秦官，漢沿置。初爲臨時武職，負責監領諸軍、協調各部將領，武帝時爲大司馬屬官，成帝時居大司馬府，比司直，秩比二千石。哀帝時更名司寇，平帝時更名護軍。

[3]【今注】據本書《景武昭宣元成功臣表》，甘延壽於元帝竟寧元年（前33）封侯，九年薨，時當成帝河平四年（前25）。

[4]【顔注】師古曰："顓"與"專"同。

[5]【今注】覆校：核對。

後湯上言康居王侍子非王子也。按驗，實王子也。湯下獄當死。大中大夫谷永上疏訟湯曰：[1]"臣聞楚有子玉得臣，文公爲之仄席而坐；[2]趙有廉頗、馬服，彊秦不敢窺兵井陘；[3]近漢有郅都、魏尚，[4]匈奴不敢南鄉沙幕。[5]由是言之，戰克之將，國之爪牙，不可不重也。蓋'君子聞鼓鼙之聲，則思將率之臣'。[6]竊見關内侯陳湯，前使副西域都護，忿郅支之無道，閔王誅之不加，[7]策慮愊億，義勇奮發，[8]卒興師奔逝，横厲烏孫，踰集都賴，[9]屠三重城，斬郅支首，報十年之逋誅，雪邊吏之宿恥，[10]威震百蠻，武暢西海，[11]漢元以來，征伐方外之將，未嘗有也。今湯坐言事非是，幽囚久繫，歷時不決，執憲之吏欲致之大辟。[12]昔白起爲秦將，[13]南拔郢都，[14]北阬趙括，[15]以纖介之過，賜死杜郵，[16]秦民憐之，莫不隕涕。今湯親秉鉞，席卷喋血萬里之外，[17]薦功祖廟，告類上帝，[18]介胄之士靡不慕義。以言事爲罪，無赫赫之惡。《周書》曰：'記人之功，忘人之過，宜爲君者也。'[19]夫犬馬有勞於人，尚加帷蓋之報，[20]況國之功臣者哉！竊恐陛下忽於鼙鼓之聲，不察《周書》之意，而忘帷蓋之施，庸臣遇湯，卒從吏議，[21]使百姓介然有秦民之恨，[22]非所以厲死難之臣也。"書奏，天子出湯，奪爵爲士伍。[23]

[1]【今注】大中大夫：太中大夫，官名。秦漢九卿之一郎中令（光禄勳）屬官。掌議論，秩比千石，多至數十人。多以寵臣貴戚和功臣充任。　谷永：傳見本書卷八五。

[2]【顔注】師古曰：子玉，楚大夫也。得臣，其名也。《春秋》僖二十八年，子玉帥師與晉文公戰于城濮，楚師敗績。晉師三日館穀，而文公猶有憂色，曰："得臣猶在，憂未歇也。"及楚殺子玉，公喜而後可知也。《禮記》曰："有憂者仄席而坐。"蓋自貶也。仄，古"側"字也。

[3]【顔注】師古曰：廉頗，趙將也。馬服君趙奢，亦趙將也。井陘之口，趙之西界山險道也。【今注】廉頗：戰國後期趙國名將，位上卿。傳見《史記》卷八一。　馬服：即趙奢，亦爲戰國後期趙國名將，因功封馬服君。事詳見《史記》卷八一《廉頗藺相如列傳》。　井陘：在今河北井陘縣西北，爲東出太行山進入華北平原之要隘。

[4]【今注】郅都：傳見本書卷九〇。　魏尚：事迹見本書卷五〇《馮唐傳》。

[5]【顔注】師古曰："鄉"讀曰"嚮"。【今注】沙幕：沙漠。

[6]【顔注】師古曰：《禮》之《樂記》曰"鼓鼙之聲讙，讙以立動，動以進衆。君子聽鼓鼙之聲，則思將率之臣"也。

[7]【顔注】師古曰：閔，憂也。

[8]【顔注】師古曰：愊憶，憤怒之皃也（皃，白鷺洲本、大德本、殿本作"貌"）。愊，皮逼反（白鷺洲本、大德本、殿本"皮"前有"音"字）。【今注】愊（bì）：心中鬱結。

[9]【顔注】如淳曰：踰，遠也。遠集郅支都賴水上也。師古曰："卒"讀曰"猝"。厲，度也。"踰"讀曰"遥"。【今注】奔：或當爲"猋"。王念孫《讀書雜志·漢書第十二》曰："'奔'

當爲‘猋’字之誤也。猋逝，言如猋風之逝。司馬相如《封禪文》云‘武節猋逝’是也。（《韓長儒傳》云：‘匈奴，輕疾悍亟之兵也，至如猋風，去如收電。’司馬相如《子虛賦》云：‘雷動猋至，星流霆擊。’）曰‘猋逝’，曰‘橫厲’，曰‘遥集’，皆言其行軍之速；若作‘奔逝’，則非其旨矣。此字師古無音，則所見本已誤作‘奔’。《漢紀·孝成紀》正作‘興師猋逝’。”

［10］【顔注】師古曰：逌，亡也。

［11］【今注】西海：代指西域。

［12］【今注】大辟：泛指死刑。

［13］【今注】白起：戰國末秦國名將，曾在“伊闕之戰”中大破魏韓聯軍，在伐楚之役中攻陷楚都郢城，在“長平之戰”中消滅趙國主力，爲秦國掃平東方、統一天下立下大功。傳見《史記》卷七三。

［14］【今注】郢都：春秋戰國時期楚國都城。在今湖北江陵縣紀南城遺址。

［15］【今注】趙括：戰國後期趙國將領，馬服君趙奢之子，在長平之戰中爲秦將白起所破，兵敗身死，趙軍投降後被坑殺。

［16］【顔注】師古曰：地名也，在咸陽西也。【今注】杜郵：又稱杜郵亭。戰國晚期秦國郵亭，在今陝西咸陽市渭城區擺旗寨村。酈道元《水經注·渭水》：“渭水北有杜郵亭，去咸陽十七里，今名孝里亭，中有白起祠。”

［17］【顔注】師古曰：如席之卷。言其疾也。喋血，解在《文紀》。【今注】喋血：又作“蹀血”，指殺人衆多，踏血而行。

［18］【顔注】張晏曰：謂以所征之國事類告天也。【今注】類：楊樹達《漢書窺管》卷七據《説文》“禷，以事類祭天神”，以爲“類”爲“禷”的省借字。

［19］【顔注】師古曰：《尚書》之外周書也（周，大德本、殿本作“逸”）。【今注】周書：此處數句爲逸文，不見於今本

《尚書·周書》。

［20］【顔注】師古曰：《禮記》稱孔子云："敝帷弗棄，爲薶馬也；敝蓋弗棄，爲薶狗也。"

［21］【顔注】師古曰：以庸臣之禮待遇之也。卒，終也。

［22］【顔注】師古曰：介然猶耿耿。

［23］【今注】士伍：秦漢時期身份術語。亦作"士五"。指居住在里伍或什伍中，無官職、無爵位而登記在户籍簿上的成年男子，即達到服役年齡的男性公民（詳朱紹侯《士伍身份考辨》，見《軍功爵制研究（增訂版）》，商務印書館2017年版，第397—403頁）。

後數歲，西域都護段會宗爲烏孫兵所圍，驛騎上書，願發城郭、燉煌兵以自救。[1]丞相王商、大將軍王鳳及百僚議，[2]數日不決。鳳言湯多籌策，習外國事，可問。上召湯見宣室。[3]湯擊郅支時中寒病，[4]兩臂不詘申。[5]湯入見，有詔毋拜，示以會宗奏。湯辭謝，曰："將相九卿皆賢材通明，小臣罷癃，不足以策大事。"[6]上曰："國家有急，君其毋讓。"對曰："臣以爲此必無可憂也。"上曰："何以言之？"湯曰："夫胡兵五而當漢兵一。何者？兵刃朴鈍，弓弩不利。今聞頗得漢巧，然猶三而當一。又兵法曰：'客倍而主人半，然後敵。'[7]今圍會宗者人衆不足以勝會宗，唯陛下勿憂。且兵輕行五十里，重行三十里。今會宗欲發城郭、燉煌，歷時迺至，所謂報讎之兵，非救急之用也。"上曰："奈何？其解可必乎？度何時解？"[8]湯知烏孫瓦合，不能久攻，[9]故事不過數日，[10]因對曰："已解矣！”詘指計其日，曰：“不出五日，當有吉語聞。”[11]居四日，軍書到，言已解。大將軍鳳奏以爲從事中郎，[12]莫府事壹決於湯。湯明法令，善因事爲埶，納説多從。常受人金錢作章奏，卒以此敗。

［1］【顔注】師古曰：西域城郭諸國及燉煌兵也（燉，白鷺洲本、殿本同，大德本作“敦”）。

［2］【今注】王商：或當爲張禹。錢大昕《廿二史考異·漢書三》曰：“《會宗傳》‘竟寧、陽朔中，再爲西域都護’，不云爲烏孫所圍；惟元延中嘗被圍，其時又非都護，且不與丞相王商、大將軍王鳳同時。此傳云會宗爲烏孫所圍，似當在陽朔中。又考《公卿表》，王商於河平四年罷相，以張禹代之，其明年始改元陽朔；使會宗果於陽朔中被圍，則丞相乃張禹，非王商矣。以二傳參互考之，當有一誤，或《會宗傳》‘陽朔’字當爲‘河平’，或此傳‘王商’當爲‘張禹’也。” 王鳳：字孝卿，西漢東平陵（今山東濟南市東）人。元帝皇后王政君兄。初爲衞尉，襲父爵陽平侯。成帝即位，拜大司馬大將軍，領尚書事。專斷朝政十一年。事迹詳本書卷九八《元后傳》。

［3］【今注】宣室：殿名。在未央宫中。考古所見“未央宫第1號遺址”（詳中國社會科學院考古研究所編著《漢長安城未央宫——1980—1990年考古發掘報告》，中國大百科全書出版社1996年版，第15頁）上有南北向排列的三座大型宫殿基址，中部基址面積最大，南部基址較小，北部基址最小。研究者或以爲未央宫前殿由三座宫殿組成，宣室殿爲主體建築，並推測第1號遺址中部宫殿當爲宣室之故址（詳見發掘報告及劉慶柱、李毓芳《漢長安城》，文物出版社2003年版，第66頁）。或以爲宣室殿爲未央宫前殿的附屬建築，主要用於皇帝親自處理較重大的事務和規模較小的召見，也具有一定禮儀和象徵意義，規模及重要性小於前殿，故

“未央宫第1號遺址”北部基址當爲宣室殿遺址（詳見陳蘇鎮《未央宫四殿考》，《歷史研究》2016年第5期）。或以爲中部宫殿是“宣室殿（路寢）”，南部宫殿是“前殿”，北部宫殿是“後殿”（詳見楊鴻勳《建築考古學論文集（增訂版）》，清華大學出版社2008年版，第240—241頁）。

[4]【今注】寒病：又作“傷寒病”，指感受風寒濕邪所致的病症。武威漢簡中有《治風寒逐風方》，所治即傷於風寒之邪後引起的骨節重著痹痛之症。

[5]【今注】詘（qū）申：彎曲伸直。

[6]【顔注】師古曰：“罷”讀曰“疲”。【今注】罷癃：年邁體弱且有疾病。

[7]【今注】兵法曰客倍而主人半然後敵：意謂攻守勢異，憑城而守，可禦二倍於己方的攻城之敵。山東臨沂銀雀山一號墓出土的《孫臏兵法》有《客主人分》篇：“兵有客之分，有主人之分。客之分衆，主人之分少。客負（倍）主人半，然可啇（敵）也。”陳湯所引兵法之語，或即出此。

[8]【顔注】師古曰：度，徒各反（白鷺洲本、大德本、殿本“徒”前有“音”字）。

[9]【顔注】師古曰：瓦合謂碎瓦之雜居不齊同。

[10]【顔注】師古曰：故事謂以舊事測之。

[11]【顔注】師古曰：吉，善也。善謂兵解之事。

[12]【今注】從事中郎：大將軍、車騎將軍等高級武官幕府僚屬，職在參與謀議。

初，湯與將作大匠解萬年相善。[1]自元帝時，渭陵不復徙民起邑。[2]成帝起初陵，[3]數年後，樂霸陵曲亭南，[4]更營之。萬年與湯議，以爲：“武帝時，工楊光以所作數可意，[5]自致將作大匠。及大司農中丞耿壽昌造杜陵，[6]賜爵關内侯；將作大匠乘馬延年以勞苦秩中二千石。[7]今作初陵而營起邑居，[8]成大功，萬年亦當蒙重賞。子公妻家在長安，兒子生長長安，不樂東方，宜求徙，可得賜田宅，俱善。”湯心利之，即上封事言：[9]“初陵，京師之地，最爲肥美，可立一縣。天下民不徙諸陵三十餘歲矣，關東富人益衆，多規良田，役使貧民，[10]可徙初陵，以彊京師，衰弱諸侯，又使中家以下得均貧富。湯願與妻子家屬徙初陵，爲天下先。”於是天子從其計，果起昌陵邑，[11]後徙内郡國民。萬年自詭三年可成，[12]後卒不就，[13]群臣多言其不便者。下有司議，皆曰：“昌陵因卑爲高，積土爲山，度便房猶在平地上，[14]客土之中不保幽冥之靈，[15]淺外不固，卒徒工庸以鉅萬數，[16]至爇脂火夜作，[17]取土東山，且與穀同賈。[18]作治數年，天下徧被其勞，國家罷敝，府臧空虛，[19]下至衆庶，熬熬苦之。[20]故陵因天性，[21]據真土，處埶高敞，旁近祖考，[22]前又已有十年功緒，[23]宜還復故陵，勿徙民。”上迺下詔罷昌陵，語在《成紀》。[24]

[1]【今注】將作大匠：官名。秦有將作少府，漢景帝時改稱將作大匠。掌修作宗廟、宫室、陵寢等。秩二千石。　解萬年：西漢後期官員。成帝時任將作大匠，奏請在霸陵曲亭南營建昌陵，徙民充實陵邑，後因工程勞民傷財，被罷免，徙至敦煌罰作。

[2]【今注】渭陵：漢元帝劉奭陵園。在今陝西咸陽市渭城區周陵鄉新莊。

[3]【今注】初陵：初建之陵，皆稱初陵。此指漢成帝建始二

年（前 31）始建之陵，地在渭城縣延陵亭部，即後來漢成帝劉驁延陵。遺址在今陝西咸陽市渭城區周陵街道辦事處嚴家溝、馬家窑村一帶。（參見焦南峰《漢成帝延陵名位補證》，《考古與文物》2019 年第 4 期）

［4］【今注】霸陵：縣名。治所在今陝西西安市東北。本爲漢文帝劉恒陵園（遺址在今陝西西安市東南白鹿原上），因陵名縣。

［5］【顔注】師古曰：可天子之意。

［6］【今注】大司農中丞：大司農屬官。大司農，秦及漢初稱治粟内史，景帝後元元年（前 143）更名大農令，武帝太初元年（前 104）更名大司農。職掌國家錢穀租税等財政收支。位列九卿，秩中二千石。下設二丞爲大司農副貳，總署曹事，或稱大司農丞，或稱大司農中丞，秩一千石。　耿壽昌：漢宣帝時任大司農中丞。宣帝五鳳間建議糴三輔、弘農、河東、上黨、太原郡穀供應京師，以省關東轉漕。又建議邊郡置常平倉，穀賤時增其價而糴，穀貴時減價而糶。賜爵關内侯。精數學，曾删補《九章算術》；又曾以銅鑄渾天儀觀測天象。二事詳見本書《食貨志》。　杜陵：漢宣帝劉詢陵墓。遺址在今陝西西安市雁塔區曲江街道辦事處三兆村西北。

［7］【顔注】師古曰：姓乘馬，名延年。乘，食孕反（白鷺洲本、大德本、殿本“食”前有“音”字）。【今注】乘馬延年：人名。據本書《溝洫志》，曾於成帝河平三年（前 26）以諫大夫身份參與治理黄河。

［8］【今注】初陵：此指成帝鴻嘉元年（前 20）在霸陵曲亭南始建之陵，即昌陵。

［9］【今注】封事：直接上達皇帝的重要奏章，爲防止信息泄露而用黑色布袋密封，通常由皇帝本人或者指定人員拆封處理。《漢官儀》：“密奏以皂囊封之，不使人知，故曰封事。”官員上封事制度，始於宣帝時期。（參廖伯源《漢“封事”雜考》，收入《秦漢史論叢（增訂本）》，中華書局 2008 年版，第 199 頁）

[10]【顔注】師古曰：規，畫也，自占爲疆界也。

[11]【今注】昌陵邑：《長安志·臨潼縣》引《三輔黄圖》："成帝於霸陵北步昌亭起昌陵，即成帝之廢陵也。"其地在漢新豐縣戲鄉。今陝西西安市北郊與臨潼區交界地帶有一個面積約三平方公里的大土丘，丘頂内凹，當地稱"八角玻璃井"，當是昌陵遺迹（詳參何清谷《三輔黄圖校釋》，中華書局2005年版，第374頁）。

[12]【顔注】師古曰：詭，責也，自以爲憂責也。

[13]【顔注】師古曰：卒，終也。就亦成也。

[14]【顔注】師古曰：度徒各反（殿本同，白鷺洲本、大德本"徒"前有"音"字）。【今注】便房：即"便椰""楩椰"。衞宏《漢儀注》："天子陵中明中高丈二尺四寸，周二丈，内梓宫，次楩椰，柏黄腸題湊。"漢代喪葬制度規定，皇帝、皇后、諸侯王、王后及受到特賜的高級官員墓室中有用柏樹壘製的黄腸題湊，黄腸題湊内用木構圍成的椰室，便是便房，便房中間爲停放棺材的棺室。便，取"平安""適宜""協和"之意。（詳見高崇文《釋"便椰"、"便房"與"便殿"》，《考古與文物》2010年第3期）

[15]【今注】客土：從别外搬運來的土。

[16]【今注】卒徒工庸：參與修陵的勞工。卒，根據國家規定應服徭役的成年男子，即更卒及一部分正卒。徒，被處以徒刑而罰服勞役的犯人。工，掌握專門技藝的工匠。庸，雇傭之人。

[17]【顔注】師古曰：𤏳，古"然"字也。【今注】𤏳(rán)：同"燃"。

[18]【顔注】師古曰："賈"讀曰"價"。

[19]【顔注】師古曰："罷"讀曰"疲"。

[20]【顔注】師古曰：熬熬，衆愁聲。

[21]【今注】故陵：即延陵，前文之"初陵"。

[22]【今注】旁近祖考：漢成帝初陵地近元帝渭陵。

[23]【顔注】師古曰：緒謂端次也。

[24]【今注】案，本書卷一〇《成紀》載漢成帝永始元年（前16）七月下詔罷昌陵之事。

丞相、御史請廢昌陵邑中室，[1]奏未下，人以問湯："第宅不徹，得毋復發徙？"[2]湯曰："縣官且順聽群臣言，[3]猶且復發徙之也。"

[1]【顔注】師古曰：徙人新所起室居。【今注】御史：此處爲御史大夫之省稱。

[2]【顔注】師古曰：問其不被發徹，更移徙邪？

[3]【今注】縣官：此指皇帝。

時成都侯商新爲大司馬衛將軍輔政，[1]素不善湯。商聞此語，白湯惑衆，下獄治，按驗諸所犯。湯前爲騎都尉王莽上書言：[2]"父早死，獨不封，母明君共養皇太后，尤勞苦，[3]宜封。"竟爲新都侯。[4]後皇太后同母弟苟參爲水衡都尉，[5]死，子伋爲侍中，[6]參妻欲爲伋求封，湯受其金五十斤，許爲求比上奏。[7]弘農太守張匡坐臧百萬以上，[8]狡猾不道，[9]有詔即訊，[10]恐下獄，使人報湯。湯爲訟罪，得踰冬月，[11]許謝錢二百萬，皆此類也。事在赦前。後東萊郡黑龍冬出，[12]人以問湯，曰："是所謂玄門開。微行數出，[13]出入不時，故龍以非時出也。"又言當復發徙，傳相語者十餘人。丞相御史奏："湯惑衆不道，妄稱詐歸異於上，非所宜言，[14]大不敬。"[15]廷尉增壽議，以爲："不道無正法，[16]以所犯劇易爲罪，[17]臣下承用失其中，故移獄廷尉，[18]無比者先以聞，[19]所以正刑罰，重人命也。明主哀憫百姓，下制書罷昌陵勿徙吏民，[20]已申布。湯妄以意相謂且復發徙，雖頗驚動，所流行者少，百姓不爲變，不可謂惑衆。湯稱詐，虚設不然之事，非所宜言，大不敬也。"制曰："廷尉增壽當是。[21]湯前有討郅支單于功，其免湯爲庶人，徙邊。"又曰："故將作大匠萬年佞邪不忠，妄爲巧詐，多賦斂，煩繇役，興卒暴之作，[22]卒徒蒙辜，死者連屬，[23]毒流衆庶，海内怨望。雖蒙赦令，不宜居京師。"於是湯與萬年俱徙焞煌。[24]

[1]【今注】成都侯商：王商，字子夏，漢元帝皇后王政君之弟，成帝河平二年（前 27）封成都侯。先後以大司馬衛將軍、大司馬大將軍輔政。事詳見本書卷九八《元后傳》。成都，一作"城都"，侯國治所在今山東鄄城縣西南。　大司馬：官名。漢初承秦制，置太尉掌軍事。武帝元狩四年（前 119）改置大司馬。西漢中後期，大將軍、驃騎將軍、車騎將軍、衛將軍等重號將軍加此職，即爲職掌中央政務的輔政大臣。通常由貴戚擔任。成帝時賜大司馬印綬，開府置屬，大司馬遂爲三公之一，不再是加官。　衛將軍：西漢高級武官名。掌京師屯兵及宫禁護衛。位在大將軍、驃騎將軍、車騎將軍之後，加大司馬號則爲中朝官首領，預政定策，進而成爲最有權勢的軍政大臣。金印紫綬。

[2]【今注】王莽：傳見本書卷九九。

[3]【顔注】師古曰：《莽傳》言莽母渠，今此云明君。則明君者，字也。【今注】皇太后：即漢元帝皇后王政君。傳見本書卷九八。

[4]【今注】新都侯：漢成帝永始元年（前 16）封外戚王莽爲

新都侯。新都侯國治所在今河南新野縣東。

［5］【今注】苟參：字威神。河内郡人。皇太后王政君同母異父之弟。成帝時拜侍中水衡都尉。　水衡都尉：官名。漢武帝時始置。職掌上林苑諸事，兼管帝室收入及鑄錢等事，職權頗重。秩比二千石。

［6］【顔注】師古曰："伋"音"汲"。【今注】侍中：秦置，原爲丞相史，往來殿中奏事，故名。西漢時爲加官，加此即可入侍宫禁，親近皇帝。初掌雜務，後漸與聞朝政，贊導衆事，顧問應對，與公卿大臣論辯，平議尚書奏事，爲中朝要職。

［7］【顔注】師古曰：比，例也，音必寐反。

［8］【今注】弘農：郡名。治弘農縣（今河南靈寶市北）。張匡：本書卷八二《王商傳》記有蜀郡人張匡，成帝時任太中大夫，"其人佞巧"，因日蝕事上書彈劾丞相王商，或與本《傳》爲同一人。

［9］【今注】狡猾：漢代罪名，指惑亂主上、傾亂朝政、貪污受賄、營私舞弊，以及爲脱己之罪而誣告他人等具有"詭詐性"的犯罪行爲（詳見賈麗英《"狡猾"罪論》，《學術論壇》2008 年第 1 期）。　不道：漢代罪名。背叛爲臣或爲人之道的反國家、反社會及違反家族倫理的犯罪行爲，如誣罔（欺騙天子）、附下罔上（結附臣下共同欺騙天子）、誹謗與妖言（對皇帝及執政大臣的非難和攻擊）等，皆可視爲"不道"。漢律中對"不道"的罪行内容和刑罰没有明確的規定，即所謂"不道無正法"。"不道"比"不敬"更重，犯"不道"之罪者往往處以棄市之刑，重者腰斬。（詳參任仲爀《漢代的"不道"罪》，載《漢晉時期國家與社會論集》，廣西師範大學出版社 2016 年版）

［10］【顔注】師古曰：就其所居考問之。

［11］【今注】得踰冬月：漢代司法制度，行刑時間定在冬月，時過冬月，則有申冤上訴或僥倖遇赦的機會。

［12］【今注】東萊郡：治掖縣（今山東萊州市）。　黑龍冬出：龍爲靈物，出入有時。許慎《説文解字》曰龍，鱗蟲之長，“能幽能明，能小能巨，能短能長，春分而登天，秋分而入川”。《後漢書》卷五九《張衡傳》：“夫玄龍，迎夏則陵雲而奮鱗，樂時也；涉冬則淈泥而潛蟠，避害也。”玄龍，即黑龍。黑龍於冬天出現，屬不吉異象。

［13］【今注】微行：私自外出。本書卷一〇《成紀》：“上始爲微行出。”張晏曰：“於後門出，從期門郎及私奴客十餘人。白衣組幘，單騎出入市里，不復警蹕，若微賤之所爲，故曰微行。”

［14］【今注】非所宜言：漢代罪名。屬言論犯罪。意即言論不當。重者按不道、不敬論處。

［15］【今注】大不敬：漢代罪名。凡對皇帝不敬重、冒犯皇帝權威的言行，皆可冠以“不敬”之名論處，重者則爲大不敬。律無正條，入罪條件模糊，論處量刑時往往引例比附。

［16］【顏注】晉灼曰：增壽，姓趙也。【今注】廷尉：秦置，西漢沿置。主管刑獄。列位九卿，秩中二千石。　增壽：即趙增壽，字稺公。據本書《百官公卿表》，成帝鴻嘉二年（前19），由左馮翊遷爲廷尉，在職五年。　不道無正法：不道之罪，在律令中沒有明確的内容界定，以犯罪行爲性質、程度來量刑論處。

［17］【顏注】師古曰：易，弋豉反（白鷺洲本、大德本、殿本“弋”前有“音”字）。

［18］【顏注】如淳曰：如今讞罪輕重。

［19］【顏注】師古曰：此謂相比附也（此，白鷺洲本、大德本、殿本作“比”）。

［20］【今注】制書：皇帝下的命令，有策書、制書、詔書等名目，制書是其中一種。

［21］【顏注】師古曰：當謂處正其罪也。

［22］【顏注】師古曰：“卒”讀曰“猝”。

［23］【顔注】師古曰：蒙，被也，屬。之欲反（白鷺洲本、大德本“之”前有“音”字）。

［24］【今注】焞煌：即敦煌。案，焞，白鷺洲本同，大德本作“敦”，殿本作“燉”。

久之，焞煌大守奏：“湯前親誅郅支單于，威行外國，不宜近邊塞。”詔徙安定。[1]議郎耿育上書言便宜，[2]因冤訟湯曰：“延壽、湯爲聖漢揚鉤深致遠之威，雪國家累年之恥，討絶域不羈之君，係萬里難制之虜，豈有比哉！先帝嘉之，仍下明詔，宣著其功，[3]改年垂曆，傳之無窮。[4]應是，南郡獻白虎，[5]邊垂無警備。[6]會先帝寢疾，然猶垂意不忘，數使尚書責問丞相，趣立其功。[7]獨丞相匡衡排而不予，封延壽、湯數百户，此功臣戰士所以失望也。孝成皇帝承建業之基，乘征伐之威，兵革不動，國家無事，而大臣傾邪，讒佞在朝，曾不深惟本末之難，以防未然之戒，欲專主威，排妒有功，使湯塊然[8]被冤拘囚，不能自明，卒以無罪，老棄焞煌，正當西域通道，令威名折衝之臣旋踵及身，[9]復爲郅支遺虜所笑，誠可悲也！至今奉使外蠻者，未嘗不陳郅支之誅以揚漢國之盛。[10]夫援人之功以懼敵，棄人之身以快讒，[11]豈不痛哉！且安不忘危，盛必慮衰，今國家素無文帝累年節儉富饒之畜，[12]又無武帝薦延[13]梟俊禽敵之臣，獨有一陳湯耳！[14]假使異世不及陛下，尚望國家追録其功，封表其墓，以勸後進也。湯幸得身當聖世，功曾未久，反聽邪臣鞭逐斥遠，使亡逃分竄，死無處所。[15]遠覽之士，莫不計度，[16]以爲湯功累世不可及，而湯過人情所有，[17]湯尚如此，雖復破絶筋骨，暴露形骸，猶復制於脣舌，爲嫉妒之臣所係虜耳。此臣所以爲國家尤戚戚也。”書奏，天子還湯，卒於長安。

［1］【今注】安定：郡名。治高平縣（今寧夏固原市原州區）。

［2］【今注】議郎：諸郎的一種，掌顧問應對，參與議政，屬郎中令（光禄勳），秩比六百石。多選通明儒家經典者充任，不入直宿衛。

［3］【顔注】師古曰：仍，頻也。

［4］【顔注】師古曰：謂改年爲竟寧也。不以此事，蓋當其年，上書者附著耳（《資治通鑑》卷三三《漢紀》孝成皇帝綏和二年胡三省注：“案，《元紀》詔曰：‘匈奴郅支單于背叛禮義，既服其辜，呼韓邪單于修朝保塞，邊垂長無兵革之事，其改元爲竟寧。’則改元實以此，非附著也。”）。【今注】改年：指改爲竟寧。竟寧，漢元帝年號（前33）。僅一年。

［5］【今注】南郡：治江陵縣（今湖北江陵縣）。

［6］【今注】垂：同“陲”。殿本作“陲”。

［7］【顔注】師古曰：趣讀曰促。

［8］【顔注】師古曰：塊然，獨處之意，如土塊也。音口内反。

［9］【今注】旋踵及身：意謂很快就成戴罪之人。

［10］【今注】揚漢國之盛：王念孫《讀書雜志·漢書第十二》：“案，‘盛’當爲‘威’字之誤也。上文云‘揚威昆山之西’，又云‘爲聖漢揚鉤深致遠之威’，皆其證。今本‘威’作‘盛’，則非其旨矣。《漢紀》正作‘揚漢國之威’。《太平御覽·人事部·九十三》引作‘陳郅支之誅夷，以揚漢國之威棱’，文雖小異，而字亦作‘威’。”

［11］【顏注】師古曰：援，引也，音爰。

［12］【顏注】師古曰：畜讀曰蓄，謂府庫也。

［13］【顏注】如淳曰：薦延，使群臣薦士而延納之。

［14］【顏注】師古曰：梟謂斬其首而縣之也。俊謂敵之魁率，郅支是也。《春秋左氏傳》曰："得儁曰克。"

［15］【顏注】師古曰：分謂散離也。《虞書·舜典》曰："分北三苗。"

［16］【顏注】師古曰：度，大各反（白鷺洲本、大德本"大"前有"音"字）。

［17］【顏注】師古曰：言湯所犯之罪過，人情共有此事耳，非特詭異深可誅責也。

死後數年，王莽爲安漢公秉政，既内德湯舊恩，又欲讇皇太后，[1]以討郅支功尊元帝廟稱高宗；以湯、延壽前功大賞薄，及候丞杜勳不賞，[2]迺益封延壽孫遷千六百户，追謚湯曰破胡壯侯，封湯子馮爲破胡侯，勳爲討狄侯。[3]

［1］【今注】讇（chǎn）：同"諂"。諂媚。

［2］【今注】候丞：官名。戊己校尉部屬有候，候丞爲候的佐官。羅布淖爾漢簡有"右部後曲候陳殷，十月壬辰爲烏孫所殺"（詳見中國簡牘集成編輯委員會編《中國簡牘集成》第二十册，敦煌文藝出版社2001年版）。甘肅懸泉漢簡編號87—89C：11簡所載獎賞軍功詔書曰："尚書丞昧死以聞：'制曰：可。賜校尉錢，人五萬；校尉丞、司馬、千人、候，人三萬；校尉史，司馬、候丞，人二萬；書佐、令史，人萬。'"（詳見胡平生、張德芳《敦煌懸泉漢簡釋粹》，上海古籍出版社2001年版，第165—166頁）可知候丞地位在書佐、令史之上，與校尉史、司馬丞相類。今案，候丞杜

勳，上文記爲“軍候假丞杜勳”，解作“軍候代行丞職”，與“候丞”不同。不知當以何者爲是。

［3］【今注】案，據本書《外戚恩澤侯表》，平帝元始五年（5），封陳馮爲破胡侯，食邑一千四百户。封杜勳爲討狄侯，食邑一千户。

段會宗字子松，天水上邽人也。[1]竟寧中，以杜陵令五府舉爲西域都護、騎都尉光禄大夫，[2]西域敬其威信。三歲更盡還，[3]拜爲沛郡太守。[4]以單于當朝，徙爲雁門太守。[5]數年，坐法免。西域諸國上書願得會宗，陽朔中，[6]復爲都護。

［1］【今注】天水：郡名。治平襄縣（今甘肅通渭縣）。　上邽：縣名。治所在今甘肅天水市麥積區。本書《地理志》載，上邽縣屬隴西郡。又卷六九《趙充國傳》説趙充國爲隴西上邽人，卷九七上《外戚傳上》載上官桀亦爲隴西上邽人，故此處言上邽縣屬天水郡，齊召南、錢大昕等皆疑有誤。周振鶴則疑上邽確曾短暫改隸天水郡，“時間大致在宣元時期，至晚成帝末年當復歸隴西，故《漢志》上邽尤在隴西。其具體變動時間已無載也。西漢時期兩郡之間往往有較小的調整，可惜史書不言，千載以降，已難覓其蹤矣”（詳見周振鶴主編《中國行政區劃通史・秦漢卷上》，復旦大學出版社 2017 年版，第 479 頁）。

［2］【今注】杜陵：此指杜陵縣，治所在今陝西西安市雁塔區曲江街道辦事處三兆村西北。杜陵爲漢宣帝劉詢陵墓，因陵置縣。　五府：漢成帝時期由五位高官組成的最高議事機構，所議之事多爲邊疆民族等軍政大事。據本書《百官公卿表》，五府時指丞相匡衡、御史大夫李延壽、車騎將軍許嘉、大將軍王鳳、右將軍王商。

［3］【顔注】如淳曰：邊吏三歲一更，下言終更皆是也。師

古曰：更，工衡反（白鷺洲本、大德本“工”前有“音”字）。其下並同。

［4］【今注】沛郡：治相縣（今安徽濉溪縣西北）。

［5］【今注】雁門：郡名。治善無縣（今山西右玉縣西北）。大守：即太守。大，同“太”。白鷺洲本、大德本、殿本作“太”。

［6］【今注】陽朔：漢成帝年號（前24—前21）。

會宗爲人好大節，矜功名，與谷永相友善。谷永閔其老復遠出，予書戒曰：“足下以柔遠之令德，復典都護之重職，[1]甚休甚休！[2]若子之材，可優遊都城而取卿相，何必勒功昆山之仄，總領百蠻，懷柔殊俗？子之所長，愚無以喻。[3]雖然，朋友以言贈行，敢不略意。[4]方今漢德隆盛，遠人賓伏，[5]傅、鄭、甘、陳之功没齒不可復見，願吾子因循舊貫，毋求奇功，[6]終更亟還，亦足以復雁門之踦。[7]萬里之外，以身爲本。願詳思愚言。”

［1］【顔注】師古曰：柔，安也。柔遠，言能安遠人。《虞書·舜典》曰：“柔遠能邇。”

［2］【顔注】師古曰：休，美也。

［3］【顔注】師古曰：言子思慮深長，當不待己曉告也。

［4］【顔注】師古曰：贈行謂將别相贈也。略意，略陳本意也。

［5］【今注】伏：同“服”。大德本、白鷺洲本、殿本作“服”。

［6］【顔注】師古曰：貫，事也。

［7］【顔注】應劭曰：踦，隻也。會宗從沛郡下爲雁門，又坐法免，爲踦隻不偶也。師古曰：亟，急也。復猶補也。亟，居

力反（白鷺洲本、大德本、殿本“居”前有“音”字）。踦，居宜反（白鷺洲本、大德本、殿本“居”前有“音”字）。【今注】終更：任期結束。 踦（qī）：脚跛，行走不便。意謂遇事不利。

會宗既出，諸國遣子弟郊迎。小昆彌安日前爲會宗所立，[1]德之，[2]欲往謁，諸翎侯止不聽，[3]遂至龜兹謁。城郭甚親附。[4]康居太子保蘇匿率衆萬餘人欲降，會宗奏狀，漢遣衛司馬逢迎。[5]會宗發戊己校尉兵隨司馬受降。司馬畏其衆，欲令降者皆自縛，保蘇匿怨望，舉衆亡去。會宗更盡還，以擅發戊己校尉之兵乏興，[6]有詔贖論。拜爲金城太守，[7]以病免。

[1]【今注】小昆彌安日：昆彌（一作“昆莫”）爲烏孫國君主名號。漢元帝甘露元年（前53），昆彌烏就屠親附匈奴，引發烏孫内部紛争，亦威脅到漢朝在西域的統治，漢廷施壓，烏就屠改稱小昆彌，統領民衆四萬户；漢解憂公主所生王子元貴靡爲大昆彌，統領六萬户。從此大、小昆彌分治烏孫。安日，烏就屠之孫，拊離之子，公元前30年至前17年在位。

[2]【顔注】師古曰：懷會宗之恩德也。

[3]【今注】翎侯：烏孫、康居等西域邦國官名，相當於漢朝之將軍，數量不一，各有名號。

[4]【顔注】師古曰：謂城郭諸國。

[5]【顔注】師古曰：迎之於道，隨所到而逢之，故曰逢迎也。

[6]【今注】擅發戊己校尉之兵乏興：擅發兵，漢代時屬軍法重罪，即《唐律疏議》所謂“擅興律”。乏興，即“乏軍興”，指耽誤軍事行動或軍需徵集調撥的行爲，屬軍法重罪。今案，據文意，段會宗觸犯二罪，一是“擅發戊己校尉之兵”，一是發兵之後

“乏興”。據此，此句似可標點爲“擅發戊己校尉之兵、乏興”。

［7］【今注】金城：郡名。治所初在金城縣（今甘肅蘭州市西），後遷至允吾縣（今甘肅永靖縣西北）。

歲餘，小昆彌爲國民所殺，諸翎侯大亂。徵會宗爲左曹中郎將光禄大夫，[1]使安輯烏孫，[2]立小昆彌兄末振將，[3]定其國而還。

［1］【今注】左曹中郎將：官名。兼理尚書左曹事務的中郎將。左曹爲加官，加此即可日上朝謁，與聞政事。

［2］【顔注】師古曰：“輯”與“集”同也。

［3］【顔注】服虔曰：人姓名也。師古曰：其名也。昆彌之兄不可别舉姓也（舉，白鷺洲本、大德本同，殿本作“夆”）。【今注】末振將：據本書卷九六下《西域傳下》，末振將乃小昆彌安日之弟，非兄。

明年，末振將殺大昆彌，[1]會病死，漢恨誅不加。元延中，[2]復遣會宗發戊己校尉、諸國兵，即誅末振將大子番丘。[3]會宗恐大兵入烏孫，驚番丘，亡逃不可得，即留所發兵墊婁地，[4]選精兵三十弩，[5]徑至昆彌所在，召番丘，責以“末振將骨肉相殺，殺漢公主子孫，[6]未伏誅而死，使者受詔誅番丘”，即手劍擊殺番丘。官屬以下驚恐馳歸。小昆彌烏犁靡者，[7]末振將兄子也，勒兵數千騎圍會宗。會宗爲言來誅之意：“今圍守殺我，如取漢牛一毛耳。宛王、郅支頭縣槀街，[8]烏孫所知也。”昆彌以下服，曰：“末振將負漢，誅其子可也。獨不可告我，令飲食之邪？”[9]會宗曰：“豫告昆彌，逃匿之，爲大罪。即飲食以付我，傷骨肉恩，故不先告。”昆彌以下號泣罷去。會宗還奏事，公卿議會宗權得便宜，以輕兵深入烏孫，即誅番丘，[10]宣明國威，宜加重賞。天子賜會宗爵關内侯，黄金百斤。

［1］【今注】大昆彌：據本書卷九六《西域傳》，時烏孫大昆彌爲雌栗靡，係元貴靡之孫，星靡之子。

［2］【今注】元延：漢成帝年號（前12—前9）。

［3］【顔注】師古曰：番，步安反（白鷺洲本、大德本、殿本“步”前有“音”字）。【今注】大子：即太子。

［4］【顔注】服虔曰：“墊”音“墊阸”之“墊”。鄭比曰（比，白鷺洲本、大德本、殿本作“氏”，當據改）：墊音“羸”（墊，白鷺洲本、大德本、殿本作“婁”）。師古曰：墊，丁念反（白鷺洲本、大德本、殿本“丁”前有“音”字）。“婁”音“樓”。

［5］【顔注】李奇曰：三十人，人將一弩（將，白鷺洲本同，大德本、殿本作“持”）。

［6］【今注】漢公主子孫：末振將所殺大昆彌雌栗靡，其祖父元貴靡係漢解憂公主之子。

［7］【今注】烏犂靡：安日之子。本書《西域傳》作“安犂靡”。

［8］【今注】宛王：此指大宛國王毋寡。武帝太初四年（前101），貳師將軍李廣利伐大宛，大宛人斬殺其王毋寡，與漢和解。

［9］【顔注】師古曰：飲，於禁反（白鷺洲本、殿本“於”前有“音”字）。“食”讀曰“飤”。次下亦同。

［10］【顔注】師古曰：即，就也。

是時，小昆彌季父卑爰疐[1]擁衆欲害昆彌，漢復遣會宗使安輯，與都護孫建并力。[2]明年，會宗病死烏孫中，年七十五矣。城郭諸國爲發喪立祠焉。

［1］【顔注】師古曰：疐，竹二反（白鷺洲本、大德本“竹”前有“音”字）。【今注】卑爰疐：烏孫小昆彌末振將之弟。與末振將及烏孫貴人烏日領合謀刺殺了大昆彌雌栗靡，觸怒漢廷，遂率衆八萬餘口北附康居，又結好匈奴。平帝元始元年（1），殺烏日領以自效，被漢廷封爲歸義侯，遣侍子納質。新莽時被西域都護襲殺。〔參袁延勝《懸泉漢簡所見漢代烏孫的幾個年代問題》，《西域研究》2005 年第 4 期；侯宗輝《敦煌漢簡中的“卑爰疐”簡及其相關問題》，見西北師範大學歷史文化學院等編《簡牘學研究》第 6 輯，甘肅人民出版社 2016 年版，第 178—186 頁〕

［2］【今注】孫建：字子夏。西漢後期名臣。成帝時任護軍都尉，在西域參與襲殺烏孫貴族卑爰疐之事。哀帝時遷執金吾、右將軍，平帝時歷任左將軍、光禄勳、强弩將軍、輕車將軍，封成武侯。爲王莽爪牙，在新莽代漢過程中出力甚多。曾以奮武將軍參與鎮壓反莽義軍，新莽時拜爲立國將軍，封成新公。後參與十二將十道並出伐匈奴之事。王莽天鳳二年（15）病卒。敦煌懸泉漢簡編號Ⅰ0116：S. 14 簡文“元始二年二月己亥，少傅左將軍臣豐、右將軍臣建，承制詔御史曰，候旦受送烏孫歸義侯侍子，爲駕一乘軺傳，得别駕載從者二人，御七十六。大……如……”這是護送卑爰疐侍子出塞的記録。“右將軍臣建”即孫建。

贊曰：自元狩之際，[1]張騫始通西域，至于地節，[2]鄭吉建都護之號，訖王莽世，凡十八人，皆以勇略選，然其有功迹者具此。廉褒以恩信稱，[3]郭舜以廉平著，[4]孫建用威重顯，其餘無稱焉。陳湯儻蕩，不自收斂，[5]卒用困窮，議者閔之，故備列云。

［1］【今注】元狩：漢武帝年號（前122—前117）。

［2］【今注】地節：當爲“神爵”之誤。西域都護設於漢宣帝神爵二年（前60）。王先謙《漢書補注》引王先慎曰：“據《宣紀》，吉迎日逐，破車師，爲都護，在神爵二年；《吉傳》亦云‘神爵中’；非地節。《西域傳》作‘神爵三年’，‘三’當爲‘二’。此與《百官表》作‘地節’並誤。”

［3］【今注】廉褒：字子上。西漢後期官員。隴西郡襄武縣（今甘肅隴西縣東）人。成帝建始、河平年間任西域都護。其後任金城太守、執金吾、右將軍。哀帝綏和元年（前8）免爲庶人。

［4］【今注】郭舜：西漢後期官員。元帝時爲漆縣（今陝西彬縣）縣令。成帝時任西域都護，主張與康居斷絶，未被朝廷采納。

［5］【顔注】師古曰：儻蕩，無行檢也。“蕩”音“蕩”。

漢書　卷七一

雋疏于薛平彭傳第四十一

雋不疑字曼倩，勃海人也。[1]治《春秋》，爲郡文學，[2]進退以禮，[3]名聞州郡。武帝末，郡國盜賊群起，暴勝之爲直指使者，[4]衣繡衣，持斧，逐捕盜賊，督課郡國，[5]東至海，以軍興誅不從命者，[6]威振州郡。

[1]【顔注】師古曰：雋，音徂兖反（白鷺洲本、大德本、殿本"徂兖反"下有"又辭兖反"）。【今注】勃海：郡名。西漢高帝時置。治浮陽（今河北滄州市舊州鎮）。

[2]【今注】郡文學：兩漢於州郡及王國皆置文學官，掌學校教育。其組織今可考者，有文學師、文學孝掾、文學掾、文學主事掾等（參見陳直《武威漢簡文學弟子題字的解釋》，《考古》1961年第10期）。

[3]【今注】案，白鷺洲本、大德本、殿本作"進退必以禮"。

[4]【今注】暴勝之爲直指使者：《漢書考證》齊召南以爲該事發生於天漢二年（前99），暴氏爲河東郡（今山西夏縣）人，以光禄大夫出爲直指使者，後曾任御史大夫。直指使者，漢武帝置，即繡衣直指。掌出討奸猾，治大獄。不常置。

[5]【顔注】師古曰：督，謂察視之。【今注】課：考核。

[6]【顔注】師古曰：有所追捕及行誅罰，皆依興軍之制也

（白鷺洲本、大德本、殿本無“也”字）。【今注】軍興：軍興法，戰時法令。

勝之素聞不疑賢，至勃海，遣吏請與相見。不疑冠進賢冠，[1]帶櫑具劍，[2]佩環玦，[3]褎衣博帶，[4]盛服至門上謁。[5]門下欲使解劍，不疑曰：“劍者君子武備，[6]所以衛身，不可解。請退。”吏白勝之。勝之開閤延請，[7]望見不疑容貌尊嚴，衣冠甚偉，勝之躧履起迎。[8]

[1]【今注】進賢冠：儒者所戴的黑布冠。《續漢書·輿服志下》：“進賢冠，古緇布冠也，文儒者之服也。前高七寸，後高三寸，長八寸。公侯三梁，中二千石以下至博士兩梁，自博士以下至小史私學弟子，皆一梁。”

[2]【顔注】應劭曰：櫑具，木摽首之劍（摽，白鷺洲本、殿本作“標”，下同），櫑落壯大也。晉灼曰：古長劍首以玉作井鹿盧形，上刻木作山形，如蓮華初生未敷時（白鷺洲本、殿本“如”下有“似”字。華，白鷺洲本、大德本、殿本作“花”）。今大劍木首，其狀似此。師古曰：晉説是也。櫑（白鷺洲本誤作“儡”），音“磊”。摽，音匹遥反。【今注】櫑（lěi）具劍：陳直《漢書新證》：“《隸釋》卷六《袁良碑》云：‘壬具劍佩。’壬字疑爲壘字之殘損，而洪氏誤釋者，與本文正合。”

[3]【顔注】師古曰：環，玉環也。玦，即玉佩之玦也。帶環而又著玉佩也。《禮記》曰“孔子佩象環”也。【今注】玦：有缺口的環形玉器。

[4]【顔注】師古曰：褎，大裾也。言著褎大之衣（著，殿本作“着”），廣博之帶也。而説者乃以爲朝服垂褎之衣，非也。

【今注】褒衣：寬大之衣。

[5]【顔注】師古曰：上謁，若今通名也。

[6]【今注】劍者君子武備：沈欽韓《漢書疏證》引《初學記·二十二》補釋："《賈子》曰：'古者天子二十而冠帶劍，諸侯三十而冠帶劍，大夫四十而冠帶劍，庶人無事不得帶劍。'"又定公十年《春秋穀梁傳》稱："雖有文事，必有武備，孔子於頰谷之會見之矣。"

[7]【今注】開閤：閤，同"閣"。指刺史督察郡縣時所在官署、傳舍。"開閣"以示尊崇，與本書卷五八《公孫弘傳》"開東閣"有別。本書卷七六《韓延壽傳》："因入臥傳舍，閉閤思過。……延壽大喜，開閤延見，内酒肉與相對飲食，厲勉以意告鄉部，有以表勸悔過從善之民。"

[8]【顔注】文穎曰：躧，音"纚"。師古曰：履不著跟曰躧。躧，謂納履未正，曳之而行，言其遽也。躧，音山爾反。【今注】躧（xǐ）履：趿拉着鞋，急遽起行貌。這裏指迎客急切。亦作"蹝履"。

登堂坐定，不疑據地曰：[1]"竊伏海瀕，聞暴公子舊矣，[2]今乃承顔接辭。凡爲吏，太剛則折，[3]太柔則廢，威行施之以恩，然後樹功揚名，永終天禄。"[4]勝之知不疑非庸人，[5]敬納其戒，深接以禮意，問當世所施行。門下諸從事皆州郡選吏，[6]側聽不疑，[7]莫不驚駭。至昏夜，罷去。勝之遂表薦不疑，徵詣公車，[8]拜爲青州刺史。[9]

[1]【今注】據地：周壽昌《漢書注校補》以爲："以手下據。古人席地而坐也，不疑因進戒辭，故先據地以示敬。"

[2]【顏注】師古曰：瀕，崖也（崖，白鷺洲本、殿本作“涯”，大德本作“厓”）。公子，勝之字也。舊，久也。瀕，音“頻”，又音“賓”。【今注】案，白鷺洲本、大德本、殿本“舊”上有“威名”二字。

[3]【今注】太剛則折：沈欽韓《漢書疏證》引《説苑·敬慎》載桓公語補證曰：“金剛則折，革剛則裂；人君剛則國家滅，人臣剛則交友絶。”

[4]【顏注】師古曰：樹，立也。【今注】天禄：天賜之禄位。

[5]【顏注】師古曰：庸，常也。

[6]【顏注】師古曰：選州郡吏之最者乃得爲從事。

[7]【今注】側聽：從旁而聽。

[8]【今注】公車：漢代官署。爲衛尉的下屬機構，設公車令，掌管宮殿司馬門的警衛。天下上事及徵召等事宜，經由此處受理。

[9]【今注】青州：西漢武帝所置十三刺史部之一。轄境約當今山東平原縣、高唐縣以東，河北吴橋縣及山東馬頰河以南，濟南、安丘、高密、萊陽、棲霞、乳山等市縣以北地。　刺史：漢武帝時始置，分全國爲十三部州，州置刺史一人。奉詔巡行諸郡，以六條問事，省察治政，黜陟能否，斷理冤獄。無治所，秩六百石。

久之，武帝崩，昭帝即位，而齊孝王孫劉澤交結郡國豪桀謀反，[1]欲先殺青州刺史。不疑發覺，收捕，皆伏其辜。擢爲京兆尹，[2]賜錢百萬。京師吏民敬其威信。每行縣録囚徒還，[3]其母輒問不疑：“有所平反，活幾何人？”[4]即不疑多有所平反，母喜笑，爲飲食、言語異於他時；[5]或亡所出，母怒，爲不食。[6]故不疑爲吏，嚴而不殘。

［1］【今注】齊孝王：劉將閭，齊悼惠王劉肥子。 劉澤：劉澤與燕王劉旦及中山靖王劉勝孫劉長謀反事詳見本書卷六三《武五子傳》。

［2］【今注】京兆尹：武帝時改右内史置，掌治京師，又得參與朝政。位列九卿，秩中二千石。

［3］【顔注】師古曰：省録之，知其情狀有冤滯與不也。今云"慮囚"，本"録"聲之去者耳，音力具反。而近俗不曉其意，訛其文遂爲思慮之慮，失其源矣。行，音下更反。【今注】録囚徒：省察囚徒罪狀。參見王繼如《"肺腑""録囚"通説：漢代語詞考釋之六》（《南京師大學報》1991年第2期）。

［4］【顔注】如淳曰：反，音"幡"。幡，奏使從輕也。師古曰：幾，音居起反。

［5］【今注】案，言語，殿本作"語言"。

［6］【今注】案，爲不食，大德本、殿本作"爲之不食"。

始元五年，[1]有一男子乘黄犢車，建黄旐，[2]衣黄襜褕，著黄冒，[3]詣北闕，[4]自謂衛太子。[5]公車以聞，[6]詔使公卿將軍中二千石雜識視。[7]長安中吏民聚觀者數萬人。右將軍勒兵闕下，[8]以備非常。丞相御史中二千石至者立，莫敢發言。[9]京兆尹不疑後到，叱從吏收縛。[10]或曰："是非未可知，且安之。"[11]不疑曰："諸君何患於衛太子！昔蒯聵違命出奔，輒距而不納，《春秋》是之。[12]衛太子得罪先帝，亡不即死，[13]今來自詣，此罪人也。"遂送詔獄。

［1］【今注】始元：漢昭帝年號（前86—前80）。

［2］【顔注】師古曰：旐，旌旗之屬，畫龜蛇曰旐也（白鷺

洲本、大德本、殿本無“也”字）。【今注】旐：音 zhào。

［3］【顔注】師古曰：襜褕，直裾禪衣。襜，音昌瞻反。褕，音“踰”。冒，所以覆冒其首，即今之下裙冒也（裙，殿本作“裾”）。【今注】襜（chān）褕（yú）：一種較長的單衣。非正朝之服。有直裾和曲裾二式。參見王方《“襜褕”考》（《中國國家博物館館刊》2019 年第 8 期）。　冒：即“帽”。錢大昕《三史拾遺》卷三據《説文》：“冒，小兒蠻夷頭衣也。”以爲此傳作“冒”，乃當時通用字，今“帽”爲後人又加巾旁。

［4］【今注】北闕：未央宫北闕。爲官員奏事、吏民上書、使節謁見之處。本書卷一下《高紀下》：“蕭何治未央宫，立東闕、北闕、前殿、武庫、大倉。”顔師古注曰：“未央殿雖南嚮，而上書奏事謁見之徒皆詣北闕，公車司馬亦在北焉。是則以北闕爲正門，而又有東門、東闕。”（參見徐暢《西漢長安城未央宫北闕的地理位置及政治功用》，《四川文物》2012 年第 4 期）

［5］【顔注】師古曰：戾太子。【今注】衛太子：傳見本書卷六三。

［6］【顔注】師古曰：公車，主受章奏者。

［7］【顔注】師古曰：雜，共也。有素識之者，令視知其是非也。【今注】中二千石：漢官吏秩禄等級。中爲滿之意。中二千石即實得二千石，月俸一百八十斛。其地位在真二千石、二千石、比二千石之上。

［8］【今注】右將軍：漢朝重號將軍之一。典掌禁兵，戍衛京師，或任征伐。與前、左、後將軍並爲上卿，次於大將軍、驃騎將軍、車騎將軍、衛將軍。沈欽韓《漢書疏證》以爲當時衛尉王莽爲右將軍。

［9］【今注】案，王念孫《讀書雜志·漢書第十二》以爲“立”字當爲“並”。並，皆也，謂丞相以下皆莫敢發言也。《漢紀·孝昭紀》作“並不敢言”，是其證。

［10］【今注】叱：大聲呵斥。這裏指大聲命令。

［11］【顏注】師古曰：安猶徐也。

［12］【顏注】師古曰：蒯聵，衛靈公太子。輒，蒯聵子也。蒯聵得罪於靈公而出奔晉。及靈公卒，使輒嗣位，而晉趙鞅納蒯聵於戚，欲求入衛。魯哀公三年春，齊國夏、衛石曼姑帥師圍戚。《公羊傳》曰："曼姑受命於靈公而立輒，曼姑之義固可以距蒯聵也。輒之義可以立乎？曰可。奈何？不以父命辭王父命也。"

［13］【今注】亡：逃亡。　即死：就死。王先謙《漢書補注》引《資治通鑑》胡三省注云："即，就也。"

天子與大將軍霍光聞而嘉之，曰："公卿大臣當用經術明於大誼。"[1]繇是名聲重於朝廷，[2]在位者皆自以不及也。大將軍光欲以女妻之，不疑固辭，不肯當。久之，以病免，終於家。京師紀之。後趙廣漢爲京兆尹，[3]言："我禁姦止邪，行於吏民，至於朝廷事，不及不疑遠甚。"廷尉驗治何人，竟得姦詐。[4]本夏陽人，[5]姓成名方遂，居湖，[6]以卜筮爲事。有故太子舍人嘗從方遂卜，謂曰："子狀貌甚似衛太子。"方遂心利其言，幾得以富貴，[7]即詐自稱詣闕。廷尉逮召鄉里識知者張宗禄等，方遂坐誣罔不道，要斬東市。[8]一姓張，名延年。[9]

［1］【今注】當用經術明於大誼：王先謙《漢書補注》以爲："疑有奪文。《通鑑》作'當用有經術明於大誼者'，《漢紀》作'當用經術士方明於大義'。"楊樹達《漢書窺管》：釋"用"爲"以"。以爲此謂公卿大臣當以通經術之故明大誼。荀悦、司馬光皆誤釋此用字爲用人之用，故而加字。王先謙疑其有奪文，亦誤。

［2］【顔注】師古曰："繇"讀與"由"同。

［3］【今注】趙廣漢：傳見本書卷七六。

［4］【顔注】師古曰：凡不知姓名及所從來者，皆曰何人（白鷺洲本、殿本句末有"也"字）。他皆類此。【今注】廷尉：廷尉署。長官廷尉卿，戰國秦始置，秦、西漢沿置。主管詔獄。列位九卿，秩中二千石。　竟：王先謙《漢書補注》引王文彬曰："竟，究也，謂窮究。"楊樹達《漢書窺管》釋"竟"爲"終"，以爲王説非。竟得奸詐猶言果得奸詐。

［5］【今注】夏陽：縣名。戰國秦惠文王時置，漢屬左馮翊。治所在今陝西韓城市南。

［6］【顔注】師古曰：湖，縣名。【今注】湖：西漢武帝時改胡縣置，治所在今河南靈寶市西北。屬京兆尹。

［7］【顔注】師古曰："幾"讀曰"冀"。

［8］【今注】要斬：腰斬。將犯人從腰部斬爲兩截。　東市：長安東市，處決犯人之所。

［9］【顔注】師古曰：故《昭紀》謂之"張延年"。【今注】案，王念孫《讀書雜志·漢書第十二》以爲"一"下本有"云"字。上言"姓成名方遂"，此言"一云姓張名延年"，所謂傳聞異辭。脱去"云"字，則文義不明。《漢紀》正作"一云姓張名延年"。又吴恂《漢書注商》以爲，自"廷尉驗治何人"至"名延年"，疑爲錯簡，似當在上文"遂送詔獄"下。

疏廣字仲翁，[1]東海蘭陵人也。[2]少好學，明《春秋》，[3]家居教授，學者自遠方至。[4]徵爲博士、太中大夫。[5]地節三年，[6]立皇太子，選丙吉爲太傅，[7]廣爲少傅。數月，吉遷御史大夫，廣徙爲太傅，廣兄子受字公子，亦以賢良舉爲太子家令。[8]受好禮恭謹，敏而有辭。[9]宣帝幸太子宫，受迎謁應對，及置酒宴，奉觴上壽，辭禮閑雅，[10]上甚驩説。[11]頃之，拜受爲少傅。

［1］【今注】疏廣："疏"或當寫作"踈"。陳直《漢書新證》據《太平御覽》卷三六二引《文士傳》曰："束晳字廣微，踈廣後也。王莽末廣曾孫孟達，自東海避難，徙居元城，改姓去踈之足爲束氏。"《晉書》本傳亦同。以爲兩漢時期，踈字隸體多寫作"踈"，如《漢晉西陲木簡彙編》二編、二頁，《急就章》"踈比"之作"踈比"，《居延漢簡釋文》三九二頁，"器踈"之作"器踈"皆可證，故去足成束。

［2］【今注】東海：郡名。秦置，治郯縣（今山東郯城縣北）。蘭陵：縣名。治所在今山東蘭陵縣西南。王先謙《漢書補注》引于欽《齊乘》曰："二疏宅在嶧州東四十里羅滕城，墓亦在焉城周五六里，土人指以爲宅。"

［3］【今注】明春秋：楊樹達《漢書窺管》以爲，疏廣從孟卿學《春秋》，並著《疏氏春秋》。

［4］【今注】案，楊樹達《漢書窺管》："廣弟子著者有琅邪管路，見《儒林傳》。"

［5］【今注】博士：《春秋》博士。漢武帝始置，五經博士之一。掌議政、制禮、藏書、顧問及教授經學、考核人材、奉命出使等。初秩比四百石，後升比六百石。　太中大夫：秦始置。侍從皇帝左右，掌顧問應對，參謀議政，奉詔出使，多以寵臣貴戚充任。秩比千石，無員額。

［6］【今注】地節：漢宣帝年號（前69—前66）。

［7］【今注】丙吉：傳見本書卷七四。　太傅：太子太傅。西漢初掌保養、監護、輔翼太子，昭、宣以後兼掌教諭訓導。秩二千石。與太子少傅並稱太子二傅。

［8］【今注】賢良：選舉科目。始於漢文帝，常與方正、文

學、能直言極諫者連稱，也稱賢良文學、賢良方正。　太子家令：東宫屬官。秦、西漢隸太子詹事。掌東宫刑獄、飲食、倉庫，管理太子湯沐邑。秩千石。

［9］【顔注】師古曰：敏，謂所見捷利。

［10］【今注】閑：楊樹達《漢書窺管》據《説文》十二篇下《女部》云："嫻，嫻雅也"，以爲閑借字。

［11］【顔注】師古曰："説"讀曰"悦"。【今注】驩説：歡悦。驩，殿本作"讙"，同。

太子外祖父特進平恩侯許伯以爲太子少，[1]白使其弟中郎將舜監護太子家。[2]上以問廣，廣對曰："太子國儲副君，師友必於天下英俊，不宜獨親外家許氏。且太子自有太傅少傅，官屬已備，今復使舜護太子家，視陋，非所以廣太子德於天下也。"[3]上善其言，以語丞相魏相，[4]相免冠謝曰："此非臣等所能及。"[5]廣繇是見器重，數受賞賜。[6]太子每朝，因進見，太傅在前，少傅在後。父子並爲師傅，[7]朝廷以爲榮。

［1］【今注】特進：西漢置，凡諸侯功德優盛、朝廷敬異者賜特進，位在三公下，得自辟僚屬。　平恩侯許伯：許廣漢。昌邑縣（今山東巨野縣東南）人。少時爲昌邑王郎，因觸罪處腐刑，後爲宦者丞，轉爲暴室嗇夫。宣帝幼時號皇曾孫，與之同居掖庭，以女嫁與皇曾孫。宣帝即帝位，其女立爲皇后。封爲昌成君，轉封平恩侯。王先謙《漢書補注》以爲，許廣漢字伯。

［2］【今注】中郎將：秦、西漢爲中郎長官，職掌宫禁宿衛，隨行護駕，協助郎中令（光禄勳）考核選拔郎官及從官，亦常奉詔出使，職位清要。後又專設五官、左、右中郎將分領中郎等。其職

多由外戚及親近官員擔任，加中朝官號。隸郎中令，秩比二千石。

［3］【顏注】師古曰："視"讀曰"示"。言獨親外家，示天下以淺陋。

［4］【今注】魏相：傳見本書卷七四。

［5］【今注】案，楊樹達《漢書窺管》引宋戴埴《鼠璞》卷上補證曰："相豈真念不到此。蓋相之進由許伯，感汲引之恩，不敢諫耳。"

［6］【顏注】師古曰："繇"讀與"由"同。

［7］【今注】父子：周壽昌《漢書注校補》曰："漢時從父從子稱父子"。

在位五歲，皇太子年十二，通《論語》《孝經》。廣謂受曰："吾聞'知足不辱，知止不殆'，'功遂身退，天之道'也。[1]今仕官至二千石，宦成名立，如此不去，懼有後悔，豈如父子相隨出關，[2]歸老故鄉，以壽命終，不亦善乎？"受叩頭曰："從大人議。"即日父子俱移病。[3]滿三月賜告，[4]廣遂稱篤，上疏乞骸骨。上以其年篤老，皆許之，加賜黃金二十斤，[5]皇太子贈以五十斤。公卿大夫故人邑子設祖道，供張東都門外，[6]送者車數百兩，辭決而去。及道路觀者皆曰："賢哉二大夫！"或歎息爲之下泣。

［1］【顏注】師古曰：此皆《老子》之言，廣引之。殆，危也。遂，成也。【今注】功遂身退：吴恂《漢書注商》以爲當依今本《老子》作"功成，名遂，身退"，《漢紀》是。

［2］【今注】出關：指出函谷關、潼關東歸。

［3］【顏注】師古曰：移病謂移書言病也。一曰，以病而移

居。【今注】移病：王先謙《漢書補注》以爲“移書言病”是。陳直《漢書新證》以爲凡言“移病”者，如本傳及本書卷五九《張安世傳》，顏師古皆如此注文。證之《居延漢簡釋文》九十六頁，有殘簡文云：“日移府者狼𦈿病並數元年以來□。”此爲移病之書，師古之前説是也，居延木簡移文之例，平行上下行均適用之。吴恂《漢書注商》以爲顏注“以病移居”是，即謂疾篤自署盧移居第舍。因壬辰及下屬上書，不得稱移。

［4］【今注】賜告：漢律，官二千石者病滿三月當免。“賜告”謂皇帝優賜其假，准其帶印綬僚屬歸家治病。《史記》卷八《高祖本紀》：“高祖爲亭長時，常告歸之田。”裴駰《集解》引孟康曰：“漢律，吏二千石有予告、賜告。予告者，在官有功最，法所當得者也。賜告者，病滿三月當免，天子優賜，復其告，使得帶印紱，將官屬，歸家治疾也。”

［5］【今注】黄金：楊樹達《漢書窺管》據《意林》四引《風俗通》云：“俗説，有功得賜金，皆黄金也。”又《孫子兵法》“曰費千金”。以爲千金爲百萬錢。陳平間楚千金，贈二疏金五十斤，並爲黄金。或以爲一金亦是一萬錢。

［6］【顏注】蘇林曰：長安東郭門也。師古曰：祖道，餞行也，解在《景十三王》及《劉屈氂傳》。供，音居共反。張，音竹亮反。【今注】邑子：同鄉。　設祖道：王念孫《讀書雜志·漢書第十二》以爲，“設”上脱“爲”字。《文選》潘岳《西征賦》、江淹《别賦》、張協《詠史詩》三篇李善注、《藝文類聚·人部》《太平御覽·人事部》引此皆有“爲”字。王先謙《漢書補注》曰：“《漢紀》作‘爲祖道’。《通鑑》作‘設祖道’。設即爲也。似不必定加‘爲’字。”祖道，爲出行者祭祀路神，並飲宴送行。陳直《漢書新證》以爲漢人重祖道，《居延漢簡釋文》卷二有“出錢十，付第十七候長祖道錢。出錢十，付第廿三候長祖道錢”簡文。　供張：陳設供宴會用的帷帳、用具、飲食等物。即舉行餞行

宴會。

廣既歸鄉里，日令家共具設酒食，[1]請族人故舊賓客，與相娛樂。數問其家金餘尚有幾所，趣賣以共具。[2]居歲餘，廣子孫竊謂其昆弟老人廣所愛信者曰："子孫幾及君時頗立産業基阯，[3]今日飲食費且盡。宜從丈人所，勸説君買田宅。"[4]老人即以閒暇時爲廣言此計，[5]廣曰："吾豈老誖不念子孫哉？[6]顧自有舊田廬，[7]令子孫勤力其中，足以共衣食，與凡人齊。今復增益之以爲羸餘，但教子孫怠墯耳。賢而多財，則損其志；愚而多財，則益其過。且夫富者，衆人之怨也；[8]吾既亡以教化子孫，不欲益其過而生怨。[9]又此金者，聖主所以惠養老臣也，[10]故樂與鄉黨、宗族共饗其賜，以盡吾餘日，不亦可乎！"於是族人説服。[11]皆以壽終。

[1]【顔注】師古曰：日日設之也。"共"讀曰"供"。其他類此。

[2]【顔注】師古曰：幾所猶言幾許也。"趣"讀曰"促"。

[3]【顔注】師古曰："幾"讀曰"冀"。【今注】昆弟：兄弟。阯：楊樹達《漢書窺管》：《説文》十四篇下《□部》云：阯，基也。

[4]【顔注】鄧展曰：宜令意自從丈人所出，無泄我言也。師古曰：丈人，莊嚴之稱也，故親而老者皆稱焉。【今注】丈人：吴恂《漢書注商》以爲與"大人"同義，即長老之稱。

[5]【顔注】師古曰："閒"即"閑"字也。

[6]【顔注】師古曰：誖，惑也，音布内反。

［7］【顔注】師古曰：顧，思念也。

［8］【今注】案，白鷺洲本、大德本、殿本無“人”字。

［9］【今注】案，《漢書考正》宋祁校云，南本、浙本“生”字下有“其”字。《資治通鑑》無“其”字。王念孫《讀書雜志·漢書第十二》以爲南本、浙本是。“益其過”“生其怨”，兩“其”字皆指子孫言之，少一“其”字，則語意不完。

［10］【今注】惠養：加恩撫養。

［11］【顔注】師古曰：“説”讀曰“悦”。

于定國字曼倩，東海郯人也。[1]其父于公爲縣獄史、郡決曹，[2]決獄平，羅文法者于公所決皆不恨。[3]郡中爲之生立祠，號曰于公祠。東海有孝婦，少寡，亡子，養姑甚謹，[4]姑欲嫁之，終不肯。姑謂鄰人曰：“孝婦事我勤苦，哀其亡子守寡。我老，久絫丁壯，奈何？”[5]其後姑自經死，[6]姑女告吏：“婦殺我母。”吏捕孝婦，孝婦辭不殺姑。吏驗治，[7]孝婦自誣服。具獄上府，[8]于公以爲此婦養姑十餘年，以孝聞，必不殺也。太守不聽，于公争之，弗能得，乃抱其具獄，哭於府上，[9]因辭疾去。太守竟論殺孝婦。郡中枯旱三年。後太守至，卜筮其故，于公曰：“孝婦不當死，前太守彊斷之，咎黨在是乎？”[10]於是太守殺牛自祭孝婦冢，[11]因表其墓，[12]天立大雨，歲孰。[13]郡中以此大敬重于公。

［1］【顔注】師古曰：郯，音“談”。【今注】郯：縣名。治所在今山東郯城縣北。

［2］【今注】縣獄史：秦漢時縣設此官，佐獄掾掌管罪犯等

事。　郡決曹：指郡決曹署掾史，掌罪法審判等事。

［3］【顔注】師古曰：羅，罹也，遭也。

［4］【今注】姑：丈夫之母。

［5］【顔注】師古曰：絫，古“累”字也，音力瑞反。【今注】丁壯：周壽昌《漢書注校補》曰：“女亦以丁口算，故云少婦爲丁壯。”

［6］【顔注】師古曰：不欲累婦，故自殺。【今注】自經：上吊自殺。

［7］【今注】吏驗治：吴恂《漢書注商》以爲《漢紀》於“驗治”下有“甚急”二字，是。吏，大德本作“更”。

［8］【顔注】師古曰：府，郡之曹府也。上，音時掌反。

［9］【顔注】師古曰：具獄者，獄案已成，其文備具也。

［10］【顔注】師古曰：黨，音他朗反。【今注】黨：錢大昭《漢書辨疑》以爲，“黨”，古“儻”字。案，楊樹達《漢書窺管》引《淮南子·天文篇》“殺不辜則國赤地”，以爲漢人有此信念。

［11］【今注】案，白鷺洲本、殿本無“太守”二字。

［12］【今注】表：竪碑。

［13］【今注】孰：通“熟”。大德本、殿本作“熟”。

定國少學法於父，父死，後定國亦爲獄史，郡決曹，補廷尉史，[1]以選與御史中丞從事治反者獄，[2]以材高舉侍御史，[3]遷御史中丞。會昭帝崩，昌邑王徵即位，[4]行淫亂，定國上書諫。後王廢，宣帝立，大將軍光領尚書事，[5]條奏群臣諫昌邑王者皆超遷。定國繇是爲光禄大夫，[6]平尚書事，[7]甚見任用。

［1］【今注】廷尉史：漢代廷尉的屬官。掌決獄、治獄。

［2］【今注】與：《漢書考正》宋祁曰：“‘與’，南本作

‘爲’。”王先謙《漢書補注》引王文彬曰：“‘與’讀曰‘預’，而師古無注，則所見本當亦作‘爲’。”　御史中丞：西漢始置，爲御史大夫副貳，主掌監察、執法；兼管蘭臺所藏圖籍秘書、文書檔案；外則督諸監郡御史，監察考核郡國行政；内領侍御史，監督殿庭、典禮威儀，受公卿奏事，關通中外朝；考核四方文書計簿，劾按公卿章奏，監察、糾劾百官；參治刑獄，收捕罪犯等。秩千石。　反者獄：定案後改判的案件。

[3]【今注】侍御史：秦置，漢因之。在御史大夫之下，掌受公卿奏事，舉劾非法，出討奸猾，治大獄等。員十五人，秩六百石。

[4]【今注】昌邑王：劉賀。傳見本書卷六三。

[5]【今注】領尚書事：職銜。即以他官兼領尚書政事，參與政務，皆由重臣兼任。

[6]【顔注】師古曰：“繇”與“由”同。【今注】光禄大夫：西漢武帝時改中大夫置，掌論議。屬光禄勳，秩比二千石。

[7]【今注】平尚書事：職銜。加此可參與議論尚書政事，位次於領尚書事。楊樹達《漢書窺管》：“據《張敞傳》，時定國與敞同平尚書事，敞與定國相善也。”

數年，遷水衡都尉，[1]超爲廷尉。[2]定國乃迎師學《春秋》，身執經，北面備弟子禮。[3]爲人謙恭，尤重經術士，雖卑賤徒步往過，定國皆與鈞禮，[4]恩敬甚備，學士咸稱焉。其決疑平法，[5]務在哀鰥寡，罪疑從輕，加審慎之心。朝廷稱之曰：“張釋之爲廷尉，[6]天下無冤民；[7]于定國爲廷尉，民自以不冤。”[8]定國食酒至數石不亂，[9]冬月治請讞，飲酒益精明。[10]爲廷尉十八歲，[11]遷御史大夫。[12]

［1］【今注】水衡都尉：西漢武帝始置，掌上林苑。秩二千石。

［2］【今注】超：超擢。案，楊樹達《漢書窺管》："據《刑法志》，宣帝欲平刑，故選定國爲廷尉也。時定國治楊惲之獄，見《惲傳》。"

［3］【今注】案，何焯《義門讀書記》卷一九曰："黄霸、于定國皆晚嚮經術，故起獄吏致宰相，而無曹人'維鵜'之刺。如丙吉，則尤能施於有政者。"

［4］【顔注】師古曰：鈞禮猶言亢禮。

［5］【今注】平法：執法。

［6］【今注】張釋之：傳見本書卷五〇。

［7］【顔注】師古曰：言決罪皆當。

［8］【顔注】師古曰：言知其寬平，皆無冤枉之慮（慮，白鷺洲本作"意"）。

［9］【顔注】如淳曰：食酒猶言喜酒也。師古曰：若依如氏之説，"食"字當音"嗜"，此説非也。下叙定國子永乃言嗜酒耳。食酒者，謂能多飲，費盡其酒，猶云食言焉。今流俗書本輒改"食"字作"飲"字，失其真也。【今注】食酒：《漢書考正》劉攽據《論語》云"沽酒市脯不食"，以爲酒自可云食。然此下則云"飲酒益精明"，共説一事耳，兩字不同，疑當作"飲"爲真。王念孫《讀書雜志·漢書第十二》以爲劉説是，上下文皆當作"飲酒"。如淳本上"飲"字偶誤爲"食"，遂以食酒爲喜酒；顔又以爲費盡其酒；皆非。《北堂書鈔·酒食部》、《藝文類聚·食物部》、《白帖》卷一五及卷四六、《太平御覽·刑罰部》《飲食部》引此並作"飲酒至數石"，荀悦《漢紀》同。

［10］【顔注】師古曰：讞，平議也，音魚列反。

［11］【今注】十八歲：《漢書考證》齊召南以爲："定國以地節元年爲廷尉，至甘露三年遷御史大夫。《公卿表》作'爲廷尉，

十七年'，蓋從爲廷尉之次年實數，故與傳不同也。”

[12]【今注】案，楊樹達《漢書窺管》：“丙吉病篤，宣帝臨問，吉薦杜延年、陳萬年及定國，帝用定國，見《吉傳》。定國爲御史大夫，與黄霸議呼韓邪單于朝儀，見《蕭望之傳》。”

甘露中，[1]代黄霸爲丞相，[2]封西平侯。三年，宣帝崩，元帝立，以定國任職舊臣，敬重之。時陳萬年爲御史大夫，[3]與定國並位八年，論議無所拂。[4]後貢禹代爲御史大夫，[5]數處駮議，[6]定國明習政事，率常丞相議可。[7]然上始即位，關東連年被災害，[8]民流入關，言事者歸咎於大臣。[9]上於是數以朝日引見丞相、御史，[10]入受詔，條責以職事，曰：“惡吏負賊，妄意良民，[11]至亡辜死。或盜賊發，吏不亟追而反繫亡家，[12]後不敢復告，以故寖廣。[13]民多冤結，州郡不理，連上書者交於闕廷。[14]二千石選舉不實，是以在位多不任職。[15]民田有災害，吏不肯除，收趣其租，以故重困。[16]關東流民飢寒疾疫，已詔吏轉漕，[17]虚倉廩開府臧相振救，賜寒者衣，至春猶恐不贍。[18]今丞相、御史將欲何施以塞此咎？[19]悉意條狀，陳朕過失。”[20]定國上書謝罪。

[1]【今注】甘露：漢宣帝年號（前53—前50）。

[2]【今注】黄霸：傳見本書卷八九。楊樹達《漢書窺管》：“時定國是賈捐之捐珠崖之議，見《捐之傳》。”

[3]【今注】陳萬年：傳見本書卷六六。

[4]【顔注】師古曰：言不相違戾也。拂，音“佛”。

［5］【今注】貢禹：傳見本書卷七二。

［6］【顔注】師古曰：言與定國不同。【今注】駮議：臣屬對朝廷決策有異議而上書。

［7］【顔注】師古曰：天子皆可定國所言。

［8］【今注】關東：函谷關或潼關以東地區。

［9］【顔注】師古曰：言事者，謂上書陳事也。

［10］【顔注】師古曰：五日一聽朝，故云朝日也。

［11］【顔注】師古曰：賊發不得，恐負其殿，故妄疑善人，致其罪也。【今注】妄意：臆測。

［12］【顔注】師古曰：亟，急也。不急追賊，反禁繫失物之家。

［13］【顔注】師古曰：寖，漸也。

［14］【今注】案，《漢書考正》宋祁曰："'連'字，南本、浙本並作'遠'。"

［15］【顔注】師古曰：謂令長丞尉。

［16］【顔注】師古曰："趣"讀曰"促"。重，音直用反。

［17］【今注】轉漕：轉運。

［18］【顔注】師古曰：贍，足也。

［19］【顔注】師古曰：塞，補也。

［20］【顔注】師古曰：悉，盡也。

永光元年，[1]春霜夏寒，日青亡光，上復以詔條責曰："郎有從東方來者，言民父子相棄。[2]丞相、御史案事之吏匿不言邪？[3]將從東方來者加增之也？何以錯繆至是？[4]欲知其實。方今年歲未可預知也，即有水旱，其憂不細。[5]公卿有可以防其未然，救其已然者不？各以誠對，[6]毋有所諱。"定國惶恐，上書自劾，歸侯印，乞骸骨。

［1］【今注】永光：漢元帝年號（前43—前39）。

［2］【顔注】師古曰：以遭飢饉不能相養。

［3］【今注】案事：考問情事。

［4］【顔注】師古曰：錯，互也。繆，違也。謂吏及東方人言不相同也。

［5］【今注】不細：不小。

［6］【顔注】師古曰：言能防救已不，宜各以實對。

上報曰："君相朕躬，不敢怠息，[1]萬方之事，[2]大録于君。[3]能毋過者其唯聖人。方今承周秦之敝，俗化陵夷，[4]民寡禮誼，陰陽不調，災咎之發不爲一端而作，自聖人推類以記，[5]不敢專也，況於非聖者乎！[6]日夜惟思所以，未能盡明。[7]經曰：'萬方有罪，罪在朕躬。'[8]君雖任職，何必顓焉？[9]其勉察郡國守相群牧，[10]非其人者毋令久賊民。永執綱紀，務悉聰明，强食慎疾。"[11]定國遂稱篤，固辭。上迺賜安車駟馬、黄金六十斤，[12]罷就弟。[13]數歲，七十餘薨，謚曰安侯。

［1］【顔注】師古曰：息，謂自休息。

［2］【今注】案，事，白鷺洲本誤作"士"。

［3］【顔注】師古曰：大録，總録也。【今注】大録：顧炎武《日知録》卷二七云："今所傳王肅注《舜典》'納於大麓'云：'麓，録也。納舜使大録萬機之政。'蓋西京時有此解，故詔書用之。"沈欽韓《漢書疏證》引《論衡·正説篇》："《尚書》説曰：

‘言大麓，三公之位也。居一公任，大總録二公之事。’”王先謙《漢書補注》以爲此《今文尚書》之説，王肅及《僞孔傳》從之。

[4]【顔注】師古曰：言頹替也。【今注】陵夷：漸漸衰微。本書卷一〇《成紀》“帝王之道日以陵夷”，顔注：“陵，丘陵也。夷，平也。言其頹替若丘陵之漸平也。又曰陵遲亦言如丘陵之逶遲，稍卑下也。他皆類此。”

[5]【今注】推類以記：周壽昌《漢書注校補》曰：“推類以記，皆緯書所言。此已開東漢信緯之漸。”推類，猶類推。謂比類而推究。

[6]【顔注】師古曰：非聖者，謂常人。

[7]【顔注】師古曰：所以，所由也。言何由致此災。

[8]【顔注】師古曰：此《論語·堯曰篇》載殷湯伐桀告天之辭。【今注】經曰：沈欽韓《漢書疏證》以爲是當時《古文尚書》之語。孔安國《堯曰》注：“此伐桀告天文。《墨子》引《湯誓》其辭若此。”《國語·周語》載内史過曰：“其在《湯誓》：‘余一人有罪，無以萬夫；萬夫有罪，在予一人。’”韋昭注：“《湯誓》，《商書》伐桀之誓也。今《湯誓》無此言，則已散亡矣。”孔安國親傳《古文尚書》，不必用《墨子》。

[9]【顔注】師古曰：“顓”與“專”同。事不專由君也。

[10]【今注】案，王先謙《漢書補注》：“上言‘郡國’，下不得復言‘郡牧’。官本‘郡’作‘群’，是。”

[11]【顔注】師古曰：悉，盡也。

[12]【今注】安車：可以坐乘的小車。古車立乘，此爲坐乘，故稱。高官告老還鄉或徵召有重望的人，往往賜乘安車。安車多用一馬，禮尊者則用四馬。

[13]【今注】案，弟，白鷺洲本、大德本、殿本作“第”，通。

子永嗣。少時耆酒多過失，[1]年且三十，乃折節修行，[2]以父任爲侍中中郎將、長水校尉。[3]定國死，居喪如禮，孝行聞。由是以列侯爲散騎光禄勳，[4]至御史大夫。尚館陶公主施。施者，宣帝長女，成帝姑也，賢有行，永以選尚焉。上方欲相之，會永薨。子恬嗣。恬不肖，薄於行。[5]始定國父手公，[6]其閭門壞，父老方共治之。[7]于公謂曰："少高大閭門，[8]令容駟馬高蓋車。我治獄多陰德，未嘗有所冤，子孫必有興者。"至定國爲丞相，永爲御史大夫，封侯傳世云。

[1]【顔注】師古曰："耆"讀曰"嗜"。

[2]【今注】折節：自我克制，改變平素志行。

[3]【今注】侍中：秦置，即丞相史。西漢爲加官，與聞朝政，贊導衆事，顧問應對，與公卿大臣論辯，平議尚書奏事，爲中朝要職。　長水校尉：西漢武帝置，領長水宣曲胡騎，屯戍京師，兼任征伐。爲北軍八校尉之一，秩二千石。

[4]【今注】散騎：秦朝置，西漢爲加官。武帝時以其掌顧問應對，屬中朝官。　光禄勳：秦稱郎中令，漢因之，武帝時更名光禄勳，掌宫殿掖門户。秩中二千石，位列九卿。楊樹達《漢書窺管》："時永舉馮逡茂材，見《馮奉世傳》。除王嘉爲掾，見《嘉傳》。"

[5]【今注】案，王先謙《漢書補注》曰："《恩澤表》，恬嗣侯四十三年，更始元年絶。"

[6]【今注】案，手，白鷺洲本、大德本、殿本作"于"，是。

[7]【顔注】師古曰：閭門，里門也。

[8]【今注】案，閭門，殿本作"門閭"。

薛廣德字長卿，沛郡相人也。[1]以《魯詩》教授楚國，[2]龔勝、舍師事焉。[3]蕭望之爲御史大夫，除廣德爲屬，數與論議，器之，[4]薦廣德經行宜充本朝。[5]爲博士，論石渠，[6]遷諫大夫，[7]代貢禹爲長信少府、御史大夫。[8]

［1］【今注】沛郡：西漢高帝改泗水郡置，治相縣（今安徽濉溪縣西北）。王先謙《漢書補注》引官本《考證》云："《唐書·宰相世系表》：'薛公獻策滅黥布，封千户侯，生瑑。瑑生茂宣。茂宣生懷則。懷則生引孫。引孫生廣德。'"

［2］【今注】魯詩：楊樹達《漢書窺管》："廣德受《詩》於王式，爲申公三傳弟子，見《儒林傳》。"　楚國：當指楚元王劉交之楚國，時元王六世孫劉延壽爲王。

［3］【今注】龔勝舍：龔勝、龔舍。傳見本書卷七二。

［4］【顔注】師古曰：以爲大器也。

［5］【顔注】師古曰：經明行修，宜於本朝任職也。【今注】本朝：朝廷。古以朝廷爲國之本，故稱。

［6］【顔注】張晏曰：石渠，閣名也。【今注】石渠：在未央宫殿北（今陝西西安市未央區小劉寨村西南），爲西漢皇家收藏典籍之所。

［7］【今注】諫大夫：漢武帝置，掌諫争、顧問應對，議論朝政。無定員，秩比八百石。

［8］【今注】長信少府：西漢景帝時更名長信詹事置，掌皇太后宫中事務，秩二千石。錢大昭《漢書辨疑》曰："二職俱代貢禹。"

廣德爲人温雅有醖藉。[1]及爲三公，直言諫争。始拜旬日閒，上幸甘泉，[2]郊泰畤，[3]禮畢，因留射獵。[4]廣德上書曰："竊見關東困極，人民流離。陛下日撞亡秦之鐘，聽鄭衛之樂，[5]臣誠悼之。今士卒暴露，從官勞倦，願陛下亟反宫，[6]思與百姓同憂樂，天下幸甚。"上即日還。

［1］【顔注】服虔曰：寬博有餘也。師古曰：醞，言如醞釀也。藉，有所薦藉也。醞，音於問反。藉，才夜反。【今注】醞藉：寬和有涵容。錢大昭《漢書辨疑》據《儀禮·聘禮》鄭玄注"藉，謂繅也。繅，所以緼藉也"，又本書卷八一《匡張孔馬傳》贊曰"其醞藉可也"，以爲"醞""緼"同，亦作"温藉"。本書卷九〇《酷吏傳》稱義縱"少温藉"，師古曰："言無所含容也。"《史記》卷一二二《酷吏列傳》作"蘊藉"。王念孫《讀書雜志·漢書第十六》以爲服説及顔注《酷吏傳》是。温藉者，含蓄有餘之意。或作"醞藉"，又作"薀藉"。不必分醞爲醞釀，藉爲薦藉也。《毛詩·小雅·小宛》"飲酒温克"，《鄭箋》："飲酒雖醉，猶能温藉自持以勝。"《禮記·禮器》"故禮有擯詔，樂有相步，温之至也"，鄭注："皆爲温藉重禮也。"含蓄謂之温藉，故和柔亦謂之温藉。《禮記·内則》"柔色以温之"，鄭注："温藉也。"音轉之則爲慰藉。

［2］【今注】甘泉：甘泉宫。在今陝西淳化縣西北甘泉山。一名雲陽宫。

［3］【今注】郊：祭天之禮。　泰畤：天子祭天神之處。《史記》卷一二《孝武本紀》："神靈之休，祐福兆祥，宜因此地光域立泰畤壇以明應。"

［4］【今注】因留射獵：王先謙《漢書補注》曰："事在永光元年。"

［5］【顔注】師古曰：撞，音丈江反。【今注】案，指生活恣縱逸樂。

［6］【顔注】師古曰：亟，急也。

其秋，上酎祭宗廟，[1]出便門，[2]欲御樓船，[3]廣德當乘輿車，[4]免冠頓首曰："宜從橋。"詔曰："大夫冠。"廣德曰："陛下不聽臣，臣自刎，以血汙車輪，陛下不得入廟矣！"[5]上不説。[6]先敺光禄大夫張猛進曰：[7]"臣聞主聖臣直。乘船危，就橋安，聖主不乘危。御史大夫言可聽。"上曰："曉人不當如是邪！"[8]乃從橋。後月餘，以歲惡民流，[9]與丞相定國、大司馬車騎將軍史高俱乞骸骨，[10]皆賜安車駟馬、黄金六十斤，罷。廣德爲御史大夫，凡十月免。東歸沛，太守迎之界上。沛以爲榮，縣其安車傳子孫。[11]

［1］【今注】酎祭：漢代每年秋季皇帝會同諸侯於宗廟，用酎酒祭祀祖先。其制始行於漢武帝，祭時諸侯當依照規定出金助祭。

［2］【顔注】師古曰：長安城南面西頭第一門。

［3］【今注】案，船，大德本作"舡"，殿本作"船"，同。

［4］【今注】當：通"擋"。

［5］【顔注】師古曰：言不以理（理，殿本作"禮"），終不得立廟也。一曰，以見死傷，犯於齊絜，不得入廟祠也。【今注】案，《漢書考正》劉攽以爲顔注一説是。《漢書考正》陽夏公以爲以杜牧《論諫書》考之，當作"陛下不廟矣"。若本有"得入"二字，顔師古不應如此費辭。

［6］【顔注】師古曰："説"讀曰"悦"。

［7］【顔注】師古曰：先敺，導乘輿也。"敺"與"驅"同。猛，張騫之孫。【今注】張猛：王先謙《漢書補注》曰："猛，事詳《劉向傳》。"

［8］【顔注】師古曰：謂諫争之言，當如猛之詳善也。

［9］【顔注】師古曰：歲惡，年穀不熟也。

［10］【今注】車騎將軍：西漢置，初掌領車騎士。武帝後常典京城、皇宮禁衛軍隊，出征時常總領諸將軍。文官輔政者亦或加此銜，領尚書政務，成爲中朝重要官員。　史高：魯人，徙居杜陵。宣帝祖母史良娣兄史恭子。宣帝時以外屬舊恩爲侍中。後舉發大司馬霍禹謀反，封樂陵侯。宣帝病重，拜大司馬、車騎將軍，領尚書事，與蕭望之等同受遺詔輔政。元帝即位，輔政五年。永光元年（前43）乞罷歸。卒，謚爲安。

［11］【顔注】師古曰：縣其所賜安車以示榮幸也。致仕縣車，蓋亦古法。韋孟詩云："縣車之義（縣車，懸置其車。《漢書考正》劉攽曰："致仕縣車，言休息不出也，故韋孟云薛廣德自縣其安車也。"），以洎小臣"也。

平當字子思，祖父以訾百萬，[1]自下邑徙平陵。[2]當少爲大行治禮丞，[3]功次補大鴻臚文學，[4]察廉爲順陽長，[5]栒邑令，[6]以明經爲博士，[7]公卿薦當論議通明，給事中。[8]每有災異，常輒傅經術，言得失。[9]文雅雖不能及蕭望之、匡衡，[10]然指意略同。

［1］【今注】祖父：陳直《漢書新證》以爲平當祖父爲平戩，見河南浚縣出土的《唐偃師縣令蒲州長史平真客碑》。其略曰："平氏之先，蓋周武王子曹叔虞之後，八代孫晉穆公，十一代孫韓哀侯，有子曰婼，食采平邑，因以爲氏。婼七世孫漢中太守戩，以良家遷右扶風，戩孫當丞相，當子晏爲大司徒。"

［2］【顔注】師古曰：下邑，梁國之縣也。【今注】下邑：治所在今安徽碭山縣。　平陵：縣名。西漢昭帝置，屬右扶風。治所在今陝西咸陽市西北。

［3］【今注】大行治禮丞：王先謙《漢書補注》："《續志》：'大行令有丞一人，治禮郎四十七人。'據此，丞亦以治禮名也。"

［4］【今注】功次：陳直《漢書新證》以爲："以功勞累遷者曰功次，以資歷累遷者曰秩次。" 大鴻臚文學：《續漢書·百官志》："大行令一人，六百石。本注曰：主諸郎。丞一人。治禮郎四十七人。"劉昭注引《漢官》曰："其四人四科，五人二百石，文學五人百石，九人斗食，六人佐，六人學事，十二人守學事。"引《東觀書》曰："主齋祠儐贊九賓。又有公室，主調中都官斗食以下，功次相補。"

［5］【今注】察廉：猶舉廉。漢朝選用官吏的一種方法，由郡國薦舉廉潔之士，經過考察，任以官職。 順陽：縣名。治所在今河南淅川縣南。

［6］【顔注】師古曰：栒，音"詢"。【今注】栒邑：縣名。治所在今陝西旬邑縣東北。

［7］【今注】明經：周壽昌《漢書注校補》曰："當治《尚書》，學於太子太傅林尊。"

［8］【今注】給事中：秦置，西漢因之。爲加官，加此號得給事宫禁中，常侍皇帝左右，備顧問應對，每日上朝謁見，分平尚書奏事，負責實際政務，爲中朝要職，多以名儒國親充任。位次中常侍，無定員。

［9］【顔注】師古曰："傅"讀曰"附"。【今注】案，常，白鷺洲本、大德本、殿本作"當"，當據改。

［10］【今注】匡衡：傳見本書卷八一。

自元帝時，韋玄成爲丞相，[1]奏罷太上皇寢廟園，[2]當上書言："臣聞孔子曰：'如有王者，必世而後仁。'[3]三十年之間，道德和洽，制禮興樂，災害不成，禍亂不作。今聖漢受命而王，繼體承業二百餘年，孜孜不怠，政令清矣。然風俗未和，陰陽未調，災害數見，意者大本有不立與？[4]何德化休徵不應之久也！[5]既福不虚，必有因而至者焉。宜深迹其道而務修其本。[6]昔者帝堯南面而治，先‘克明俊德，以親九族’，而化及萬國。[7]《孝經》曰：‘天地之性人爲貴，人之行莫大於孝，孝莫大於嚴父，嚴父莫大於配天，則周公其人也。’[8]夫孝子善述人之志，周公既成文武之業而制作禮樂，修嚴父配天之事，知文王不欲以子臨父，故推而序之，上極於后稷而以配天。[9]此聖人之德，亡以加於孝也。高皇帝聖德受命，有天下，尊太上皇，猶周文武之追王太王、王季也。[10]此漢之始祖，後嗣所宜尊奉以廣盛德，孝之至也。《書》云：‘正稽古建功立事，可以永年。’傳於亡窮。”[11]上納其言，下詔復太上皇寢廟園。[12]

［1］【今注】韋玄成：傳見本書卷七三。

［2］【今注】太上皇：漢高帝劉邦之父。　寢廟園：舊稱皇帝宗廟的前殿爲廟，後殿爲寢。此泛指太上皇於郡國宗廟。

［3］【顔注】師古曰：《論語》載孔子之言也。言治天下者，三十年然後仁道成著也。【今注】案，語見《論語·子路》。

［4］【顔注】師古曰：“與”讀曰“歟”。【今注】意者：大概；或許。表示測度。

［5］【今注】休徵：吉祥的徵兆。

［6］【顔注】師古曰：迹，謂求其蹤迹也（蹤，大德本、殿本作“踪”，同）。

［7］【顔注】師古曰：《虞書·堯典》序堯之德曰（序，殿本作“敘”）：“克明俊德，以親九族。九族既睦，平章百姓。百姓

昭明，協和萬邦。”故云然也。

[8]【顔注】師古曰：言嚴，謂尊嚴。【今注】案，見《孝經·聖治章》。

[9]【顔注】師古曰：言文王始受命，宜爲周之始祖。乃追王太王、王季（太王，白鷺洲本作“大王”），以及后稷，是不以卑臨尊。【今注】后稷：與下文太王、王季事迹俱見《史記》卷四《周本紀》。

[10]【今注】案，太王，白鷺洲本、大德本作“大王”。

[11]【顔注】師古曰：今文《泰誓》之辭。言能正考古道以立功立事，則可長年享國。【今注】案，《漢書考證》齊召南以爲此文爲西漢所行僞《泰誓》辭。本書《郊祀志》亦引此文，云“正稽古立功立事，可以永年，丕天之大律”，然則“傳於無窮”四字爲平當語，以結引《書》之意。

[12]【今注】案，王先謙《漢書補注》曰：“事在成帝河平元年。”

頃之，使行流民幽州，[1]舉奏刺史二千石勞倈有意者，[2]言勃海鹽池可且勿禁，以救民急。[3]所過見稱，奉使者十一人爲最，[4]遷丞相司直。[5]坐法，左遷朔方刺史，[6]復徵入爲太中大夫給事中，[7]絫遷長信少府、大鴻臚、光禄勳。[8]

[1]【顔注】師古曰：行，音下更反。【今注】行：巡視。幽州：漢武帝置十三州刺史部之一。轄境相當今北京、河北北部、遼寧大部、天津海河以北及朝鮮大同江流域。

[2]【顔注】師古曰：勞倈，謂勸勉也。勞者，恤其勤勞也。倈者，以恩招倈也。勞，音盧到反。倈，音盧代反。【今注】有意：有志向。

［3］【顔注】師古曰：恣民煑鹽，官不專也。【今注】勃海：渤海。何焯《義門讀書記》卷一九曰："弛鹽禁，亦救荒一法，不假轉饋賑濟之勞。勃海亦可謂之鹽池。今人獨以稱解鹽。"沈欽韓《漢書疏證》引《水經注·清水》："清河又東，逕漂榆邑故城南。《魏土地記》曰，高城縣東北百里，北盡漂榆，東臨巨海，民咸煑海水，藉鹽爲業。"以爲即其地。

［4］【今注】案，白鷺洲本、殿本"奉"上有"舉"字。

［5］【今注】丞相司直：漢武帝時置，爲丞相屬官，掌佐丞相舉不法。俸比二千石。

［6］【顔注】師古曰：武帝初置朔方郡，别令刺史監之，不在十三州之限。【今注】朔方：郡名。西漢武帝時置，治朔方縣（今内蒙古杭錦旗東北）。

［7］【今注】案，楊樹達《漢書窺管》："時當奏劾丞相司直翟方進，見《方進傳》。勸成帝存張霸《百兩篇》，見《儒林傳》。"

［8］【顔注】師古曰：絫，古"累"字。

先是太后姊子衛尉淳于長白言昌陵不可成，[1]下有司議。當以爲作治連年，可遂就。[2]上既罷昌陵，以長首建忠策，復下公卿議封長。當又以爲長雖有善言，不應封爵之科。坐前議不正，左遷鉅鹿太守。[3]後上遂封長。當以經明《禹貢》，使行河，[4]爲騎都尉，[5]領河隄。[6]

［1］【今注】姊：同"姊"。　衛尉：戰國秦置，西漢沿置。掌宫門屯衛兵。秩中二千石，列位九卿。　淳于長：傳見本書卷九三。　昌陵：漢成帝廢陵，在今陝西西安市臨潼區。參見尚民傑《漢成帝昌陵相關問題探討》（《考古與文物》2005年第2期）。

［2］【顔注】師古曰：就亦成也。

[3]【顔注】師古曰：前議，謂罷昌陵。【今注】鉅鹿：郡名。治鉅鹿縣（今河北平鄉縣西南）。

[4]【顔注】師古曰：《尚書·禹貢》載禹治水次第，山川高下，當明此經，故使行河也。行，音下更反。【今注】行河：楊樹達《漢書窺管》："《地理志》平原郡鬲下云：平當以爲鬲津，是當行河學説之僅存者。"

[5]【今注】騎都尉：漢置，掌監羽林騎，後掌駐屯騎兵，領兵征伐。漢宣帝時，一人監羽林騎，一人領西域都護。秩比二千石。

[6]【今注】領河隄：或指兼任河堤都尉。楊樹達《漢書窺管》："當領河堤，奏請博求能疏河者，見二十九卷《溝洫志》。"

哀帝即位，徵當爲光禄大夫諸吏散騎，[1]復爲光禄勳，[2]御史大夫，至丞相。以冬月，賜爵關内侯。[3]明年春，上使使者召，欲封當。[4]當病篤，不應召。室家或謂當："不可强起受侯印爲子孫邪？"當曰："吾居大位，已負素餐責矣，[5]起受侯印，還卧而死，死有餘罪。今不起者，所以爲子孫也。"遂上書乞骸骨。上報曰："朕選於衆，以君爲相，視事日寡，輔政未久，陰陽不調，冬無大雪，旱氣爲災，朕之不德，何必君罪？君何疑而上書乞骸骨，歸關内侯爵邑？使尚書令譚賜君養牛一，[6]上尊酒十石。[7]君其勉致醫藥以自持。"後月餘，卒。子晏以明經歷位大司徒，[8]封防鄉侯。[9]漢興，唯韋、平父子至宰相。[10]

[1]【今注】諸吏：漢置，爲加官。凡加此官號者得出入禁中，常侍左右。諸吏可舉劾百官，並與左、右曹平分尚書奏事。

[2]【今注】復爲光禄勳：楊樹達《漢書窺管》："當再爲光禄

勳時，雜治夏賀良等，見《李尋傳》。”

［3］【今注】關内侯：秦漢沿置。二十等爵的第十九級。但有侯號，居京師，無封土，而依封户多少享受徵收租税之權。

［4］【顔注】如淳曰：《漢儀注》，御史大夫爲丞相，更春乃封，故先賜爵關内侯也。李奇曰：以冬月非封侯時，故且先賜爵關内侯也。師古曰：李説是也。

［5］【今注】案，白鷺洲本、大德本、殿本“素餐”下有“之”字。

［6］【今注】尚書令：秦始置，漢沿置。本爲少府屬官，掌章奏文書，武帝後職權漸重。掌凡選署及奏下尚書曹文書衆事。秩千石。　譚：或爲鞠譚。　養牛：御厩所養的牛。

［7］【顔注】如淳曰：律，稻米一斗得酒一斗爲上尊，稷米一斗得酒一斗爲中尊，粟米一斗得酒一斗爲下尊。師古曰：稷即粟也。中尊者宜爲黍米，不當言稷。且作酒自有澆醇之異爲上中下耳，非必繫之米。【今注】上尊酒：沈欽韓《漢書疏證》以爲如注是。造酒法，稻、粱、穄、黍、粟各有釀法，其厚薄之齊即爲上、中、下尊之差。詳見《齊民要術》。

［8］【今注】歷位：指所任官職達到的地位或品階。　大司徒：哀帝時以丞相之名不見於經書，改名大司徒，列大司馬之下。

［9］【今注】防鄉侯：周壽昌《漢書注校補》曰：“晏爲大司徒在平帝末年。莽始建國元年，晏爲就德侯，已不用漢之防鄉封矣。後事詳《莽傳》。”

［10］【顔注】師古曰：韋，謂韋賢也。

彭宣字子佩，淮陽陽夏人也。[1]治《易》，事張禹，[2]舉爲博士，遷東平太傅。[3]禹以帝師見尊信，薦宣經明有威重，可任政事，繇是入爲右扶風，[4]遷廷尉，以王國人出爲太原太守。[5]數年，復入爲大司農、光禄勳、右將軍。[6]哀帝即位，徙爲左將軍。[7]歲餘，上欲令丁、傅處爪牙官，[8]迺策宣曰："有司數奏言諸侯國人不得宿衛，將軍不宜典兵馬，處大位。朕唯將軍任漢將之重，而子又前取淮陽王女，婚姻不絶，非國之制。使光禄大夫曼賜將軍黄金五十斤、安車駟馬，其上左將軍印綬，以關内侯歸家。"

[1]【顔注】師古曰：夏，音"假"。【今注】淮陽：淮陽國。治陳縣（今河南淮陽縣）。　陽夏：縣名。治所在今河南太康縣。

[2]【今注】張禹：傳見本書卷八一。楊樹達《漢書窺管》："《儒林傳》，《易》施家有張、彭之學，彭即宣也。宣爲人恭儉有法度，禹敬而疏之，並見《禹傳》。"

[3]【今注】東平：東平國。西漢宣帝時改大河郡置，治無鹽（今山東東平縣東南）。　太傅：諸侯王太傅。掌導王以善，禮如師，不臣。秩二千石。

[4]【顔注】師古曰："繇"讀與"由"同。【今注】右扶風：西漢武帝時改主爵都尉置。治長安（今陝西西安市西北）。職掌相當於郡太守，因地屬畿輔，故不稱郡。

[5]【顔注】李奇曰：初，漢制王國人不得在京師。【今注】太原：郡名。戰國秦置，治晉陽（今山西太原市西南）。

[6]【今注】大司農：西漢武帝改大農令置。掌管全國租賦收入和國家財政開支。秩中二千石，列位九卿。　光禄勳：楊樹達《漢書窺管》："宣爲光禄勳，議武帝廟宜毁，見《韋玄成傳》。"

[7]【今注】左將軍：楊樹達《漢書窺管》："宣爲左將軍，受詔問朱博趙玄請免傅喜封爵事，因劾奏博玄，見《博傳》。"

[8]【今注】丁傅：漢哀帝母丁氏家與皇后傅氏家。　爪牙官：護衛武官。

宣罷數歲，諫大夫鮑宣數薦宣。[1]會元壽元年正月朔日蝕，[2]鮑宣復言上，迺召宣爲光禄大夫，遷御史大夫，轉爲大司空，[3]封長平侯。會哀帝崩，新都侯王莽爲大司馬，秉政專權。宣上書言："三公鼎足承君，一足不任，則覆亂美實。[4]臣資性淺薄，年齒老眊，[5]數伏疾病，昏亂遺忘，願上大司空、長平侯印綬，乞骸骨歸鄉里，竢寘溝壑。"[6]莽白太后，[7]策宣曰："惟君視事日寡，功德未效，迫于老眊昏亂，非所以輔國家，綏海内也。使光禄勳豐册詔君，[8]其上大司空印綬，便就國。"莽恨宣求退，故不賜黄金、安車駟馬。宣居國數年，薨，謚曰頃侯。傳子至孫，王莽敗，迺絶。

[1]【今注】鮑宣：傳見本書卷七二。

[2]【今注】元壽：漢哀帝年號（前2—前1）。

[3]【今注】大司空：西漢成帝時由御史大夫改名，秩萬石。周壽昌《漢書注校補》："《成紀》，綏和元年夏四月，罷御史大夫爲大司空，封列侯。《哀紀》，建平二年，罷大司空，復御史大夫。元壽二年正月，三公官分職，御史大夫宣爲大司空。《百官表》云，元壽二年，復爲大司空。是大司空即御史大夫更名。此云'轉爲大司空'，似未合。"

[4]【顔注】師古曰：美實，謂鼎中之實也。《易·鼎卦》九四爻辭曰："鼎折足，覆公餗。"餗，食也。故宣引以爲言。覆，音芳目反。【今注】美實：豐美的食物或果實。"美"字，底本漫漶，據白鷺洲本、大德本、殿本補。

[5]【顔注】師古曰："眊"與"耄"同。

[6]【顔注】師古曰："竢"，古"俟"字。【今注】寘：王先謙《漢書補注》以爲"寘"當作"寘"。

［7］【今注】太后：王政君。傳見本書卷九八。

［8］【今注】豐：甄豐。漢末爲泗水相，攀附王莽。平帝立，爲左將軍光禄勳、大司空，封廣陽侯。遷少傅，兼大司空、太阿、右拂、衛將軍。王莽稱帝後，改爲更始將軍，廣新公。因其子甄尋自作符命請以莽女漢平帝皇后爲妻，觸怒莽，自殺。

贊曰：雋不疑學以從政，臨事不惑，遂立名迹，［1］終始可述。疏廣行止足之計，免辱殆之絫，［2］亦其次也。于定國父子哀鰥哲獄，爲任職臣。［3］薛廣德保縣車之榮，平當逡遁有恥，彭宣見險而止，［4］異乎"苟患失之"者矣。［5］

［1］【今注】名迹：聲名與業績。

［2］【顏注】師古曰：絫，音力瑞反。

［3］【顏注】應劭曰：哲，智也。鄭氏曰：當言"折獄"。師古曰：哀鰥，哀恤鰥寡也。哲獄，知獄情也。【今注】哀鰥：《漢書考正》劉奉世以爲當作"哀矜"。《詩·何草不黄》云："何人不矜"，"矜"即"鰥"字。古文"鰥""矜"音字蓋通用，班氏特用古字。上文云"務在哀鰥寡"，亦後人不曉"矜"字妄增之。吴仁傑《兩漢刊誤補遺》據《尚書大傳》引孔子曰："聽獄者雖得其情，必哀矜之。《書》曰'哀矜哲獄'。"又曰："古之聽民者，察貧窮，哀孤獨矜寡。"及贊文皆出於此。

［4］【顏注】師古曰："遁"與"巡"同（殿本注在"平當逡遁有恥"下）。【今注】逡遁：退讓。

［5］【顏注】師古曰：《論語》稱孔子曰："鄙夫不可與事君。其未得之，患得之；既得之，患失之。苟患失之，無所不至矣。"謂其患於失位而爲傾邪也。贊言當、宣二人立操有異於此矣。

漢書　卷七二

王貢兩龔鮑傳第四十二

昔武王伐紂，遷九鼎於雒邑，[1]伯夷、叔齊薄之，[2]餓死于首陽，不食其禄，[3]周猶稱盛德焉。然孔子賢此二人，以爲"不降其志，不辱其身"也。[4]而孟子亦云："聞伯夷之風者，貪夫廉，懦夫有立志。"[5]"奮乎百世之上，百世之下，[6]莫不興起，非賢人而能若是乎！"[7]

[1]【顔注】師古曰：九鼎，即夏禹所鑄者也。遷，謂從紂都遷之以來。《春秋左氏傳》曰："夏之方有德也，遠方圖物，貢金九牧以鑄鼎象物。桀有昏德，鼎遷于商，載祀六百。商紂暴虐，鼎遷于周。"【今注】雒邑：在今河南洛陽市。周武王時初建，成王時由周公旦加以營繕，作爲西周之東都，統控東方。周室東遷，復爲東周都城。東周王城在今洛陽市王城公園一帶。

[2]【顔注】師古曰：夷、齊以武王父死不葬而用干戈爲不孝，以臣伐君爲不忠。【今注】伯夷叔齊：二人傳見《史記》卷六一。吴仁傑《兩漢刊誤補遺》以爲黄庭堅《夷齊廟記》以伯夷、叔齊諫武王不用，隱首陽山而餓死爲疑；又載謝景平之言曰："二子之事凡孔孟所不言，無取也。其初蓋出於莊周，空無事實；後司馬遷作列傳，韓愈作頌，事傳三人，而空言成實。"吴仁傑以爲，

諫武王非伐商，乃遷九鼎。《左傳》桓公二年："武王遷九鼎於洛邑，義士猶或非之"，杜預謂"義士，伯夷之屬"，是。餓於首陽，謂不食其禄，非不食周粟。《莊子》所言亦見《吕氏春秋》，故司馬遷采以爲傳。而《漢書》本用《左傳》，顔師古用《史記》語證之，非。

［3］【顔注】師古曰：馬融云首陽山在河東蒲阪華山之北，河曲之中。高誘則云在雒陽東北。阮籍《詠懷詩》亦以爲然。今此二山並有夷齊祠耳。而曹大家注《幽通賦》云隴西首陽縣是也。今隴西亦有首陽山。許慎又云首陽山在遼西。諸説不同，致有疑惑，而伯夷歌云"登彼西山"，則當隴西者近爲是也。【今注】首陽：在今河南偃師市西北，北接孟津縣界（詳見鄭慧生《首陽山考》，《人文雜志》1992年第5期）。

［4］【顔注】師古曰：事見《論語》。【今注】案，語見《論語·微子》。

［5］【顔注】師古曰：愞，柔弱也，音乃喚反，又音"儒"。

［6］【今注】案，《漢書考正》宋祁曰："浙本多二字，作'行乎百世之下'。"

［7］【今注】案，孟子語見《孟子·盡心下》。語句稍異。

漢興有園公、綺里季夏、黄公、角里先生，[1]此四人者，當秦之世，避而入商雒深山，[2]以待天下之定也。自高祖聞而召之，不至。其後吕后用留侯計，使皇太子卑辭束帛致禮，[3]安車迎而致之。[4]四人既至，從太子見，高祖客而敬焉，太子得以爲重，遂用自安。語在《留侯傳》。

［1］【顔注】師古曰：四皓稱號，本起於此，更無姓名可稱

知。此蓋隱居之人，匿跡遠害，不自標顯，祕其氏族，故史傳無得而詳。至於後代皇甫謐、圈稱之徒，及諸地理書説，競爲四人施安姓字，自相錯互，語又不經，班氏不載於書。諸家皆臆説，今並棄略，一無取焉。【今注】園公綺里季夏黄公甪（lù）里先生：《漢書考正》宋祁以爲“季”字下當有“公”字；“甪”不成字，當作“角”。《漢書考證》齊召南引田汝成云：“四皓名字，當讀爲‘綺里季夏’，而後人誤讀爲‘夏黄公’，亦猶‘樂正裘、牧仲’之誤耳。”齊召南案，杜甫《朝雨》“黄綺終辭漢”，以“黄綺”並稱，知唐時人讀本不誤。又“甪里”，“甪”字，《宋史》卷四三一《儒林傳》：“崔偓佺爲直講，太宗顧謂曰：‘李覺嘗奏朕云，四皓中一先生姓，或言“用”字加撇，或云加點。爾知否？’偓佺對曰：‘臣聞刀用爲角，兩點爲甪，“用”上一撇一點俱不成字。’”據偓佺此論，則俗本作“甪”字者亦非。陳直《漢書新證》以爲四皓稱號始見於《史記》卷五五《留侯世家》，次見於揚雄《法言》，皆在班固之前，顔師古注謂“本起於此”，非。又《隸釋》卷八、《金石録》卷二九，並載有四皓神坐刻石，題名爲圈公、夏黄公、綺里季、角里先生四人，與《史記》《法言》《漢書》正合。衹有園公作圈公，與圈稱《陳留風俗傳》自序相合，見顔師古《匡謬正俗》引。又樂浪彩篋塚所出彩篋人物故事畫，第二排畫像題字，有孝惠帝、南山四浩、大里黄公、侍郎、使者等人。四皓中衹畫大里黄公一人，是夏黄公又稱爲大里黄公。《三國志》卷五七《吴書・虞翻傳》注引朱育對濮陽興問，亦云：“鄞大里黄公，絜己暴秦之世，高祖即阼，不能一致。惠帝恭讓，出則濟難。”是南方學者流傳之説，與彩篋題字正合。綜上所述，四皓神坐刻石爲東漢中晚期作品，樂浪彩篋題字爲東漢初中期作品，皆可與《漢書》印證異同。顔師古所謂施安姓氏者，指皇甫謐《高士傳》、陶潛《聖賢群輔録》等書而言。

［2］【顔注】師古曰：即今之商州商雒縣山也。【今注】商雒

深山：商山。在今陝西丹鳳縣西。

［3］【今注】皇太子：指漢惠帝劉盈。

［4］【今注】安車：古代用一匹馬拉的可以坐乘的小車。古代乘車時多站立，此車爲坐乘，且有車蓋，故名。

其後谷口有鄭子真，蜀有嚴君平，[1]皆修身自保，非其服弗服，非其食弗食。成帝時，元舅大將軍王鳳以禮聘子真，[2]子真遂不詘而終。[3]君平卜筮於成都市，以爲："卜筮者賤業，而可以惠衆人。有邪惡非正之問，則依蓍龜爲言利害。與人子言依於孝，與人弟言依於順，與人臣言依於忠，各因埶導之以善，[4]從吾言者，已過半矣。"裁日閱數人，[5]得百錢足自養，則閉肆下簾而授《老子》。[6]博覽亡不通，依老子、嚴周之指著書十餘萬言。[7]

［1］【顔注】師古曰：《地理志》謂君平爲嚴遵；《三輔決録》云子真名樸，君平名尊；則君平、子真皆其字也。【今注】谷口：縣名。治所在今陝西禮泉縣東北。亦名瓠口。陳直《漢書新證》指出《隸釋》卷一五，有鄭子真宅舍殘碑，文甚模泐，有"故鄭子真地中起舍一區作錢""故鄭子真舍中起舍一區七萬"云云。蜀：郡名。治成都縣（今四川成都市）。　嚴君平：嚴遵，字君平。

［2］【今注】元舅：長舅。　王鳳：字孝卿，西漢東平陵（今山東濟南市東）人。爲元帝皇后王政君兄。初爲衛尉，襲父爵陽平侯。成帝即位，以外戚爲大司馬大將軍，領尚書事。專斷朝政十一年。

［3］【今注】遂：王先謙《漢書補注》曰："遂猶竟也。"　詘（qū）：屈服；折服。

［4］【今注】埶：通“勢”。

［5］【顔注】師古曰：“裁”與“才”同。閲，歷也。

［6］【顔注】師古曰：肆者，市也，列所坐之處也。

［7］【顔注】師古曰：嚴周即莊周。【今注】著書十餘萬言：沈欽韓《漢書疏證》曰：君平作《老子指歸》。楊樹達《漢書窺管》指出《弘明集》卷二載南朝宋宗炳《明佛論》云：“君平之説一生二，謂神明是也。”此嚴君平《老子》學説之僅存者。是楊氏不信《老子指歸》爲嚴遵所作。案，自明清始，人多疑《老子指歸》爲僞書（參見王德有《嚴君平〈老子指歸〉真僞考辨》，《齊魯學刊》1985 年第 4 期）。如《四庫提要》：“至於所引《莊子》，今本無者十六七，不應遵之所取皆向、郭之所棄。此必遵書散佚，好事者摭吴澄《道德經》注跋中‘莊君平所傳章七十有二’之語，造爲上經四十、下經三十二之説。且又因《漢志》‘《莊子》五十二篇’，今本惟三十三篇，遂多造《莊子》之語，以影附於逸篇。而偶未見晁公武説，故《谷神子》僞序之中，牴牾畢露也。”近代以來蒙文通、王利器、嚴靈峰、李學勤等學者或從文本流傳、或從文本體現的漢代特徵出發，證此書不僞。又樊波成指出今道藏本《老子指歸》不僅有《指歸》，也附有《老子》經文和注文。該注文通篇押韻，參其用韻特徵和用字特徵，可知作於西漢蜀楚之地，亦爲嚴遵親撰，也就是過去認爲已經亡於六朝隋唐的嚴遵《老子注》。（詳見樊波成《〈老子指歸〉當爲嚴遵〈老子章句〉：嚴遵〈老子注〉的發現以及〈老子指歸〉的性質》，《中國典籍與文化》2013 年第 1 期）

楊雄少時從游學，[1]㠯而仕京師顯名，[2]數爲朝廷在位賢者稱君平德。杜陵李彊素善雄，[3]久之爲益州牧，[4]喜謂雄曰：“吾真得嚴君平矣。”雄曰：“君備禮以待之，彼人可見而不可得詘也。”彊心以爲不然。及至蜀，致禮與相見，卒不敢言以爲從事，乃歎曰："楊子雲誠知人！"君平年九十餘，遂以其業終，[5]蜀人愛敬，至今稱焉。

［1］【今注】楊雄：傳見本書卷八七。案，楊，殿本作"揚"。下同。

［2］【今注】𠂤：王先謙《漢書補注》以爲"以"同"已"。

［3］【今注】杜陵：縣名。治所在今陝西西安市雁塔區曲江街道辦事處三兆村西北。

［4］【今注】益州：漢武帝所置十三刺史部之一。轄境相當今四川、重慶、貴州、雲南大部分地區，及湖北西北部、甘肅小部分地區。　牧：漢武帝時分全國爲十三州部，各置刺史監察諸郡，秩六百石。成帝時更名州牧，秩二千石。陳直《漢書新證》據本書《百官公卿表下》："宣帝元康四年，大中大夫李彊仲君守少府。神爵三年，少府李彊爲大鴻臚。"以爲李彊出牧益州，當在元成間。

［5］【今注】案，沈欽韓《漢書疏證》引皇甫謐《高士傳》補注云："蜀有富人羅沖者問君平曰：'君何以不仕？'君平曰：'無以自發。'沖爲君平具車馬衣糧。君平曰：'吾病耳，非不足也。我前宿子家，人定而役未息，晝夜汲汲，未嘗有足。今我以卜爲業，不下床而錢自至，猶餘數百，塵埃厚寸，不知所用，此非我有餘而子不足耶？'沖大慚。君平歎曰：'益我貨者損我神，生我名者殺我身。'竟不仕。"

及雄著書言當世士，稱此二人。其論曰："或問：君子疾没世而名不稱，[1]盍𠷎諸，名，卿可幾。曰：君子德名爲幾。[2]梁、齊、楚、趙之君非不富且貴也，[3]惡虖成其名！[4]谷口鄭子真不詘其志，耕於巖石之下，名震于京師，豈其卿？豈其卿？楚兩龔之絜，其清矣乎！蜀嚴湛冥，[5]不作苟見，不治苟得，[6]久幽而不改其操，[7]雖隨、和何以加諸？[8]舉兹以旃，不亦寶乎！"[9]自園公、綺里季、夏黄公、角里先生、鄭子真、嚴君平皆未嘗仕，[10]然其風聲足以激貪厲俗，近古之逸民也。若王吉、貢禹、兩龔之屬，皆以禮讓進退云。[11]

[1]【顔注】師古曰：以身没而無名爲病。

[2]【顔注】孟康曰：盍，何不也。言何不因名卿之埶以求名。韋昭曰：言有勢之名卿（勢，白鷺洲本、殿本作"埶"），庶幾可不朽。楊子以爲不然（楊，殿本作"揚"，下同不注），唯有德者可以有名。師古曰：或人以事權力之卿（白鷺洲本、大德本、殿本"事"後有"有"字），用自表顯，則其名可庶幾而立。楊雄以爲自蓄其德，則有名也。【今注】案，王先謙《漢書補注》引蘇輿據《荀子·正名》云"無埶列之位而可以養名"，楊倞注："埶列，班列也。"以爲此處"埶"字與彼同義。言何不取富貴，列名卿之位，則名可顯揚。《法言》李軌注訓"埶"爲親，義亦未當。下言二人以隱獲名，而云"豈其卿"，言不必貴爲卿相，非謂因親事名卿而取名。班復申言黄、綺等以未嘗仕而樹風聲，是此以仕隱對舉，尤其明證。顔注未晰。汪榮寶《法言義疏》以爲"盍勢諸名卿，可幾也"者，"盍勢諸"爲句，"名"爲句，"卿可幾也"爲句。言君子貴名，何不以勢位爲憑藉？没世之名，苟位至九卿，則可幾幸得之。漢制太常、光禄勳、衛尉、太僕、廷尉、大鴻臚、宗正、大司農、少府爲九卿，位高則易於樹立，禄裕則易於爲善，是名與勢相因。又"君子德名爲幾"者，德名對勢名而言，藉勢位以傳者，爲勢名；由德行而成者，爲德名。君子所志，在此不

在彼也。楊樹達《漢書窺管》以爲汪榮寶句讀是，又“幾”當讀爲“冀”，“德名爲幾”猶言德名是幾。

［3］【顏注】師古曰：謂當時諸侯王也。

［4］【顏注】師古曰：惡，於何也。“惡”音“烏”。

［5］【顏注】孟康曰：蜀郡嚴君平湛深玄默無欲也。師古曰：“湛”讀曰“沈”。

［6］【顏注】師古曰：不爲苟顯之行，不事苟得之業。

［7］【今注】幽：隱藏。

［8］【顏注】師古曰：隨，隨侯珠也。和，和氏璧也。諸，之也。【今注】隨：隋侯珠。《搜神記》卷二〇：“隋縣溠水側，有斷蛇丘，隋侯出行，見大蛇被傷中斷，疑其靈異，使人以藥封之，蛇乃能走，因號其處‘斷蛇丘’。歲餘，蛇銜明珠以報之。珠盈徑寸，純白，而夜有光明，如月之照，可以燭室，故謂之‘隋侯珠’。亦曰‘靈蛇珠’，又曰‘明月珠’。” 和：和氏璧。《韓非子·和氏》：“楚人和氏得玉璞楚山中。奉而獻之厲王。厲王使玉人相之，玉人曰：‘石也。’王以和爲誑，而刖其左足。及厲王薨，武王即位，和又奉其璞而獻之武王。武王使玉人相之，又曰：‘石也。’王又以和爲誑，而刖其右足。武王薨，文王即位……王乃使玉人理其璞，而得寶焉，遂命曰‘和氏之璧’。”

［9］【顏注】師古曰：旃亦之也。言舉此人而用之，不亦國之寶乎！自此已上皆楊雄之言也。【今注】旃（zhān）：助詞，之。案，王先謙《漢書補注》引蘇輿指出，自“或問”至“豈其卿”，見《法言·問神篇》；“楚兩龔”以下，見《問明篇》。

［10］【今注】皆未嘗仕：楊樹達《漢書窺管》：“《藝文類聚》引《益部耆舊傳》載嚴遵爲揚州刺史行部事。據班云未嘗仕，則彼説未確，殆别一人也。”

［11］【今注】案，何焯《義門讀書記》卷一九曰：“以諸人事迹不備，故總序之於傳首，蓋亦傳也。以此爲論者，未讀《序傳》

耳。體與後牽連薛方、郭、蔣諸人例同。”

王吉字子陽，琅邪皋虞人也。[1]少好學，明經，以郡吏舉孝廉爲郎，[2]補若盧右丞，[3]遷雲陽令。[4]舉賢良爲昌邑中尉，[5]而王好游獵，驅馳國中，動作亡節，[6]吉上疏諫曰：

［1］【今注】琅邪：郡名。秦置，西漢治東武縣（今山東諸城市）。《漢書考證》齊召南以爲，王吉爲琅邪王氏之祖。《新唐書·宰相世系表中》云：秦將王離子元避亂遷琅邪，後徙臨沂。四世孫吉始家皋虞，後徙臨沂都鄉南仁里。陳直《漢書新證》指出《新唐書·宰相世系表中》載有王吉世系，云：“王氏出自姬姓。周靈王太子晉以直諫廢爲庶人，其子宗敬爲司徒，時人號曰‘王家’，因以爲氏。八世孫錯，爲魏將軍。生賁，爲中大夫。賁生渝，爲上將軍。渝生息，爲司寇。息生恢，封伊陽君。生元，元生頤，皆以中大夫召，不就。生翦，秦大將軍。生賁，字典，武陵侯。生離，字明，武城侯。二子：元、威。元避秦亂，遷于琅邪，後徙臨沂。四世孫吉，字子陽，漢諫大夫，始家皋虞，後徙臨沂都鄉南仁里。生駿，字偉山，御史大夫。二子：崇、游。崇字德禮，大司空、扶平侯。”又案：《文選·王文憲集序》、洛陽出土王誦妻元氏墓誌及王紹墓誌，皆云王吉是琅邪臨沂都鄉南仁里人。綜上所述，王吉後人世居琅邪臨沂都鄉南仁里，確然可信。　皋虞：侯國名。西漢置，治所在今山東即墨市東北。案，皋，大德本作“皇”，誤。

［2］【今注】孝廉：漢朝選拔舉薦人才的科目之一。孝指孝悌，廉指廉潔。漢制規定，每年郡國從所屬吏民中推舉孝、廉各一人。　郎：郎官泛稱。有郎中、中郎、外郎、侍郎、議郎等，無定員，多至千餘人。皆隸郎中令。

［3］【顔注】師古曰：少府之屬官有若盧令丞。《漢舊儀》以

爲主治庫兵者。【今注】若盧右丞：陳直《漢書新證》據本書《百官公卿表上》載若盧令屬少府，未言分左右丞。又《漢舊儀》謂若盧右丞主治庫兵，若盧有二丞，與本文正合。本書《百官公卿表上》顔師古注引服虔曰："若盧，詔獄也。"鄧展曰："舊洛陽兩獄，一名若盧，主受親戚婦女。"如淳曰："若盧，官名也，藏兵器。品令曰若盧郎中二十人，主弩射。《漢儀注》有若盧獄令，主治庫兵將相大臣。"臣瓚曰："冬官爲考工，主作器械也。"顔師古曰："若盧，如説是也。"陳直《漢書新證》："其職掌爲主治庫兵及詔獄，疑所鑄之兵器快利，若楚國之湛盧劍，因以名官。"

[4]【今注】雲陽：縣名。治所在今陜西淳化縣西北。

[5]【今注】賢良：選舉科目。始於漢文帝，常與方正、文學、能直言極諫者連稱，也稱賢良文學、賢良方正。　昌邑：諸侯王國名。漢武帝時改山陽郡置，封皇子劉髆爲昌邑王。治昌邑縣（今山東巨野縣東南）。　中尉：諸侯國中尉。職掌維持王國治安，督察軍吏，典領軍隊，與傅、相共同輔王。秩二千石。

[6]【今注】亡節：没有節制。

臣聞古者師日行三十里，吉行五十里。[1]《詩》云："匪風發兮，匪車揭兮，顧瞻周道，中心怛兮。"[2]説曰：是非古之風也，發發者；是非古之車也，揭揭者。蓋傷之也。[3]今者大王幸方與，[4]曾不半日而馳二百里，百姓頗廢耕桑，治道牽馬，[5]臣愚以爲民不可數變。[6]昔召公述職，[7]當民事時，舍於棠下而聽斷焉。[8]是時人皆得其所，後世思其仁恩，至虖不伐甘棠，《甘棠》之詩是也。[9]

［1］【今注】吉行：爲吉事而行。《荀子·大略》："故吉行五十，犇喪百里，賵贈及事，禮之大也。"

［2］【顔注】師古曰：《檜國·匪風》之篇。發發，飄風貌。揭揭，疾驅貌。"怛"，古"怛"字，傷也。言見此飄風及疾驅，則顧念哀傷，思周道也。揭，音丘列反。【今注】匪：非。　周道：一説爲大路；或以爲周之道路。　案，王先謙《漢書補注》曰："《毛詩》'揭'作'偈'，'怛'作'怛'。据《儒林傳》，吉學《韓詩》，故與《毛》異。"

［3］【顔注】師古曰：今之發發然者非古有道之風也，今之揭揭然者非古有道之車也，故傷之。【今注】案，《漢書考正》劉攽以爲正文及注當云"發發者，是非古之風也；揭揭者，是非古之車也；怛怛者，蓋傷之也"，今本皆誤矣。楊樹達《漢書窺管》以爲王吉學《韓詩》，本書《藝文志》載有《韓説》四十一卷，此是其遺説之僅存者。

［4］【顔注】師古曰：縣名也，音"房預"。【今注】方與：縣名。治所在今山東魚臺縣北。王先謙《漢書補注》引《資治通鑑》胡三省注："方與縣本屬山陽郡，武帝以山陽爲昌邑王國，方與縣屬焉。"

［5］【今注】治道：修築道路。

［6］【顔注】師古曰：數，音所角反。【今注】案，白鷺洲本、大德本、殿本"變"後有"也"字。

［7］【顔注】師古曰："召"讀曰"邵"。邵公名奭。自陝以西邵公主之。【今注】召公：周文王之子，姬姓，名奭。佐武王滅商紂，受封於北燕，爲燕之始祖。

［8］【顔注】師古曰：舍，止息。

［9］【顔注】師古曰：《邵南》之詩也，其詩曰："蔽芾甘棠，勿翦勿伐，邵伯所茇。"蔽芾，小樹貌也。甘棠，杜也（白鷺洲本、殿本"杜"後有"棃"字）。茇，舍也。蔽，音必二反。芾，

音方味反（味，白鷺洲本、大德本作“末”，殿本作“未”）。茇，音步末反。【今注】甘棠之詩：今本《毛詩傳》：“《甘棠》，美召伯也。召伯之教，明於南國。”孔穎達《正義》：“謂武王之時，召公爲西伯，行政於南土，決訟於小棠之下，其教著明於南國，愛結於民心，故作是詩以美之。”今本《韓詩外傳》卷一：“昔者，周道之盛，邵伯在朝，有司請營邵以居。邵伯曰：‘嗟！以吾一身，而勞百姓，此非吾先君文王之志也。’於是出而就蒸庶於阡陌隴畝之間，而聽斷焉。邵伯暴處遠野，廬於樹下，百姓大說，耕桑者倍力以勸，於是歲大稔，民給家足。其後在位者驕奢，不恤元元，税賦繁數，百姓困乏，耕桑失時。於是詩人見邵伯之所休息樹下，美而歌之。”

大王不好書術而樂逸游，[1]馮式撙銜，[2]馳騁不止，口倦乎叱咤，[3]手苦於箠轡，[4]身勞虖車輿；朝則冒霧露，晝則被塵埃，[5]夏則爲大暑之所暴炙，冬則爲風寒之所匽薄。[6]數以耎脆之玉體犯勤勞之煩毒，[7]非所以全壽命之宗也，[8]又非所以進仁義之隆也。[9]

［1］【今注】書術：《詩》《書》經術。

［2］【顔注】臣瓚曰：撙，促也。師古曰：撙，挫也，音子本反。【今注】馮式撙銜：王先謙《漢書補注》以爲“式”與“軾”同，銜，馬勒也。《資治通鑑》卷二四《漢紀》孝昭皇帝元平元年胡三省注：“‘馮’讀曰‘憑’。”楊樹達《漢書窺管》以爲《説文·几部》云：“凭，依几也。”是“馮”之本字。

［3］【顔注】師古曰：“咤”亦“吒”字也，音竹駕反。【今注】叱咤：大聲吆喝。

[4]【顔注】師古曰：箠，馬策，音止蘂反（蘂，白鷺洲本、殿本作“蘃”）。【今注】箠：音 chuí。 轡：韁繩。

[5]【顔注】師古曰：冒，犯也，音莫克反。

[6]【顔注】師古曰：“匽”與“偃”同。言遇疾風則偃靡也。薄，迫也。

[7]【顔注】師古曰：耎，柔也，音而兖反。【今注】煩毒：煩憂。

[8]【顔注】師古曰：宗，尊也。【今注】宗：何焯《義門讀書記》卷一九以爲當釋作“本”。

[9]【顔注】師古曰：隆，高也。

夫廣夏之下，細旃之上，[1]明師居前，勸誦在後，上論唐虞之際，下及殷周之盛，考仁聖之風，習治國之道，訢訢焉發憤忘食，日新厥德，[2]其樂豈徒銜橛之閒哉！[3]休則俛仰詘信以利形，[4]進退步趨以實下，[5]吸新吐故以練藏，專意積精以適神，[6]於以養生，豈不長哉！大王誠留意如此，則心有堯舜之志，體有喬松之壽，[7]美聲廣譽登而上聞，[8]則福禄其輳而社稷安矣。[9]皇帝仁聖，至今思慕未怠，[10]於宫館囿池弋獵之樂未有所幸，大王宜夙夜念此，以承聖意。諸侯骨肉，莫親大王，大王於屬則子也，[11]於位則臣也，一身而二任之責加焉，恩愛行義孅介有不具者，[12]於以上聞，非饗國之福也。臣吉愚戇，願大王察之。

[1]【顔注】師古曰：廣夏，大屋也。“旃”與“氈”同。

【今注】旃（zhān）：這裏指毛織地毯。沈欽韓《漢書疏證》引《韓詩外傳》補釋曰："天子居廣厦之下，帷帳之内，旃茵之上。"

［2］【顏注】師古曰：訢，古"欣"字（古，白鷺洲本作"士"，誤）。【今注】厥：其。

［3］【顏注】師古曰：銜，馬銜也。橛，車鉤心也。張揖以橛爲馬之長銜，非也。橛，音其月反。

［4］【顏注】師古曰：形，體也。"信"讀曰"伸"。

［5］【顏注】如淳曰：今人不行，則膝已下虚弱不實。

［6］【顏注】師古曰：臧，五臧也。練，練其氣也。適，和也。【今注】案，藏，白鷺洲本、大德本、殿本作"臧"。

［7］【顏注】師古曰：喬松，仙人伯喬及赤松子也。【今注】喬松：正伯僑和赤松子。正伯僑，一作"征伯僑"。秦時燕方士，效古神仙，依於鬼神之事。司馬相如《大人賦》稱：大人在天上遨遊時，征伯僑曾作他的差役供驅使。本書卷五七下《司馬相如傳下》："厮征伯僑而役羨門兮，詔岐伯使尚方。"張揖曰："伯僑，仙人王子僑也。"師古曰："征伯僑者，仙人，姓征，名伯僑，非王子僑也。《郊祀志》征字作正，其音同耳。或説云征謂役使之，非也。"赤松子，遠古時人。爲神農時雨師。一説，嘗爲帝嚳之師。《列仙傳》："赤松子者，神農時雨師也。服水玉以教神農，能入火自燒。往往至崑崙山上，常止西王母石室中，隨風雨上下。炎帝少女追之，亦得仙，俱去。至高辛時，復爲雨師。今之雨師本是焉。"一説"喬松"並稱"喬"，指王子喬，又作"王喬"。名晉，又稱王子晉。傳爲春秋周靈王太子，以直諫被廢。相傳好吹笙作鳳凰鳴。有浮丘生接晉至嵩高山。三十餘年後，言七月七日見於緱氏山巔。至期乘白鶴至，舉手以謝時人，數日而去。

［8］【今注】登而上聞：《漢書考正》宋祁曰："'登'疑作'發'。"案，"登"不誤。《尚書·酒誥》："弗惟德馨香，祀登聞于天。"吴恂《漢書注商》以爲"登聞"即"升聞"。

[9]【顔注】師古曰："轃"與"臻"同。臻，至也。

[10]【顔注】師古曰：皇帝，謂昭帝也。言武帝晏駕未久，故尚思慕。

[11]【今注】於屬則子：王先謙《漢書補注》曰："兄弟之子猶子也。"劉賀爲漢昭帝之侄。疏廣與兄子疏受稱"父子"，見本書卷七一《疏廣傳》。

[12]【今注】孅（xiān）介：細微。

王賀雖不遵道，然猶知敬禮吉，乃下令曰："寡人造行不能無惰，[1]中尉甚忠，數輔吾過。使謁者千秋賜中尉牛肉五百斤，[2]酒五石，脯五束。"其後復放從自若。[3]吉輒諫争，甚得輔弼之義，雖不治民，[4]國中莫不敬重焉。

[1]【今注】造行：修養品行。王先謙《漢書補注》："造行，謂所作所行。"　惰：《漢書考正》宋祁疑作"惰"，《類篇》："渠伊反，畏也，敬也。"王先謙《漢書補注》以爲此劉賀自責之詞，宋説非。

[2]【今注】謁者：王國謁者。屬王國郎中令。以宦官充任，爲王的親近侍從。

[3]【顔注】師古曰：從，音子用反。【今注】自若：一如既往，依然如故。

[4]【今注】雖不治民：王先謙《漢書補注》據本書《百官公卿表上》指出，王國中尉掌武職，内史治國民，成帝後省内史，令相治民。

久之，昭帝崩，亡嗣，大將軍霍光秉政，[1]遣大鴻臚、宗正迎昌邑王。[2]吉即奏書戒王曰："臣聞高宗諒闇，三年不言。[3]今大王以喪事徵，宜日夜哭泣悲哀而已，慎毋有所發。[4]且何獨喪事，凡南面之君何言哉？天不言，四時行焉，百物生焉，[5]願大王察之。大將軍仁愛勇智，忠信之德天下莫不聞，事孝武皇帝二十餘年未嘗有過。先帝棄群臣，屬以天下，寄幼孤焉，[6]大將軍抱持幼君襁緥之中，布政施教，海内晏然，雖周公、伊尹亡以加也。今帝崩亡嗣，大將軍惟思可以奉宗廟者，攀援而立大王，[7]其仁厚豈有量哉！[8]臣願大王事之敬之，政事壹聽之，大王垂拱南面而已。願留意，常以爲念。"

[1]【今注】霍光：傳見本書卷六八。

[2]【今注】大鴻臚：秦時稱典客，漢景帝改名大行令，武帝時改大鴻臚。掌諸侯和四方歸降的少數民族。另郊廟祭祀行禮時掌贊導，請求行事；諸王入朝郊迎時掌禮儀；皇子封王，掌贊授印綬；諸侯之子繼位和四方少數民族頭領受封，掌召拜。王死，負責吊祭及拜王嗣。秩中二千石。　宗正：秦置，一説西周至戰國皆置。管理皇族外戚事務。例由宗室擔任，列位九卿，秩中二千石。

[3]【顔注】師古曰：已解於上。【今注】高宗：商王武丁廟號。　諒闇：居喪時所住的房子。《禮記·喪服四制》："《書》曰：'高宗諒闇，三年不言。'善之也。"鄭玄注："闇，謂廬也。"《論語·憲問》作"諒陰"。

[4]【顔注】師古曰：發，謂興舉衆事。【今注】毋有所發：《漢書考正》宋祁指出南本、浙本"毋有所發"句上有"毋有所言"一句；一本"發"作"言"。王念孫《讀書雜志·漢書第十二》以爲："發"，謂發言。上文云"高宗諒闇，三年不言"，下文

云“南面之君何言哉”，則“毋有所發”即指發號施令而言。師古以爲興舉衆事，非；别本或加“毋有所言”一句，或改“發”爲“言”，皆非。

［5］【顔注】師古曰：《論語》稱孔子曰“天何言哉？四時行焉，百物生焉。天何言哉”，故吉引之。

［6］【顔注】師古曰：屬，音之欲反。

［7］【顔注】師古曰：援，引也，音“爰”。【今注】攀援：猶言支持。

［8］【顔注】師古曰：言其深多也。量，音力向反。

王既到，即位二十餘日以行淫亂廢。昌邑群臣坐在國時不舉奏王罪過，令漢朝不聞知，又不能輔道，陷王大惡，[1]皆下獄誅。唯吉與郎中令龔遂以忠直數諫正得減死，[2]髡爲城旦。[3]起家復爲益州刺史，病去官，復徵爲博士諫大夫。[4]是時宣帝頗修武帝故事，[5]宫室車服盛於昭帝。時外戚許、史、王氏貴寵，[6]而上躬親政事，任用能吏。吉上疏言得失，曰：

［1］【顔注】師古曰：“道”讀曰“導”。

［2］【今注】郎中令：王國郎中令。掌王大夫、郎中宿衛。俸千石。　龔遂：傳見本書卷八九。楊樹達《漢書窺管》：“減死者吉、遂外尚有王式，見《儒林傳》。又《于定國傳》云：‘霍光條奏群臣諫昌邑王者，皆超遷，定國繇是爲光禄大夫。’蓋初減死而後皆超遷也。”

［3］【今注】髡：剃去男子頭髮的一種刑罰。　城旦：築城勞役的刑罰。《史記》卷六《秦始皇本紀》：“令下三十日不燒，黥爲城旦。”裴駰《集解》引如淳曰：“《律説》：‘論決爲髡鉗，輸邊築

長城，晝日伺寇虜，夜暮築長城。’城旦，四歲刑。”

［4］【今注】博士：漢武帝始置五經博士。掌議政、制禮、藏書、顧問及教授經學、考核人材、奉命出使等。初秩比四百石，後升比六百石。　諫大夫：漢武帝時置，掌諫争、顧問應對，議論朝政。無定員，秩比八百石。

［5］【今注】故事：以前的典章制度。

［6］【今注】許：漢宣帝皇后許氏家。　史：漢宣帝父史皇孫母家。　王氏：漢宣帝母王氏家。

陛下躬聖質，[1]總萬方，帝王圖籍日陳于前，惟思世務，將興太平。詔書每下，民欣然若更生。臣伏而思之，可謂至恩，未可謂本務也。[2]欲治之主不世出，[3]公卿幸得遭遇其時，言聽諫從，然未有建萬世之長策，舉明主於三代之隆也。[4]其務在於期會簿書，[5]斷獄聽訟而已，此非太平之基也。

［1］【今注】聖質：神聖的秉性。

［2］【顔注】師古曰：言天子如此，雖於百姓爲至恩，然未盡政務之本也。

［3］【顔注】師古曰：言有時過之不常值（過，白鷺洲本、大德本、殿本作“遇”，當據改）。【今注】欲治之主不世出：沈欽韓《漢書疏證》引《文子·上德篇》補釋曰：“欲治之主不世出，可與治之臣不萬一。”

［4］【顔注】師古曰：三代，夏、殷、周。

［5］【今注】期會簿書：泛指各政府部門日常公務。期會，在指定時間内實施政令。簿書，文書。

臣聞聖王宣德流化，必自近始。朝廷不備，難以言治；左右不正，難以化遠。民者，弱而不可勝，愚而不可欺也。聖主獨行於深宮，[1]得則天下稱誦之，失則天下咸言之。行發於近，必見於遠，故謹選左右，審擇所使；左右所以正身也，所使所以宣德也。《詩》云“濟濟多士，文王以寧”，[2]此其本也。《春秋》所以大一統者，六合同風，九州共貫也。[3]今俗吏所以牧民者，非有禮義科指可世世通行者也，[4]獨設刑法以守之。其欲治者，不知所繇，[5]以意穿鑿，各取一切，[6]權譎自在，[7]故一變之後不可復修也。[8]是以百里不同風，千里不同俗，户異政，人殊服，詐僞萌生，刑罰亡極，[9]質樸日銷，恩愛寖薄。[10]

［1］【今注】案，主，白鷺洲本作“上”。

［2］【顔注】師古曰：《大雅·文王》之詩（殿本“詩”後有“也”字）。

［3］【顔注】師古曰：解在《董仲舒傳》。【今注】案，本書卷五六《董仲舒傳》：“春秋大一統者，天地之常經，古今之通誼也。”顔師古注云：“一統者，萬物之統皆歸於一也。《春秋公羊傳》：‘隱公元年，春王正月。何言乎王正月？大一統也。’”陳直《漢書新證》：“《王吉傳》騶氏《春秋》，騶氏必爲齊人，觀其學説，與《公羊》相近，當爲《公羊》之支流。”共貫，貫通、連貫之意。

［4］【今注】科指：準則。

［5］【顔注】師古曰：“繇”與“由”同。

［6］【今注】一切：權宜；臨時。本書卷一二《平紀》：“賜天

下民爵一級，吏在位二百石以上，一切滿秩如真。"顏師古注："一切者，權時之事，非經常也。猶如以刀切物，苟取整齊，不顧長短縱橫，故言一切。"

［7］【今注】權譎自在：權譎，權謀；詭詐。王念孫《讀書雜志·漢書第十二》引本書卷八四《翟方進傳》張晏注曰："一切，權時也。"又"自在"二字，王念孫以爲於義無取。"在"當爲"枉"之誤。言事不師古而自任權譎。

［8］【顏注】師古曰：言其敝深難久行。

［9］【顏注】師古曰：萌生，言其争出，如草木之初生。

［10］【顏注】師古曰：寖，漸也。

孔子曰"安上治民，莫善於禮"，[1]非空言也。王者未制禮之時，引先王禮宜於今者而用之。臣願陛下承天心，發大業，與公卿大臣延及儒生，述舊禮，明王制，敺一世之民，[2]濟之仁壽之域，[3]則俗何以不若成康，[4]壽何以不若高宗？[5]竊見當世趨務不合於道者，謹條奏，[6]唯陛下財擇焉。[7]

［1］【顏注】師古曰：《孝經》載孔子之言。【今注】案，語見今本《孝經·廣要道章》。

［2］【今注】敺：同"驅"。

［3］【顏注】師古曰：以仁撫下，則群生安逸而壽考。【今注】仁壽之域：王先謙《漢書補注》引《資治通鑑》胡三省注："此以仁、壽並言，仁者不鄙詐，壽者不夭折也。"

［4］【今注】成康：周成王與周康王。周成王姬姓，名誦。其父周武王死時，年幼，由叔父周公旦攝政，平定武庚與管叔、蔡叔

等叛亂。後年長親政，營建洛邑，東伐淮夷，繼續分封諸侯，周王朝疆域進一步擴大。成王命周公興禮樂，立制度，民乃和睦，政局安定，邊境息慎族來朝。周康王爲成王子，名釗。由召公、畢公輔佐即位，去奢崇儉，簡政安民，伐鬼方及東南夷族，開拓疆土。康王保持成王以來的安定局面，史稱“成康之治”。

［5］【顔注】師古曰：高宗，殷王武丁也，享國百年。【今注】高宗：即商王武丁，事見《史記》卷三《殷本紀》。

［6］【顔注】師古曰：“趨”讀曰“趣”。趣，嚮也。【今注】條奏：逐條上奏。

［7］【顔注】師古曰：“財”與“裁”同。【今注】案，王念孫《讀書雜志·漢書第十二》曰：“財猶少也。言惟陛下少擇之。”

吉意以爲，［1］夫婦，人倫大綱，夭壽之萌也。［2］世俗嫁娶太早，未知爲人父母之道而有子，是以教化不明而民多夭。［3］聘妻送女亡節，則貧人不及，故不舉子。［4］又漢家列侯尚公主，諸侯則國人承翁主，［5］使男事女，夫詘於婦，逆陰陽之位，故多女亂。古者衣服車馬貴賤有章，［6］以褒有德而別尊卑，今上下僭差，［7］人人自制，［8］是以貪財誅利，［9］不畏死亡。周之所以能致治，刑措而不用者，［10］以其禁邪於冥冥，絶惡於未萌也。［11］

［1］【今注】案，殿本《漢書考證》引真德秀《文章正宗》以爲，“吉意以爲”以下至“其指如此”爲史家撮其大旨，非王吉文字。

［2］【顔注】師古曰：由之而生，故云萌。

［3］【今注】案，楊樹達《漢書窺管》引《韓詩外傳》卷一論

男女之道云："不肖者精化始具而生氣感動，觸情縱欲，反施亂化，是以年壽亟夭而性不長也。"知吉此文本師說。

[4]【今注】舉子：生育。

[5]【顏注】晉灼曰：娶天子女則曰尚公主。國人娶諸侯女曰承翁主。尚、承，皆卑下之名也。師古曰：翁主者，言其父自主婚也。解具在《高紀》（高紀，白鷺洲本、殿本作"高帝紀"）。【今注】翁主：本書卷一下《高紀下》，顏師古注："天子不親主婚，故謂之公主。諸王即自主婚，故其女曰翁主。翁者，父也，言父主其婚也。亦曰王主，言王自主其婚也。"

[6]【今注】章：花紋圖案。

[7]【今注】僭差：僭越失度。

[8]【顏注】師古曰：言無節度。

[9]【今注】誅：《資治通鑑》卷二六《漢紀》孝宣皇帝神爵元年胡三省注："誅，責也，求也。"

[10]【今注】刑措：又作"刑錯"。置刑法而不用。《史記》卷四《周本紀》："故成康之際，天下安寧，刑錯四十餘年不用。"裴駰《集解》引應劭曰："錯，置也。民不犯法，無所置刑。"案，措，白鷺洲本作"錯"。

[11]【顏注】師古曰：冥冥，言未有端緒。

又言，舜、湯不用三公九卿之世而舉皋陶、伊尹，[1]不仁者遠。[2]今使俗吏得任子弟，[3]率多驕驁，不通古今，[4]至於積功治人，亡益於民，此《伐檀》所爲作也。[5]宜明選求賢，除任子之令。[6]外家及故人可厚以財，不宜居位。去角抵，[7]減樂府，[8]省尚方，[9]明視天下以儉。[10]古者工不造琱瑑，商不通侈靡，[11]非工商之獨賢，政教使之然也。民見儉則歸本，本立而末成。其指如此，上以其言迂闊，不甚寵異也。[12]吉遂謝病歸琅邪。

［1］【顏注】李奇曰：不繼世而爵也。言皋陶、伊尹非三公九卿之世。【今注】世：楊樹達《漢書窺管》引《國語·晉語》云："非德不及世。"韋昭注云："世，嗣也。"《戰國策·秦策》云："澤可以遺世。"高誘注："世，後世也。" 皋（gāo）陶（yáo）：或作"咎繇"。偃姓。舜命作掌刑法之官。禹繼位，委之以政，選爲繼承者。早死。

［2］【顏注】師古曰：任用賢人，放黜讒佞。【今注】案，楊樹達《漢書窺管》引《論語·顏淵》子夏語補證曰："舜有天下，選於衆，舉皋陶，不仁者遠矣。湯有天下，選於衆，舉伊尹，不仁者遠矣。"

［3］【顏注】張晏曰：子弟以父兄任爲郎。【今注】俗吏：《漢書考正》宋祁曰："南本、浙本無'俗'字。"王念孫《讀書雜志·漢書第十二》以爲南本、浙本是。子弟以父兄得官，則多驕驁而不通古今，非獨俗吏之子弟如此。"俗"字當是涉上文"今俗吏"而衍。《資治通鑑》引此有"俗"字，則所見本已誤。《群書治要》及《太平御覽·治道》引此皆無"俗"字。

［4］【顏注】師古曰："驁"與"傲"同。

［5］【顏注】師古曰：《伐檀》，詩篇名，刺不用賢也，在《魏國風》也（刺不用賢也在魏國風也，白鷺洲、殿本作"刺在位貪鄙無功而受禄"）。【今注】伐檀所爲作：《毛詩傳》："《伐檀》，刺貪也。在位貪鄙，無功而受禄，君子不得進仕爾。"王先謙《詩三家義集疏》以爲《韓詩》説與《毛詩》同。

［6］【今注】任子：王念孫《讀書雜志·漢書第十二》以爲"子"下當有"弟"字。周壽昌《漢書注校補》曰："哀帝即位始除任子令，距王吉時已更四帝矣。"

［7］【今注】角抵：類似於摔跤的體育活動（參見林友標、王頙《漢代角抵考》，《體育文化導刊》2008年第5期）。

［8］【今注】樂府：主管音樂的官署。秦置，西漢哀帝之前沿用。由樂府令統領，隸屬少府。

［9］【顔注】師古曰：尚方主巧作。【今注】尚方：秦置，漢沿置，屬少府，掌上等技工製作御用刀劍諸物和刻玉爲器等。

［10］【顔注】師古曰："視"讀曰"示"。

［11］【顔注】師古曰：瑑者，刻鏤爲文。"瑑"音"篆"。【今注】琱瑑：鏤刻花紋。亦指刻有花紋之物。本書卷六五《東方朔傳》："二人皆詐僞，巧言利口以進其身，陰奉琱瑑刻鏤之好以納其心。"顔師古注："'琱'與'彫'同，畫也。瑑謂刻爲文也，音'篆'。"

［12］【顔注】師古曰：迂，遠也，音"于"。

始吉少時學問，居長安。東家有大棗樹垂吉庭中，吉婦取棗以啖吉。[1]吉後知之，乃去婦。[2]東家聞而欲伐其樹，鄰里共止之，因固請吉令還婦。里中爲之語曰："東家有樹，王陽婦去；東家棗完，去婦復還。"其厲志如此。[3]吉與貢禹爲友，世稱"王陽在位，貢公彈冠"，[4]言其取舍同也。[5]元帝初即位，遣使者徵貢禹與吉。吉年老，道病卒，上悼之，復遣使者弔祠云。[6]

［1］【顔注】師古曰：啖，謂使食之，音徒濫反。"啖"亦"啗"字耳。此義與《高紀》"啗以利"同。

［2］【今注】去婦：休妻。

［3］【今注】厲志：激勵意志；磨練意志。

［4］【顔注】師古曰：彈冠者，且入仕也（且，白鷺洲本、殿本作“言”）。

［5］【顔注】師古曰：取，進趣也。舍，止息也。

［6］【今注】弔祠：吊祭。

初，吉兼通五經，[1]能爲《騶氏春秋》，[2]以《詩》《論語》教授，[3]好梁丘賀説《易》，[4]令子駿受焉。[5]駿以孝廉爲郎。左曹陳咸薦駿賢父子，[6]經明行修，宜顯以厲俗。光禄勳匡衡亦舉駿有專對材。[7]遷諫大夫，使責淮陽憲王。[8]遷趙内史。[9]吉坐昌邑王被刑後，戒子孫毋爲王國吏，故駿道病，免官歸。起家復爲幽州刺史，[10]遷司隸校尉，[11]奏免丞相匡衡，遷少府。[12]

［1］【今注】案，楊樹達《漢書窺管》據《論衡·初禀篇》云：“白魚入于王舟，王陽曰：偶適也。”以爲此是王吉説《尚書·太誓》之語，是不信周家受命符瑞之説，可謂卓識。陳直《漢書新證》：“王吉奏疏中引《詩》者二，引《春秋》《論語》者一，與本傳文所云兼通五經正合。”

［2］【今注】騶氏春秋：本書《藝文志》稱“鄒氏無師，夾氏未有書”。何焯《義門讀書記》卷一九以爲《騶氏春秋》至班固時已成絶學，有録無書，故於兼通五經之下復特著明。

［3］【今注】案，楊樹達《漢書窺管》：“吉受《詩》於蔡誼，爲韓太傅三傳弟子；吉弟子有長孫順，並見《儒林傳》。張禹從吉問《論語》，見《禹傳》。”

［4］【今注】梁丘賀：傳見本書卷八八。

［5］【今注】案，周壽昌《漢書注校補》曰：“駿不及梁邱賀時，實受《易》學於賀之子臨。”

［6］【今注】左曹：加官。漢武帝時置，加此者每日朝謁，在殿中收受平省尚書奏事，與右曹合稱諸曹。秩二千石。　賢父子：《漢書考證》齊召南曰：賢父子，猶云賢父之子。

［7］【顔注】師古曰：專對，謂見問即對，無所疑也。《論語》稱孔子曰："使於四方，不能專對，雖多亦奚以爲？"【今注】光禄勳：漢武帝時改郎中令置。掌宫殿掖門户。位列九卿，秩中二千石。　匡衡：傳見本書卷八一。

［8］【顔注】師古曰：以其有口辭。【今注】淮陽憲王：劉欽。傳見本書卷八〇。

［9］【今注】内史：王國内史。漢初置，因其爲王國自署，治國如郡太守、都尉職事。秩二千石。

［10］【今注】幽州：漢武帝置十三州刺史部之一。轄境相當今北京、河北北部、遼寧大部、天津市海河以北及朝鮮大同江流域。

［11］【今注】司隸校尉：漢武帝時始置，掌察舉京師及京師近郡犯法者，並領京師所在之州。秩二千石。

［12］【今注】少府：秦、西漢置。職掌帝室財政。列位九卿，秩中二千石。

八歲，成帝欲大用之，出駿爲京兆尹，[1]試以政事。先是京兆有趙廣漢、張敞、王尊、王章，[2]至駿皆有能名，故京師稱曰："前有趙、張，後有三王。"而薛宣從左馮翊代駿爲少府，[3]會御史大夫缺，[4]谷永奏言：[5]"聖王不以名譽加於實效。[6]考績用人之法，[7]薛宣政事已試。"[8]上然其議。宣爲少府月餘，遂超御史大夫，至丞相。駿乃代宣爲御史大夫，並居位。六歲病卒，翟方進代駿爲大夫。[9]數月，薛宣免，遂代爲丞相。衆人爲駿恨不得封侯。駿爲少府時，妻死，因不復娶，或問之，駿曰：“德非曾參，子非華、元，[10]亦何敢娶？”

［1］【今注】京兆尹：漢武帝時改右内史置。其地屬京畿，爲“三輔”之一，職掌如郡太守，又得參與朝政。秩中二千石，位列九卿。

［2］【今注】趙廣漢張敞王尊王章：四人傳並見本書卷七六。

［3］【今注】薛宣：傳見本書卷八三。　左馮翊：官名。秦時以内史掌治京師，漢武帝時分置左、右内史。太初元年（前104）將左内史更名爲左馮翊，治長安（今陝西西安市東北），相當於郡守。

［4］【今注】案，楊樹達《漢書窺管》：“據《薛宣傳》，于永卒也。”

［5］【今注】谷永：傳見本書卷八五。

［6］【顔注】師古曰：言不聽虚名。

［7］【顔注】師古曰：言用人之法，皆須考以功績。

［8］【顔注】師古曰：言有效也。

［9］【今注】翟方進：傳見本書卷八四。

［10］【顔注】如淳曰：華與元，曾參之二子也。《韓詩外傳》曰，曾參喪妻不更娶，人問其故，曾子曰：“以華、元善人也。”一曰，曾參之子字華元（字，白鷺洲本誤作“宋”）。師古曰：二子是也。【今注】案，王先謙《漢書補注》引盧文弨云：“《大戴禮·曾子疾病篇》‘曾元抑首，曾華抱足’，盧辯注：‘元、華，二子。’《説苑·敬慎篇》同，‘抑首’作‘抱首’。《檀弓》‘曾子寢疾病，曾元、曾申坐於足’，申與華殆即一人。”

駿子崇，以父任爲郎，歷刺史、郡守，治有能名。

建平三年，[1]以河南太守徵入爲御史大夫數月。[2]是時成帝舅安成恭侯夫人放寡居，共養長信宫，[3]坐祝詛下獄，崇奏封事，爲放言。放外家解氏與崇爲昏，[4]哀帝以崇爲不忠誠，策詔崇曰："朕以君有累世之美，故踰列次。[5]在位以來，忠誠匡國未聞所繇，[6]反懷詐諼之辭，[7]欲以攀救舊姻之家，大逆之辜，舉錯專恣，[8]不遵法度，亡以示百僚。"左遷爲大司農，[9]後徙衛尉左將軍。[10]平帝即位，王莽秉政，大司空彭宣乞骸骨罷，[11]崇代爲大司空，封扶平侯。歲餘，崇復謝病乞骸骨，皆避王莽，莽遣就國。歲餘，爲傅婢所毒，薨，國除。[12]自吉至崇，世名清廉，然材器名稱稍不能及父，而禄位彌隆。皆好車馬衣服，其自奉養極爲鮮明，而亡金銀錦繡之物。及遷徙去處，所載不過囊衣，[13]不畜積餘財。[14]去位家居，亦布衣疏食。天下服其廉而怪其奢，故俗傳"王陽能作黄金"。[15]

[1]【今注】建平：漢哀帝年號（前6—前3）

[2]【今注】河南：郡名。治洛陽縣（今河南洛陽市東北）。

[3]【顔注】師古曰：放者，夫人之名也。共，音居用反。養，音弋亮反。【今注】安成恭侯：王崇。王先謙《漢書補注》曰："太后母弟，建始二年薨。放寡居，故得共養太后。"楊樹達《漢書窺管》："文稱安成恭侯者，以恭侯亦名王崇，與本傳之王崇名姓皆同，故特改稱以免相混也。"　長信宫：長樂宫殿名。遺址位於今陝西西安市西北郊漢長安城東南角。

[4]【顔注】師古曰：婚姻之家。

[5]【顔注】師古曰：謂自祖及身皆有名也。

[6]【顔注】師古曰："繇"與"由"同。由，從也。

[7]【顔注】師古曰：諼，詐言也，音虚袁反。

[8]【顔注】師古曰：錯，置也。

[9]【今注】大司農：漢武帝改大農令置。掌管全國租賦收入和國家財政開支。秩中二千石，列位九卿。

[10]【今注】衛尉：戰國秦置，西漢沿置。掌宫門屯衛兵。秩中二千石，列位九卿。　左將軍：漢朝爲重號將軍，與前、右、後將軍並位上卿。有兵事則典掌禁兵，戍衛京師，或任征伐。秩中二千石。

[11]【今注】大司空：漢成帝時由御史大夫改名，秩萬石。　彭宣：傳見本書卷七一。

[12]【顔注】師古曰：凡言傅婢者，謂傅相其衣服衽席之事。一説（説，白鷺洲本、殿本作"讀"），傅曰附，謂近幸也。【今注】傅婢：陳直《漢書新證》："西漢保母、阿母、乳母之外，有傅婢名稱，'傅'與'保'字義相近。《東平思王傳》有巫婢，亦疑與傅婢之傅相同，不作姓解。"　國除：周壽昌《漢書注校補》以爲，不能正終，故除其國。

[13]【顔注】師古曰：一囊之衣也。有底曰囊，無底曰橐。

[14]【顔注】師古曰："畜"讀曰"蓄"。

[15]【顔注】師古曰：以其無所求取，不營産業而車服鮮明，故謂自作黄金以給用。【今注】案，沈欽韓《漢書疏證》引《風俗通·正失篇》補證："語曰：'金不可作，世不可度。'王陽居官食禄，雖爲車馬衣服，亦能幾何？何足怪之。乃傳俗説，班固之論，陋於是矣。"

貢禹字少翁，琅邪人也。以明經絜行著聞，[1]徵爲博士，涼州刺史，[2]病去官。復舉賢良爲河南令。[3]歲餘，以職事爲府官所責，[4]免冠謝。禹曰："冠壹免，

安復可冠也!”遂去官。元帝初即位,徵禹爲諫大夫,[5]數虛己問以政事。[6]是時年歲不登,郡國多困,禹奏言:

［1］【今注】明經:楊樹達《漢書窺管》:“據《儒林傳》,禹學《公羊春秋》,初事嬴公而成於眭孟,爲董生三傳弟子。禹傳學於堂谿惠,亦見《儒林傳》。”

［2］【今注】涼州:漢武帝所置十三刺史部之一。轄境相當今甘肅、寧夏、青海三省區湟水流域,以及陜西和内蒙古自治區部分地區。

［3］【今注】賢良:楊樹達《漢書窺管》以爲觀下文貢禹奏事,持議與桓寬《鹽鐵論》所述文學賢良語多同,則貢禹舉賢良疑在昭帝始元五年(前82),而禹嘗參與議鹽鐵。　河南:縣名。治所在今河南洛陽市西澗水東岸。

［4］【顔注】師古曰:太守之府。

［5］【今注】諫大夫:漢武帝置,掌諫争、顧問應對,議論朝政。秩比八百石,無定員。王先謙《漢書補注》曰:“爲石顯所薦,詳《佞幸傳》。”楊樹達《漢書窺管》:“禹爲諫大夫,劾奏劉向,見《向傳》,疑其事亦承石顯旨爲之。班以禮讓進退稱禹,非其實也。”

［6］【顔注】師古曰:虛己,謂聽受其言也(其,白鷺洲本作“具”,誤)。

古者宫室有制,宫女不過九人,[1]秣馬不過八匹;[2]牆塗而不琱,木摩而不刻,[3]車輿器物皆不文畫,苑囿不過數十里,與民共之;任賢使能,什一而税,[4]亡它賦斂繇戍之役,使民歲不過三日，[5]千里之内自給，千里之外各置貢職而已。[6]故天下家給人足，頌聲並作。至高祖、孝文、孝景皇帝，循古節儉，宫女不過十餘，[7]廄馬百餘匹。孝文皇帝衣綈履革，[8]器亡琱文金銀之飾。後世争爲奢侈，轉轉益甚，臣下亦相放效，[9]衣服履絝刀劍亂於主上，[10]主上時臨朝入廟，衆人不能别異，甚非其宜。然非自知奢僭也，猶魯昭公曰："吾何僭矣？"[11]

[1]【今注】宫女不過九人：王先謙《漢書補注》引王先慎以爲，宫女九人，指九嬪。即《周禮·匠人》"内有九室，九嬪居之"，《内宰》"九嬪掌婦學之法，教九御"。分居九室，故稱宫女。吴恂《漢書注商》以爲即《公羊傳》諸侯一聘九女之義。

[2]【顔注】師古曰：秣，養也，謂以粟米飤也（飤，白鷺洲本作"飲"，誤）。【今注】秣：楊樹達《漢書窺管》引《説文·食部》云："餘，食馬穀也。"以爲經傳通假用"秣"字。

[3]【顔注】師古曰："琱"字與"彫"同。彫，畫也。

[4]【今注】什一而税：夏、商、周三代所行税率。十分税一。《孟子·滕文公上》："夏后氏五十而貢，殷人七十而助，周人百畝而徹，其實皆什一也。"趙岐注："民耕五十畝，貢上五畝；耕七十畝者，以七畝助公家耕；百畝者，徹取十畝以爲賦。"

[5]【今注】使民歲不過三日：本書卷五一《賈山傳》："用民之力不過歲三日"，王先謙《漢書補注》引王文彬曰："不過歲三日"，當作"歲不過三日"。是《禮記·王制》文，孔穎達疏云："謂使民治城郭道渠，年歲雖豐，不得過三日，自下皆然。按《周禮·均人》云：'豐年旬用三日，中年旬用二日，無年旬用一日。'年歲不同，雖豐不得過三日。"王先謙據《詩·豳風·七月》云

“我稼既同，上入執宫功”，及《禮記·郊特牲》“既蜡而收，民息已，故既蜡，君子不興功”，認爲上古力役在於農隙時，即冬三月，豐年一旬三日，則一月而九日；無年而力役不作，則一冬用九日。日以旬爲限，歲以凶豐爲差，故曰“歲不過三日”。

［6］【顔注】師古曰：言天子以畿内賦斂自供，千里之外令其以時入貢，不欲煩勞也。

［7］【今注】案，王念孫《讀書雜志·漢書第十二》以爲“十餘”下當脱“人”字，否則文義不全，且與下句不對。荀悦《漢紀》及《資治通鑑》皆有“人”字。上文亦云“宫女不過九人，秣馬不過八匹”。

［8］【顔注】師古曰：綈，厚繒，音徒奚反。

［9］【顔注】師古曰：放，音甫往反。其下亦同。

［10］【顔注】師古曰：“綺”，古“袴”字。【今注】亂：王先謙《漢書補注》以爲，謂近似。

［11］【今注】案，見《公羊傳》昭公二十五年傳文。何休注：“失禮成俗，不自知也。”

今大夫僭諸侯，諸侯僭天子，天子過天道，[1]其日久矣。承衰救亂，矯復古化，在於陛下。[2]臣愚以爲盡如太古難，宜少放古以自節焉。[3]《論語》曰，君子“樂節禮樂”。[4]方今宫室已定，亡可奈何矣，其餘盡可減損。故時齊三服官輸物不過十笥，[5]方今齊三服官作工各數千人，一歲費數鉅萬。蜀廣漢主金銀器，[6]歲各用五百萬。三工官官費五千萬，[7]東西織室亦然。[8]厩馬食粟將萬匹。臣禹嘗從之東宫，[9]見賜杯案，盡文畫金銀飾，非當所以賜食臣下也。[10]東宫之費亦不可勝計。天下之民所爲大飢餓死者，是也。

［1］【今注】天子過天道：楊樹達《漢書窺管》據《周禮·考工記》鄭玄注引子家駒曰："天子僭天。"賈公彦疏引《公羊傳》昭公二十五年爲證。今本《公羊傳》云："諸侯僭於天子，大夫僭於諸侯，久矣。"無"天子僭天"語。孫志祖《讀書脞録》以爲脱文，楊樹達以爲是。貢禹本學《公羊春秋》，此語全用《公羊傳》文，亦有"天子過天道"語，足證孫脱文之説爲確。云"過天道"，不説"僭天"者，因有所忌諱而變文。

［2］【顏注】師古曰：正曲曰矯。復，音方目反。

［3］【今注】放（fǎng）：依；效。

［4］【顏注】師古曰：《論語》稱孔子曰"益者三樂，樂節禮樂，樂道人之善，樂多賢友"也。【今注】案，語見《論語·季氏》。

［5］【顏注】師古曰：三服官主作天子之服，在齊地。笥，盛衣竹器，音先嗣反。【今注】齊三服官：本書卷九《元紀》李斐注曰："齊國舊有三服之官。春獻冠幘縰爲首服，紈素爲冬服，輕綃爲夏服，凡三。"吴仁傑《兩漢刊誤補遺》卷二曰："《地理志》齊郡臨淄縣有服官。所謂三服官者，蓋言其有官舍三所，非謂其爲首服、冬服、夏服而名官也。" 笥：盛衣物的方形竹器。

［6］【今注】廣漢：郡名。治乘鄉縣（今四川金堂縣東）。

［7］【顏注】如淳曰：《地理志》河内懷、蜀郡成都、廣漢皆有工官。工官（白鷺洲本無"工官"二字），主作漆器物者也（漆，白鷺洲本、殿本作"銀"）。師古曰：如説非也。三工官，謂少府之屬官，考工室也，右工室也，東園匠也。上言"蜀漢主金銀器"（白鷺洲本、大德本、殿本"上"後有"已"字），是不入三工之數也。【今注】三工官：錢大昭《漢書辨疑》以爲當謂考工室之一令二丞也。本書《百官公卿表上》載少府有若盧、考工室

令丞屬焉。表不言員數，是爲一令一丞。上《王吉傳》文云“補若盧右丞”，有右必有左，若盧既有二丞，考工室亦宜有二丞。如以本書《地理志》懷、成都、廣漢之工官爲三工，但“工官”河南、陽翟、宛、東平陵、太山郡、奉高、雒尚有七處，如何單舉此三者？顏以爲考工室、右工室、東園匠，考右工室不見於表，東園匠則專作園陵器物，觀下文“見賜杯案”云云，則明非東園匠所作明。顏説誤。陳直《漢書新證》：“蜀、廣漢主金銀器，與三工官所指，不是一事，顏説是也。蜀郡及廣漢郡工官所造金銀器，分用器及釦器兩種，現傳世有建武二十一年蜀郡西工造鎏金壺（現藏北京故宮博物院），爲用器代表作品。樂浪全部漆器爲釦器代表作品。至於蜀西工長儋所造酒銷（見《漢金文録》卷四、二頁）、永元十六年廣漢郡工卅鍊書刀、永興元年廣漢工官所造銅鏡（黄縣丁氏藏），爲不塗金銀之精緻作品。又按：顏注三工官，指少府所屬之考工室，右工室（少府只有左、右司空，無右工室之名。此文非師古之誤記，即後來傳寫之誤字），東園匠，似有未妥。疑爲考工令、尚方令，及上林令中之工官。上林令有寺工及供府，屢見於漢銅器銘文，在建平五年上林造側耳杯中，亦可以得到證明（見蘇聯考茲洛夫《外蒙古調查報告》一二五頁）。”吴恂《漢書注商》以爲“三工官”即考工室、尚方署、東園匠。

[8]【今注】東西織室：職掌皇室絲帛織造和染練。置令、丞，隸少府。漢成帝時省東織，更名西織爲織室。

[9]【顏注】師古曰：從天子往太后宫。【今注】東宫：即長樂宫。因在未央宫東，故稱東宫。

[10]【顏注】師古曰：“食”讀曰“飤”。【今注】案，陳直《漢書新證》：“《漢代紀年銘漆器圖説》著録樂浪出土西漢晚期至東漢初中期各漆器。花紋最著者，如永光元年漆耳杯、綏和元年漆盒、建平五年漆耳杯，皆爲雙禽文。始建國元年漆盤爲三熊紋。元始元年夾紵漆盤、居攝三年夾紵漆盤，皆爲熊文。永始元年夾紵漆

盤爲蟠螭文。建平三年漆盒蓋爲虺龍文。元始四年夾紵漆盤爲雲氣文。元始四年漆耳杯爲獸文。刻畫夾紵漆耳杯爲禽獸文。永平十二年神仙畫像漆盤爲麟鹿奔馳文，與本傳文見賜杯案盡文畫正同。又耳杯題名有黃耳塗工，專司塗金釦器之技藝，《鹽鐵論·散不足篇》所謂銀口黃耳是也。與本傳文金銀飾正合。”

今民大飢而死，死又不葬，爲犬豬食。[1]人至相食，而廄馬食粟，苦其大肥，氣盛怒至，乃日步作之。[2]王者受命於天，爲民父母，固當若此乎！天不見邪？武帝時，又多取好女至數千人，以填後宮。[3]及棄天下，昭帝幼弱，霍光專事，不知禮正，[4]妄多臧金錢財物，鳥獸魚鼈牛馬虎豹生禽，凡百九十物，盡瘞臧之，又皆以後宮女置於園陵，[5]大失禮，逆天心，又未必稱武帝意也。昭帝晏駕，光復行之。至孝宣皇帝時，陛下惡有所言，[6]群臣亦隨故事，甚可痛也！故使天下承化，取女皆大過度，[7]諸侯妻妾或至數百人，豪富吏民畜歌者至數十人，是以内多怨女，外多曠夫。[8]及衆庶葬埋，皆虛地上以實地下。其過自上生，[9]皆在大臣循故事之辠也。

[1]【顔注】師古曰：食人之骸骨。【今注】案，白鷺洲本、大德本、殿本“豬”後有“所”字。

[2]【顔注】師古曰：日日行步而動作之，以散充溢之氣。【今注】日步作之：每日遛馬。沈欽韓《漢書疏證》引《廣韻》“步馬，習馬”，孫㣻案：“《左傳》‘左師見夫人之步馬’。”《周

禮·廋人職》“教駣攻駒”，鄭玄注：“教駣，始乘習之也。”以爲“步馬”即俗語“溜馬”，亦曰“壓馬”。

[3]【顔注】師古曰：此“填”字讀與“寘”同。

[4]【今注】禮正：謂禮儀之正道。

[5]【今注】案，《漢書考正》宋祁曰：“以”字疑作“取”字。何焯《義門讀書記》卷一九曰：“宫人奉陵，自孝武茂陵始，昭、宣循之，遂爲故事。”

[6]【顔注】師古曰：不能自言減省之事。【今注】案，何焯《義門讀書記》卷一九曰：“諒闇不言也。”王先謙《漢書補注》引《資治通鑑》胡三省注：“惡有所言者，惡以天下儉其親。此語承上園陵事。”

[7]【顔注】師古曰：“取”讀曰“娶”。

[8]【顔注】師古曰：曠，空也。室家空也。

[9]【顔注】師古曰：自，從也。上謂天子也。

唯陛下深察古道，從其儉者，大減損乘輿服御器物，三分去二。子産多少有命，審察後宫，擇其賢者留二十人，餘悉歸之。[1]及諸陵園女亡子者，宜悉遣。獨杜陵宫人數百，[2]誠可哀憐也。厩馬可亡過數十匹。獨舍長安城南苑地以爲田獵之囿，[3]自城西南至山西至鄠皆復其田，以與貧民。[4]方今天下飢饉，可亡大自損減以救之，稱天意乎？天生聖人，蓋爲萬民，非獨使自娱樂而已也。故《詩》曰“天難諶斯，不易惟王”，“上帝臨女，毋貳爾心”。[5]“當仁不讓”，[6]獨可以聖心參諸天地，揆之往古，[7]不可與臣下議也。若其阿意順指，隨君上下，[8]臣禹不勝拳拳，不敢不盡愚心。[9]

[1]【顔注】師古曰：言人産子多少自有定命，非由廣妾媵也，故請止留二十人。

[2]【今注】杜陵：漢宣帝陵墓，在今陝西西安市雁塔區曲江街道辦事處三兆村西北。何焯《義門讀書記》卷一九以爲獨言杜陵一處已有數百。茂陵、平陵不言者，已多老死故。

[3]【顔注】師古曰：舍，置也。獨留置之，其餘皆廢去。

[4]【顔注】師古曰：復，音方目反。【今注】鄠：縣名。治所在今陝西西安市鄠邑區北。案，所謂“自城西南至山西至鄠”者，何焯《義門讀書記》卷一九以爲即武帝所起上林苑地。上林苑，在今陝西西安市西南鄠邑區、周至縣界，渭水以南、終南山以北。秦惠文王時即開始興建。至秦始皇時，先後在上林苑中修建了朝宫和阿房宫前殿等。西漢初荒廢，許民入墾荒。漢武帝收回，復加拓展，周圍擴至二百餘里。

[5]【顔注】師古曰：《大雅·大明》之詩也。諶，誠也。上帝亦天也。言承天之意，此誠難矣。王者之命不妄改易，天常降監，信可畏也（信，殿本作“甚”），毋貳爾心，機事易失，勿猶豫也。【今注】諶（chén）：今本《毛詩》作“忱”，通。　斯：語末助詞。　女：通“汝”。

[6]【顔注】師古曰：《論語》稱孔子曰“當仁不讓於師”，故引之。【今注】案，語見《論語·衛靈公》。

[7]【顔注】師古曰：揆，度也。

[8]【顔注】師古曰：上下猶言高下，謂苟順從也。上，音時掌反。

[9]【顔注】師古曰：拳拳，解在《劉向傳》。下《鮑宣傳》“惓惓”音義亦同。【今注】拳拳：本書卷三六《劉向傳》顔師古注：“惓惓，忠謹之意。”楊樹達《漢書窺管》以爲即“款款”，忠

實、誠懇之意。

天子納善其忠，乃下詔令太僕減食穀馬，[1]水衡減食肉獸，[2]省宜春下苑以與貧民，[3]又罷角抵諸戲及齊三服官。遷禹爲光禄大夫。[4]頃之，禹上書曰："臣禹年老貧窮，家訾不滿萬錢，妻子穅豆不贍，[5]裋褐不完。[6]有田百三十畝，陛下過意徵臣，[7]臣賣田百畝以供車馬。至，拜爲諫大夫，秩八百石，奉錢月九千二百。[8]廪食太官，[9]又蒙賞賜四時雜繒緜絮衣服、酒肉諸果物，德厚甚深。疾病侍醫臨治，[10]賴陛下神靈，不死而活。又拜爲光禄大夫，秩二千石，奉錢月萬二千。[11]禄賜愈多，家日以益富，身日以益尊，誠非中茅愚臣所當蒙也。[12]伏自念終亡以報厚德，日夜慙愧而已。臣禹犬馬之齒八十一，血氣衰竭，耳目不聰明，非復能有補益，所謂素餐尸禄洿朝之臣也。[13]自痛去家三千里，凡有一子，年十二，非有在家爲臣具棺椁者也。誠恐一旦蹎仆氣竭，不復自還，[14]洿席薦於官室，骸骨棄捐，孤魂不歸。不勝私願，願乞骸骨，及身生歸鄉里，[15]死亡所恨。"

[1]【今注】太僕：官署名。長官太僕。周置，秦、漢沿置。掌皇帝專用車馬，兼管官府畜牧業。列位九卿，秩中二千石。

[2]【今注】水衡：官署名。主上林，長官爲水衡都尉。凡上林諸機構、庫藏，離宫禁苑農田水池禽獸及供宗廟用牲，均歸其職掌。武帝時禁郡國鑄錢，專令其屬官上林三官鑄錢。與少府並掌帝室財政。少府掌禁錢。水衡都尉有鍾官、辯銅令丞，掌鑄錢。

［3］【今注】宜春下苑：在今陝西西安市長安區東南。本書卷九《元紀》顏師古注："宜春下苑，即今京城東南隅曲江池是。"

［4］【今注】光禄大夫：漢武帝時改中大夫置，掌論議。屬光禄勳，秩比二千石。周壽昌《漢書注校補》以爲此是漢元帝初元五年（前44）事。是歲十二月禹卒。時以光禄大夫月餘遷長信少府，旋遷御史大夫，數月而卒，正八十一歲。

［5］【今注】穅：楊樹達引《説文·禾部》云："穅，穀之皮也。"以爲或作"康"。

［6］【顏注】師古曰：裋者，謂僮豎所著布長襦也。褐，毛布之衣也。裋，音豎。

［7］【顏注】師古曰：過猶誤也。

［8］【顏注】師古曰：奉，音扶用反。其下亦同。【今注】案，周壽昌《漢書注校補》據本書《百官公卿表》載諫大夫比八百石。以爲此脱"比"字。考《百官公卿表》顏師古注及《續漢書·百官志》百官領奉例，無八百石、比八百石等，時僅有諫大夫一官及左右庶長爵是八百石。至成帝時除八百石就六百石，故奉錢無可考，賴此文猶存其數。若以十斛抵千錢，則校千石轉多二斛，是千石奉月九十斛也。

［9］【顏注】師古曰：謂太官給其食。【今注】太官：官署名。或作"大官"。戰國秦置，秦、漢沿置，掌宫廷膳食。屬少府。

［10］【顏注】師古曰：侍醫，天子之醫也。【今注】侍醫：陳直《漢書新證》："侍醫秦官，漢因之。《史記·刺客荆軻傳》有侍醫夏無且，《倉公傳》有齊王侍醫。《漢書·藝文志》序云：'侍醫李柱國校方技。'《王嘉傳》云：'侍醫伍宏等侍内案脈。'與本文皆同。侍醫當屬於少府之太醫令，不屬於太常之太醫令，與後代御醫名稱相似。"

［11］【今注】案，周壽昌《漢書注校補》據本書《百官公卿表》，光禄大夫秩比二千石。此亦脱"比"字。二千石奉月百二十

斛。若以十斛抵一千，恰如其數。而《續漢書·百官志》云“凡諸受奉，皆半錢半穀”，則不知是如何計算。

［12］【顔注】師古曰：屮，古“草”字。【今注】屮茅：指在野未作官的人。

［13］【顔注】師古曰：“洿”與“污”同音，一故反。

［14］【顔注】師古曰：蹎，音顛，蹷蹎也。仆，音赴。頓也（白鷺洲本、大德本、殿本“頓”前有“仆”字，當據補；頓，大德本作“須”）。不自還者，遂死也。“還”讀曰“旋”。【今注】蹎仆：跌倒；倒。

［15］【顔注】師古曰：及身生，謂及未死之前。

天子報曰：“朕以生有伯夷之廉，史魚之直，[1]守經據古，不阿當世，孳孳於民，俗之所寡，[2]故親近生，幾參國政。[3]今未得久聞生之奇論也，而云欲退，意豈有所恨與？[4]將在位者與生殊乎？[5]往者嘗令金敞語生，[6]欲及生時禄生之子，既已諭矣，今復云子少。夫以王命辨護生家，[7]雖百子何以加？《傳》曰亡懷土，[8]何必思故鄉！生其强飯慎疾以自輔。”後月餘，以禹爲長信少府。[9]會御史大夫陳萬年卒，[10]禹代爲御史大夫，列於三公。

［1］【顔注】師古曰：生，謂先生也。史魚，衞大夫史鰌也。《論語》稱孔子曰“直哉史魚，邦有道如矢，邦無道如矢”，言其壹志（壹，大德本作“一”）。

［2］【顔注】師古曰：“孳”與“孜”同。孜孜，不怠也。寡，少也，言少有此人。

［3］【顔注】師古曰：“幾”讀曰“冀”。

［4］【顔注】師古曰："與"讀曰"歟"。

［5］【顔注】師古曰：言志趣不同。

［6］【今注】金敞：金安上子。漢元帝爲太子時，任中庶子。元帝即位，爲騎都尉光禄大夫、中郎將侍中。爲人正直，敢犯顔直諫。成帝即位，以世稱忠孝，留侍宫中，任奉車水衡都尉，至衛尉。

［7］【今注】辨護：王先謙《漢書補注》以爲"辨"與"辦"同。楊樹達《漢書窺管》引《墨子·號令篇》補證云："養吏一人，辨護諸門。"《後漢書》卷四四《胡廣傳》注引《續漢書》云："及拜郎，恪勤職事，所掌辨護。"

［8］【顔注】師古曰：《論語》孔子曰："君子懷德，小人懷土。"【今注】案，語見《論語·里仁》。

［9］【今注】長信少府：原爲長信詹事，漢景帝時更名長信少府，掌皇太后宫中事務，秩二千石。

［10］【今注】陳萬年：傳見本書卷六六。

自禹在位，數言得失，書數十上。禹以爲古民亡賦算口錢，[1]起武帝征伐四夷，重賦於民，民産子三歲則出口錢，故民重困，[2]至於生子輒殺，甚可悲痛。宜令兒七歲去齒乃出口錢，年二十乃算。又言古者不以金錢爲幣，專意於農，故一夫不耕，必有受其飢者。今漢家鑄錢，及諸鐵官皆置吏卒徒，[3]攻山取銅鐵，一歲功十萬人已上，中農食七人，是七十萬人常受其飢也。鑿地數百丈，銷陰氣之精，地臧空虚，不能含氣出雲，斬伐林木亡有時禁，水旱之災未必不繇此也。[4]自五銖錢起已來七十餘年，[5]民坐盜鑄錢被刑者衆，富人積錢滿室，猶亡厭足。民心動摇，商賈求利，東西南北各用智巧，好衣美食，歲有十二之利，[6]而不出租稅。農夫父子暴露中野，不避寒暑，捽中杷土，手足胼胝，[7]已奉穀租，又出稾稅，[8]鄉部私求，不可勝供。[9]故民棄本逐末，耕者不能半。貧民雖賜之田，猶賤賣以賈，[10]窮則起爲盜賊。何者？末利深而惑於錢也。是以姦邪不可禁，其原皆起於錢也。疾其末者絶其本，宜罷採珠玉金銀鑄錢之官，[11]亡復以爲幣。市井勿得販賣，[12]除其租銖之律，[13]租稅禄賜皆以布帛及穀。使百姓壹歸於農，復古道便。[14]又言諸離宮及長樂宮衛可減其太半，以寬繇役。[15]又諸官奴婢十萬餘人戲游亡事，[16]稅良民以給之，歲費五六鉅萬，宜免爲庶人，廩食，[17]令代關東戍卒，乘北邊亭塞候望。[18]又欲令近臣自諸曹、侍中以上，[19]家亡得私販賣，與民争利，犯者輒免官削爵，不得仕宦。禹又言：

[1]【今注】賦算口錢：按人丁、人口計算的賦稅。

[2]【顔注】師古曰：重，音直用反。【今注】案，王鳴盛《十七史商榷》據本書《食貨志》“田租口賦，二十倍於古”，以爲西漢賦稅比三代較重，半是增加口賦之故。古之制，如《孟子》言“布縷、粟米、力役之征”，明無口錢。《周禮·太宰》“九賦”，鄭玄注：“賦，口率出泉也。今之算泉，民或謂之賦，此其舊名與？”賈公彦疏引漢法：“民年二十五已上至六十出口賦錢，人百二十以算。”祇是鄭玄因漢謂口錢爲“口賦”，故援以解“賦”字之義，見此“九賦”是錢穀並出，非謂口錢三代已有。

[3]【今注】吏卒徒：陳直《漢書新證》：“吏謂長丞官吏，卒謂正卒調至鐵官署操作者，徒謂刑徒。漢代各郡國鐵官之組織，有長有丞，銅官雖未詳其制度，應大略相同。銅鐵官屬吏今可考者，

有采銅（見《續封泥考略》卷二、二十五頁），有采鐵（見同書卷三、三十五頁），蓋皆掌握開採技術者，與貢禹之言正合。功即工字之假借，見建平郫縣石刻（見《古刻叢鈔》）及開通褒斜道石刻（見《金石萃編》漢一）。”

［4］【顔注】師古曰：“繇”讀與“由”同。

［5］【今注】五銖錢：漢代銅錢名。漢武帝因三銖錢太輕，改鑄五銖錢。重五銖，上有“五銖”二字。一銖爲一兩的二十四分之一。古代以十六兩爲一斤。事詳見本書《食貨志》。

［6］【顔注】師古曰：若有萬錢爲貫，則獲二千之利。

［7］【顔注】師古曰：捽，拔取也。屮，古“草”字也。杷，手掊之也。胼，併也。胝，繭也。捽，音才兀反。杷，音蒲巴反，其字從木。胼，音步千反。胝，音竹尸反。掊，音蒲交反。【今注】杷（pá）：楊樹達《漢書窺管》據《説文》“杷，收麥器也”，“把，握也”，“掊，把也”，又“刮，掊把也”，以爲此“杷”字於“把握”一義外，别有“掊把”一義，字仍當從手，不當從木。胼胝：手掌、脚底因長期勞動摩擦而生的繭子。 案，屮，大德本作“中”，誤。

［8］【顔注】師古曰：稾，禾稈也。

［9］【顔注】師古曰：言鄉部之吏又私有所求，不能供之。

［10］【顔注】師古曰：賣田與人而更爲商賈之業。

［11］【今注】珠玉金銀鑄錢之官：陳直《漢書新證》：“漢黄金官，僅有桂陽郡一處，另鄱陽有黄金採，銀官未詳，疑包括在銅官之内，採珠玉官亦不見於《地理志》，疑珠崖郡有採珠官。”

［12］【顔注】師古曰：賤買貴賣曰販。

［13］【顔注】師古曰：租税之法皆依田畝，不得雜計百物之銖兩。

［14］【顔注】師古曰：追遵古法，於事便也。復，音扶目反。

［15］【顔注】師古曰："繇"讀曰"傜"（傜，殿本作"徭"）。【今注】案，周壽昌《漢書注校補》據本書卷九《元紀》："初元三年六月，詔罷甘泉、建章宫衛，令就農。百官各省費。"以爲《百官公卿表》載初元五年（前44）六月貢禹爲御史大夫，十二月卒，與紀、傳俱合。是貢禹爲御史大夫時宫衛罷已三年。當是其任諫大夫時所奏。

［16］【今注】案，陳直《漢書新證》："漢代奴婢用印，其豪侈情况與本文正合。《漢印文字徵》第十二、十二頁，有翟婢、陳奴、周奴、李奴，竇奴、吕奴、王奴、衛奴、高奴、師奴、徐奴等印皆可證。"

［17］【顔注】師古曰：給其食（其，殿本作"以"）。

［18］【顔注】師古曰：乘，登也。【今注】亭塞：邊防要地。候望：伺望；偵察。

［19］【今注】諸曹：加官。又稱"左、右曹"。入禁中，常侍左右，掌平尚書奏事。　侍中：秦置，即丞相史。西漢爲加官，與聞朝政，贊導衆事，顧問應對，與公卿大臣論辯，平議尚書奏事，爲中朝要職。

孝文皇帝時，貴廉絜，[1]賤貪汙，[2]賈人、贅壻及吏坐臧者皆禁錮不得爲吏，[3]賞善罰惡，不阿親戚，罪白者伏其誅，[4]疑者以與民，[5]亡贖罪之法，故令行禁止，海内大化，天下斷獄四百，與刑錯亡異。武帝始臨天下，尊賢用士，闢地廣境數千里，自見功大威行，遂從耆欲，[6]用度不足，乃行一切之變，[7]使犯法者贖罪，入穀者補吏，是以天下奢侈，官亂民貧，盜賊並起，亡命者衆。郡國恐伏其誅，則擇便巧史書習於計簿能欺上府者，以爲右職；[8]姦軌不勝，[9]則取勇猛能操切百姓者，以苛暴威服下者，使居大位。[10]故亡義而有財者顯於世，欺謾而善書者尊於朝，[11]誖逆而勇猛者貴於官。[12]故俗皆曰："何以孝弟爲？財多而光榮。何以禮義爲？史書而仕宦。何以謹慎爲？勇猛而臨官。"故黥劓而髡鉗者猶復攘臂爲政於世，[13]行雖犬彘，家富埶足，目指氣使，是爲賢耳。[14]故謂居官而置富者爲雄桀，[15]處姦而得利者爲壯士，兄勸其弟，父勉其子，俗之壞敗，乃至於是！察其所以然者，皆以犯法得贖罪，求士不得真賢，相守崇財利，[16]誅不行之所致也。

［1］【今注】案，廉，白鷺洲本作"寵"。

［2］【今注】貪汙：楊樹達《漢書窺管》引《説文·女部》云："婬，㫄貪也"。以爲此爲"汙"本字。

［3］【今注】贅壻：指就婚、定居於女家的男子。以女之父母爲父母，所生子女從母姓，承嗣母方宗祧。秦漢時贅婿地位等於奴婢。　禁錮：禁止做官或參與政治活動。

［4］【顔注】師古曰：白，明也。

［5］【顔注】師古曰：罪疑從輕也。【今注】案，王先謙《漢書補注》引王文彬據《禮記·王制》："疑獄，氾與衆共之；衆疑，赦之。"及《周禮·小司寇》："以三刺斷庶民獄訟之中。一曰訊群臣，二曰訊群吏，三曰訊萬民。聽民之所刺宥，以施上服下服之刑。"鄭玄注："民言殺，殺之；言寬，寬之。"以爲此言"與民"，亦如《禮》所云，示天下以大公。顔注不精確。

［6］【顔注】師古曰："從"讀曰"縱"。"耆"讀曰"嗜"。

［7］【今注】案，一，大德本、殿本作"壹"。

［8］【顔注】師古曰：上府，謂所屬之府。右職，高職也。【今注】史書：漢稱令史所習之書，即當時通用的隸書。　計簿：古代計吏登記户口、賦税、人事的簿籍。

［9］【今注】軌：王先謙《漢書補注》以爲是“宄”的借字。

［10］【顔注】師古曰：操，持也。切，刻也。操，音千高反。【今注】操切：脅迫；劫持。

［11］【顔注】師古曰：謾，誑也（誑，鷺洲本、殿本作“詐”）。謾，音慢，又武連反（白鷺洲本、大德本、殿本“又”後有“音”字）。

［12］【顔注】師古曰：誖，亂也。音布内反。

［13］【今注】黥：在人臉刺字並塗墨之刑。　劓：割鼻之刑。　髠鉗：古代刑罰。謂剃去頭髮，用鐵圈束頸。　攘臂：捋起衣袖，伸出胳膊。形容激奮貌。案，陳直《漢書新證》：“漢代奴婢與徒隸性質不同，奴婢遇赦始可爲庶人。徒之刑期既滿，仍可爲達官，如韓安國起自徒中，馬融、蔡邕、王淩等人皆是也。”

［14］【顔注】師古曰：動目以指物，出氣以使人。

［15］【今注】置：王先謙《漢書補注》指出荀悦《漢紀》作“致”。以爲“置”“致”同。

［16］【顔注】師古曰：相，諸侯相也。守，郡守也。崇，尚也。

今欲興至治，致太平，宜除贖罪之法。相、守選舉不以實，[1]及有臧者，輒行其誅，亡但免官，[2]則争盡力爲善，貴孝弟，賤賈人，進真賢，舉實廉，而天下治矣。孔子，匹夫之人耳，以樂道正身不解之故，[3]四海之内，天下之君，微孔子之言亡所折中。[4]況乎以漢地之廣，陛下之德，處南面之尊，秉萬乘之權，因天地之助，其於變世易俗，調和陰陽，陶冶萬物，化正天下，易於決流抑隊。[5]自成康以來，幾且千歲，[6]欲爲治者甚衆，然而太平不復興者，何也？以其舍法度而任私意，奢侈行而仁義廢也。陛下誠深念高祖之苦，[7]醇法太宗之治，正己以先下，選賢以自輔，開進忠正，致誅姦臣，遠放讇佞，[8]赦出園陵之女，[9]罷倡樂，絶鄭聲，去甲乙之帳，[10]退僞薄之物，[11]修節儉之化，驅天下之民皆歸於農，如此不解，[12]則三王可侔，五帝可及。唯陛下留意省察，天下幸甚。

[1]【今注】相守：諸侯國相與郡太守。

[2]【顔注】師古曰：不止免官而已。

[3]【顔注】師古曰："解"讀曰"懈"。

[4]【顔注】師古曰：微亦無也。折，斷也。非孔子之言則無以爲中也，音竹仲反。斷，音丁焕反。【今注】折中：取正，用爲判斷事物的準則。周壽昌《漢書注校補》以爲顔注非。《史記》卷四七《孔子世家》贊云："言六藝者折中於孔子"，司馬貞《索隱》注："《離騷》曰：'明五帝以折中。'王叔師云：'折中，正也。'"是訓中爲正，知當讀本音。亦作"折衷"。衷，中心也，音義同。

[5]【顔注】師古曰：決欲流之水，抑將隊之物，言其便易。

[6]【顔注】師古曰：幾，音鉅依反。

[7]【顔注】師古曰：言取天下艱難也。

[8]【顔注】師古曰：遠，離也，音于萬反。讇，古"諂"字。

[9]【今注】案，赦，大德本、殿本作“放”。

[10]【今注】甲乙之帳：漢武帝所造帳幕。飾琉璃珠、夜光珠等珍寶者爲甲帳，以居神；其次爲乙帳，以自居。

[11]【今注】僞薄：浮華輕巧。

[12]【顏注】師古曰："解"讀曰"懈"也。

天子下其議，令民産子七歲乃出口錢，自此始。又罷上林宮館希幸御者，[1]及省建章、甘泉宮衛卒，[2]減諸侯王廟衛卒省其半。餘雖未盡從，然嘉其質直之意。禹又奏欲罷郡國廟，定漢宗廟迭毀之禮，皆未施行。[3]爲御史大夫數月卒，天子賜錢百萬，以其子爲郎，官至東郡都尉。[4]禹卒後，上追思其議，竟下詔罷郡國廟，定迭毀之禮。然通儒或非之，[5]語在《韋玄成傳》。

[1]【今注】希：通“稀”。

[2]【今注】建章：建章宮。在今陝西西安市西北二十里，漢長安故城西。　甘泉宮：在今陝西淳化縣西北甘泉山。一名雲陽宮。

[3]【顏注】師古曰：迭，互也。親盡則毀，故曰迭毀。迭，音大結反。【今注】迭毀：古宗廟制度。天子設七廟，諸侯設五廟。其中始封之君、開國帝王之祖廟，世世不毀，餘則親過高祖而毀其廟，遷其神主於太廟中。親廟依次而毀。案，陳直《漢書新證》引《越絶書》卷二："匠門外信士里東廣平地者，吴王濞時宗廟也，太公高祖廟在西，孝文廟在東，去縣五里，永光四年，貢大夫請罷之。"以爲與本文正合。

[4]【今注】東郡：治濮陽縣（今河南濮陽市西南）。　都尉：

原名郡尉，漢景帝時郡都尉，佐郡太守典武職甲卒，掌治安，防盜賊。秩比二千石。

[5]【今注】案，《漢書考正》宋祁曰："'然通儒或非之'，江南兩浙本無此六字。"錢大昭《漢書辨疑》云："閩本有六字。"

兩龔皆楚人也，[1]勝字君賓，[2]舍字君倩。[3]二人相友，並著名節，故世謂之楚兩龔。少皆好學明經，[4]勝爲郡吏，舍不仕。久之，楚王入朝，聞舍高名，聘舍爲常侍，[5]不得已隨王，歸國固辭，[6]願卒學，復至長安。[7]而勝爲郡吏，三舉孝廉，以王國人不得宿衛補吏。再爲尉，壹爲丞，勝輒至官迺去。州舉茂材，爲重泉令，[8]病去官。大司空何武、執金吾閻崇薦勝，[9]哀帝自爲定陶王固已聞其名，徵爲諫大夫。引見，勝薦龔舍及亢父甯壽、濟陰侯嘉，[10]有詔皆徵。勝曰："竊見國家徵醫巫，常爲駕，徵賢者宜駕。"上曰："大夫乘私車來邪？"勝曰："唯唯。"[11]有詔爲駕。龔舍、侯嘉至，皆爲諫大夫。甯壽稱疾不至。

[1]【今注】楚人：王先謙《漢書補注》以爲勝爲彭城人，舍爲武原人，並隸楚國。彭城縣，治所在今江蘇徐州市。武原縣，治所在今江蘇邳州市西北。

[2]【今注】案，賓，白鷺洲本作"裳"，誤。

[3]【顔注】師古曰：倩，音千見反。

[4]【今注】好學明經：楊樹達《漢書窺管》："勝、舍事薛廣德受《魯詩》，見《廣德傳》。勝受《尚書》於陳翁生，見《儒林傳》。"

[5]【今注】常侍：諸侯王國加官號。侍从王之左右，備顧問

應對。

［6］【今注】歸國固辭：沈欽韓《漢書疏證》引梁元帝《金樓子》補證云："龔舍初仕楚王，非其所欲，見飛蟲觸蜘蛛網而死，嘆曰：'仕宦，亦人之羅網也。'遂挂冠而退。時人謂之蜘蛛隱。"

［7］【顔注】師古曰：卒，終也。終其經業。

［8］【顔注】師古曰：重泉，左馮翊縣也。【今注】重泉：縣名。治所在今陝西蒲城縣東南。秦簡公六年（前 409）築城於重泉。秦封泥有"重泉丞印"，爲秦設縣佐證。今陝西蒲城縣鈐鉺鄉重泉村有戰國秦漢故城遺址。

［9］【今注】何武：傳見本書卷八六。　執金吾：漢武帝時由中尉改名，掌徼循京師。秩中二千石。　閻崇：錢大昕《廿二史考異·漢書三》據本書《百官公卿表》以爲當作"閻宗"。

［10］【顔注】師古曰：亢，音抗。父，音甫。【今注】亢父：縣名。治所在今山東濟寧市南。　濟陰：郡名。治定陶縣（今山東菏澤市定陶區西北）。

［11］【顔注】師古曰：唯唯，恭應之詞也，音弋癸反。

勝居諫官，數上書求見，言百姓貧，盜賊多，吏不良，風俗薄，災異數見，不可不憂。制度泰奢，刑罰泰深，賦斂泰重，宜以儉約先下。其言祖述王吉、貢禹之意。爲大夫二歲餘，遷丞相司直，[1]徙光禄大夫，守右扶風。[2]數月，上知勝非撥煩吏，[3]乃復還勝光禄大夫，[4]諸吏給事中。[5]勝言董賢亂制度，[6]繇是逆上指。[7]

［1］【今注】丞相司直：漢武帝時置。掌佐丞相舉不法。秩比二千石。

［2］【今注】右扶風：政區名，亦爲官名。治長安縣（今陝西西安市西北）。據《三輔黄圖》卷一，治所在長安城内夕陰街北。政區與郡同級，但地處畿輔，地位特殊，故不稱郡，而以其長官右扶風之名爲政區名。右扶風職掌大體如郡太守，但其身份有中央官員的性質，地位高於郡守。

［3］【今注】撥煩：處理繁忙的政務。

［4］【顔注】師古曰：依舊官。

［5］【今注】諸吏：漢置，爲加官。凡加此號者可出入禁中，常侍左右，舉劾百官，與左、右曹分平尚書奏事。　給事中：秦置。西漢因之。爲加官，加此號得給事宫禁中，常侍皇帝左右，備顧問應對，每日上朝謁見，分平尚書奏事，負責實際政務，爲中朝要職，多以名儒國親充任。位次中常侍，無定員。

［6］【今注】董賢：傳見本書卷九三。

［7］【顔注】師古曰："繇"讀與"由"同。

後歲餘，丞相王嘉上書薦故廷尉梁相等，[1]尚書劾奏嘉"言事恣意，迷國罔上，不道"。下將軍中朝者議，[2]左將軍公孫禄、司隸鮑宣、光禄大夫孔光等十四人皆以爲嘉應迷國不道法。[3]勝獨書議曰："嘉資性邪僻，所舉多貪殘吏。位列三公，陰陽不和，諸事並廢，咎皆繇嘉，[4]迷國不疑，[5]今舉相等，過微薄。"日暮議者罷。明旦復會，左將軍禄問勝："君議亡所據，今奏當上，宜何從？"[6]勝曰："將軍以勝議不可者，通劾之。"[7]博士夏侯常見勝應禄不和，起至勝前謂曰："宜如奏所言。"[8]勝以手推常曰："去！"後數日，復會議可復孝惠、孝景廟不，議者皆曰宜復。勝曰："當如禮。"常復謂勝："禮有變。"勝疾言曰："去！是時之變。”[9]常恚，謂勝曰：“我視君何若，[10]君欲小與衆異，外以采名，君乃申徒狄屬耳！”[11]

［1］【今注】王嘉：傳見本書卷八六。　廷尉：戰國秦始置，秦、西漢沿置。主管詔獄。列位九卿，秩中二千石。　梁相：字子夏。河東人。曾任大司農，後爲廷尉，治東平王劉雲獄。貶爲東海都尉，復爲大理，坐除吏不次免。

［2］【今注】中朝：中朝官。又稱内朝官，指在宫中接近皇帝的官員，如侍中、常侍、給事中、尚書等。

［3］【今注】公孫禄：漢哀帝時爲左將軍，與何武互舉爲大司馬，皆免官。王莽稱帝後，曾復召入朝徵詢鎮壓人民反抗方略，旋遣出。　司隸：漢武帝時始置司隸校尉，掌察舉京師及京師近郡犯法者，並領京師所在之州。秩二千石。　孔光：傳見本書卷八一。

［4］【顔注】師古曰：“繇”讀與“由”同。

［5］【顔注】文穎曰：信必迷國，不疑也。

［6］【顔注】師古曰：今欲奏此事，君定從何議也？

［7］【顔注】師古曰：并劾勝。

［8］【顔注】師古曰：謂如尚書所劾奏也。

［9］【顔注】師古曰：疾，急也。言時人意自變耳（變，白鷺洲本作“变”，本注下同），禮不變也。

［10］【顔注】師古曰：何若，言無所似也。【今注】何若：吴恂《漢書注商》以爲當作“何苦”。

［11］【顔注】服虔曰：殷之末世介士也，自沈於河者。【今注】申徒狄：《莊子》成玄英疏：“紀他者，姓紀，名他，湯時逸人也。聞湯讓務光，恐及乎己，遂將弟子陷於窾水而死。申徒狄聞之，因以踣河。”又《新序·節士》：“申徒狄非其世，將自投於河，崔嘉聞而止之曰：‘吾聞聖人仁士之於天地之間，民之父母也，今爲濡足之故，不救溺人，可也？’申徒狄曰：‘不然。昔者，桀殺關

龍逢、紂殺王子比干而亡天下；吴殺子胥、陳殺洩治而亡其國。故亡國殘家，非無聖智也，不用故也。'遂負石沈於河。君子聞之曰：'廉矣，如仁與智，吾未見也。'《詩》曰：'天實爲之，謂之何哉？'此之謂也。"

先是常人爲勝道高陵有子殺母者。[1]勝白之，尚書問："誰受？"[2]對曰："受夏侯常。"尚書使勝問常，常連恨勝，[3]即應曰："聞之白衣，戒君勿言也。[4]奏事不詳，妄作觸罪。"[5]勝窮，亡以對尚書，即自劾奏與常争言，洿辱朝廷。事下御史中丞，[6]召詰問，劾奏："勝吏二千石，常位大夫，皆幸得給事中，與論議，[7]不崇禮義，而居公門下相非恨，疾言辯訟，媠謾亡狀，[8]皆不敬。"制曰："貶秩各一等。"勝謝罪，乞骸骨。上乃復加賞賜，以子博爲侍郎，出勝爲渤海太守。[9]勝謝病不任之官，積六月免歸。上復徵爲光禄大夫。勝常稱疾卧。數使子上書乞骸骨，[10]會哀帝崩。

[1]【今注】高陵：縣名。治所在今陝西西安市高陵區西南。案，人，大德本、殿本作"又"。

[2]【顔注】師古曰：言於誰聞之也。

[3]【顔注】師古曰：連恨，謂再被謂"去"（謂，殿本作"譖"）。【今注】恨：通"很"。争訟。王念孫《讀書雜志·漢書第十二》："'恨'亦讀爲'很'。很者，相争訟也，謂常屢與勝相争訟也。下文云御史中丞劾奏勝、常'不崇禮義，而居公門下相非恨'，疾言辯訟是也。《曲禮》'很毋求勝'，鄭注：'很，鬩也，謂争訟也。'《小雅·常棣篇》：'兄弟鬩于牆'，《毛傳》曰：'鬩，很也。'《爾雅》'鬩，恨也'，孫炎本作'很'，云'相很戾也'。作

‘恨’者，借字耳。”

［4］【顔注】服虔曰：聞之白衣耳，戒君勿言之，如何便上之邪？師古曰：白衣，給官府趨走賤人，若今諸司亭長、掌固之屬。【今注】白衣：古代平民服。因即指平民。亦指無官職的士人。沈欽韓《漢書疏證》以爲此處即指庶人。

［5］【顔注】師古曰：言奏事不審，妄有發作自觸罪（白鷺洲本、殿本“罪”後有“也”字）。【今注】案，罪，白鷺洲本作“辠”，同。

［6］【今注】御史中丞：西漢始置，爲御史大夫副貳，主掌爲監察、執法；兼管蘭臺所藏圖籍秘書、文書檔案；外則督諸監郡御史，監察考核郡國行政；内領侍御史，監督殿庭、典禮威儀，受公卿奏事，關通中外朝；考核四方文書計簿，劾按公卿章奏，監察、糾劾百官；參治刑獄，收捕罪犯等。秩千石。

［7］【顔注】師古曰：“與”讀曰“豫”。【今注】案，《漢書考正》劉奉世以爲夏侯常前云“博士”，後云“位大夫”，博士非中朝臣，疑言“博士”者誤。錢大昕《三史拾遺》卷三以爲前稱“博士”，此稱“大夫”，劉奉世懷疑是。但以博士非中朝臣，疑稱“博士”爲誤，則誤。漢時博士多加給事中，如韋賢、申咸、炔欽之類皆是。博士非中朝臣，加給事中即爲中朝。陳咸舉方正，對策，拜光禄大夫給事中，翟方進奏“咸前爲九卿，坐爲貪邪免，不當蒙方正舉，備内朝臣”，此給事中在中朝之明證。

［8］【顔注】師古曰：疾，急也。“媠”，古“惰”字。“謾”讀與“慢”同。亡狀，無善狀也。【今注】媠：楊樹達《漢書窺管》以爲本字當是“憜”。《説文·心部》云：“憜，不敬也。”或省自作“惰”，古文作“媠”。

［9］【今注】渤海：郡名。治浮陽縣（今河北滄州市舊州鎮）。

［10］【今注】案，楊樹達《漢書窺管》據本書卷三六《劉歆傳》云歆移書責讓太常博士，“其言甚切，諸儒皆怨恨。是時名儒

光禄大夫龔勝以歆移書，上疏深自罪責，願乞骸骨罷”，以爲即指此事。

初，琅邪邴漢亦以清行徵用，至京兆尹，後爲太中大夫。[1]王莽秉政，勝與漢俱乞骸骨。自昭帝時，涿郡韓福以德行徵至京師，[2]賜策書束帛遣歸。詔曰：“朕閔勞以官職之事，其務修孝弟以教鄉里。行道舍傳舍，[3]縣次具酒肉，食從者及馬。[4]長吏以時存問，常以歲八月賜羊壹頭，酒二斛。不幸死者，賜複衾一，[5]祠以中牢。”[6]於是王莽依故事，白遣勝、漢。策曰：“惟元始二年六月庚寅，[7]光禄大夫、太中大夫耆艾二人以老病罷。[8]太皇太后使謁者僕射策詔之曰：蓋聞古者有司年至則致仕，所以恭讓而不盡其力也。今大夫年至矣，朕愍以官職之事煩大夫，[9]其上子若孫若同産、同産子一人。[10]大夫其修身守道，以終高年。賜帛及行道舍宿，歲時羊酒衣衾，皆如韓福故事。所上子男皆除爲郎。”[11]於是勝、漢遂歸老于鄉里。漢兄子曼容亦養志自修，[12]爲官不肯過六百石，輒自免去，其名過出於漢。

[1]【今注】太中大夫：秦始置。侍從皇帝左右，掌顧問應對、参謀議政、奉詔出使，多以寵臣貴戚充任。秩比千石，無員額。周壽昌《漢書注校補》曰：“漢字游君，綏和二年以光禄大夫遷京兆尹，數月病，爲太中大夫，見《百官表》。”

[2]【今注】涿郡：治涿縣（今河北涿州市）。　韓福：楊樹達《漢書窺管》引本書卷八八《儒林傳》云：“孝宣時，涿郡韓生

其後也。”以爲所謂韓生，殆即韓福。

［3］【顏注】師古曰：於傳舍止宿，若今官人行得過驛也。

［4］【顏注】師古曰：道次給酒肉，并飤其從者及馬也。“食”讀曰“飤”。【今注】食（sì）：陳直《漢書新證》以爲漢代飲食自食者讀作“食”，食人者讀作“飤”，故食官令或徑寫作“飤官令”。證之《漢印文字徵》第五、十頁，有“北海飤長”“杜陵飤官□丞”“東平飤官丞”三印。“飤官”或又變作“飼官”，皆“食”字之假借。

［5］【今注】複衾：喪具，絮有絮綿的大被。

［6］【今注】中牢：豬羊二牲。案，《漢書考證》齊召南以爲，韓福事，本書卷七《昭紀》作“郡縣常以正月賜羊酒”，《紀》係録詔書原文，疑此“八月”當爲“正月”之訛。又案，“羊壹頭”，“壹”字應作“一”，各本俱誤。楊樹達《漢書窺管》據《後漢書》卷三九《劉平傳序》記毛義事云：“章帝下詔褒寵義，常以八月長吏問起居，加賜羊酒。”又同卷《江革劉般傳》亦皆作八月。東漢用西漢制度，則“八”字是，《昭紀》誤。

［7］【今注】元始：漢平帝年號（1—5）。

［8］【今注】耆艾：尊長，師長。亦泛指老年人。

［9］【今注】惢：白鷺洲本、殿本作“愍”，同。

［10］【顏注】師古曰：同産，兄弟也。同産子，即兄弟子也。

［11］【今注】案，殿本《漢書考證》引孔武仲云：“龔勝、邴漢乞骸骨，詔謂之‘耆艾二人’而不名。時勝爲光禄大夫，漢爲太中大夫，特詔行道舍傳舍。傳舍，如今驛舍也。漢得入驛，如此之嚴也。”

［12］【今注】曼容：邴丹。事見本書卷八八《儒林傳》。

初，龔舍以龔勝薦，徵爲諫大夫，病免。復徵爲博士，又病去。頃之，哀帝遣使者即楚拜舍爲太山太守。[1]舍家居在武原，使者至縣請舍，欲令至廷拜授印綬。[2]舍曰："王者以天下爲家，何必縣官？"[3]遂於家受詔，便道之官。[4]既至數月，上書乞骸骨。上徵舍，至京兆東湖界，[5]固稱病篤。天子使使者收印綬，拜舍爲光禄大夫。數賜告，舍終不肯起，乃遣歸。舍亦通五經，以《魯詩》教授。舍、勝既歸鄉里，郡二千石長吏初到官皆至其家，如師弟子之禮。舍年六十八，王莽居攝中卒。莽既篡國，遣五威將帥行天下風俗，[6]將帥親奉羊酒存問勝。明年，莽遣使者即拜勝爲講學祭酒，[7]勝稱疾不應徵。後二年，莽復遣使者奉璽書、太子師友祭酒印綬，[8]安車駟馬迎勝，即拜，[9]秩上卿，先賜六月禄直以辦裝，[10]使者與郡太守、縣長吏、三老官屬、行義諸生千人以上入勝里致詔。[11]使者欲令勝起迎，久立門外。勝稱病篤，爲牀室中户西南牖下，[12]東首加朝服拕紳。[13]使者入户，西行南面立，致詔付璽書，遷延再拜奉印綬，[14]内安車駟馬，進謂勝曰："聖朝未嘗忘君，制作未定，待君爲政，思聞所欲施行，以安海内。"勝對曰："素愚，加以年老被病，命在朝夕，隨使君上道，必死道路，[15]無益萬分。"使者要説，[16]至以印綬就加勝身，勝輒推不受。

[1]【顔注】師古曰：即猶就也。【今注】太山：郡名。治博縣（今山東泰安市東南）。

[2]【顔注】師古曰：廷，謂縣之庭内。

[3]【今注】縣官：王先謙《漢書補注》以爲，"官"謂官

舍也。

［4］【今注】便道之官：本書卷七八《蕭望之傳》，沈欽韓《漢書疏證》以爲，“道”當爲“導”。敕楊惲收印綬，便導往太傅官署。楊樹達《漢書窺管》引宋程大昌《考古篇》卷一六，以爲“便道之官”即不必入朝謝，徑往官署受任。

［5］【顔注】師古曰：湖，縣也，時屬京兆。【今注】湖：縣名。治所在今河南靈寶市西北。

［6］【今注】五威將帥：西漢末年王莽置。掌班行符命。王莽置五威將十二人，每一將又置前後左右中五帥，共六十人。

［7］【顔注】師古曰：即，就也。就其家而拜之。【今注】講學祭酒：王莽置，掌講授經學。

［8］【今注】太子師友祭酒：王莽置。掌輔佐勸導。古時飲酒必祭，以示有先，故稱祭酒；祭時唯長者以酒沃酹。本書卷九九中《王莽傳中》：“又置師友祭酒及侍中、諫議、六經祭酒各一人，凡九祭酒，秩上卿。”

［9］【顔注】師古曰：就家迎之，因拜官。

［10］【今注】辨裝：置辦行裝。案，辨，白鷺洲本、殿本作“辦”。

［11］【顔注】師古曰：行義，謂鄉邑有行義之人也。諸生，謂學徒也。行，音下更反。【今注】三老：戰國魏時已有此官。秦置鄉三老。掌管教化，幫助地方官推行政令。　行義諸生：陳直《漢書新證》：“行義諸生四字係連文，《隸釋》卷六《謁者景君墓表碑》陰有諸生服義者題名二十餘人。服義爲總標題，内中有稱義士者，有稱弟子者。又《隸續》卷十六《北海相景君碑》陰有行義張放題名。又按：《水經注》‘山桑城東南有殘碑，碑陰故吏姓名，尚存義士門生沛國蕭劉定興立’云云。綜合考之，行義之名，明見於漢碑陰題名，與諸生名稱相連繫，而服義、義士，皆行義之轉化名稱。較之本傳文行義諸生，無不適合，顔注是望文生訓，想

當然耳之解釋也。”

［12］【顔注】師古曰：牖，窗也。於户之西室之南牖下也。

［13］【顔注】師古曰：拕，引也。卧著朝衣，故云加引大帶於體也。《論語》稱孔子“疾，君視之，東首加朝服拕紳”，故放之也。拕，音土賀反。

［14］【今注】遷延：退却，後退。

［15］【顔注】師古曰：示若尊敬使者，故謂之使君。

［16］【顔注】師古曰：要，音一遥反。説，音式鋭反。【今注】要説：周壽昌《漢書注校補》以爲“要”猶“挾”。使者挾莽威勢以説之。

使者即上言：“方盛夏暑熱，勝病少氣，[1]可須秋涼迺發。”[2]有詔許。使者五日壹與太守俱問起居，[3]爲勝兩子及門人高暉等言：“朝廷虚心待君以茅土之封，[4]雖疾病，宜動移至傳舍，示有行意，必爲子孫遺大業。”暉等白使者語，勝自知不見聽，即謂暉等：“吾受漢家厚恩，亡以報，今年老矣，旦暮入地，誼豈以一身事二姓，下見故主哉？”勝因敕以棺斂喪事，[5]“衣周於身，棺周於衣。勿隨俗動吾冢，種柏，作祠堂”。[6]語畢，遂不復開口飲食，積十四日死，死時七十九矣。使者、太守臨斂，賜複衾祭祠如法。門人衰絰治喪者百數。[7]有老父來弔，哭甚哀，既而曰：“嗟虖！薰以香自燒，膏以明自銷。[8]龔生竟夭天年，[9]非吾徒也。”遂趨而出，莫知其誰。勝居彭城廉里，後世刻石表其里門。

［1］【今注】少氣：氣不足。

［2］【顔注】師古曰：須，待也。

［3］【今注】案，壹，殿本作“一”。

［4］【今注】茅土：天子分封王、侯時，用代表方位的五色土築壇，按封地所在方向取一色土，包以白茅而授之，作爲受封者得以有國建社的表徵。

［5］【顔注】師古曰：棺，音工煥反（工，殿本作“宫”）。斂，音力贍反。

［6］【顔注】師古曰：若葬多設器備，則恐被掘，故云“動吾冢”也。亦不得種柏及作祠堂，皆不隨俗。【今注】案，《漢書考正》劉攽以爲龔勝之意，是一葬之後，更不得隨俗動冢土種柏作祠堂。顧炎武《日知録》卷二七云：“古人族葬，勝必已自有墓。若隨俗人之意，更於冢上種柏作祠堂，則是動吾冢也。蓋以朝代遷革，一切飾終之禮，俱不欲用。”楊樹達《漢書窺管》據《鹽鐵論·散不足》篇云“古者不封不樹，無壇宇之居，廟堂之位。今富者臺榭連閣，集觀增樓，中者祠堂屏閣，垣闕罘罳”，以爲作祠堂乃漢時通俗。陳直《漢書新證》據《太平御覽》卷五六〇引戴延之《述征記》云：“彭城東北三里，有劉向墓。泗水東三里，漢大夫龔勝冢石碣猶存。”本傳亦云：“勝居彭城廉里，後世刻石表其里門。”據此知勝之冢及勝之里居皆有刻石。冢，大德本作“家”，誤。

［7］【今注】衰絰：古人喪服胸前當心處綴有長六寸、廣四寸的麻布，名衰，因名此衣爲衰；圍在頭上的散麻繩爲首絰，纏在腰間的爲腰絰。衰、絰兩者是喪服的主要部分，即指穿喪服。

［8］【顔注】師古曰：薰，芳草。【今注】案，沈欽韓《漢書疏證》引《莊子·人間世》補證：“山木自寇也，膏火自煎也。”又引《太平御覽》引《蘇子》補證曰：“蘭以芳自燒，膏以明自焫。”

［9］【今注】案，周壽昌《漢書注校補》曰：“七十九死而謂

之夭，悲其不能隱去，致不令終也。”

鮑宣字子都，渤海高城人也。[1]好學明經，[2]爲縣鄉嗇夫，守東州丞。[3]後爲都尉太守功曹，[4]舉孝廉爲郎，病去官，復爲州從事。大司馬衛將軍王商辟宣，[5]薦爲議郎，後以病去。哀帝初，大司空何武除宣爲西曹掾，[6]甚敬重焉，薦宣爲諫大夫，遷豫州牧。[7]歲餘，丞相司直郭欽奏宣舉錯煩苛，代二千石署吏聽訟，所察過詔條。[8]行部乘傳去法駕，[9]駕一馬，[10]舍宿鄉亭，爲衆所非。[11]宣坐免。歸家數月，復徵爲諫大夫。宣每居位，常上書諫争，其言少文多實。是時帝祖母傅太后欲與成帝母俱稱尊號，[12]封爵親屬，丞相孔光、大司空師丹、何武、大司馬傅喜始執正議，[13]失傅太后指，皆免官。丁、傅子弟並進，董賢貴幸，宣以諫大夫從其後，上書諫曰：

[1]【今注】高城：縣名。殿本《漢書考證》載：“‘高城’，《地理志》作‘高成’。”治所在今河北鹽山縣東南。楊樹達《漢書窺管》引魏文帝《列異傳》云：“故司隸校尉上黨鮑子都少時舉上計掾，于道中遇一書生，獨行無伴，卒得心痛。子都下車爲掩摩，奄忽而亡，不知姓氏。有《素書》一卷，銀十鉼，即賣一鉼以資殯殮，餘銀及素書著腹上埋之。謂曰：‘若子魂靈有知，當令子家知子在此。今使命不獲久留。’遂辭而去京師，有駿馬隨之，人莫能得近，唯子都得近。子都歸，行失道，過一關内侯家，日暮往宿，見主人，呼奴通刺。奴出，見馬，入白侯曰：‘外客盗騎昔所失駿馬。’侯曰：‘鮑子都，上黨高士，必應有語。’問曰：‘若此乃吾昔年無故失之，君何以致此馬？’子都曰：‘昔上計，遇一書生卒死道

中。’具述其事，侯乃驚愕曰：‘此吾兒也。’侯迎喪開槨，視銀書如言。侯乃舉家詣闕上薦，子都聲名遂顯。”以爲鮑宣本高城人，後乃徙上黨。故稱上黨鮑子都。

［2］【今注】明經：楊樹達《漢書窺管》：“宣受《尚書》於平當，徒衆尤盛，見《儒林傳》。又按：《論衡・命禄篇》云：‘儒者明説一經，習之京師，明如匡稺圭、深如鮑子都，初階甲乙之科，遷轉至郎博士。’本傳但云爲郎，不云爲博士，王語足補本傳之缺。”

［3］【顔注】師古曰：東州（東，白鷺洲本、大德本、殿本作“束”，是），渤海之縣也。【今注】東州：縣名。白鷺洲本、大德本、殿本作“束州”，是。治所在今河北大城縣西南。

［4］【今注】功曹：漢代郡守有功曹史，簡稱功曹。掌人事，參與一郡政務。

［5］【今注】衛將軍：西漢初爲將軍名號，統兵征戰，事訖則罷。漢文帝即位，拜宋昌爲之，總領南、北軍，始成爲重要武職，其後常典京城、皇宫禁衛軍隊。與大將軍、驃騎將軍、車騎將軍皆位比三公。　王商：字子夏，西漢東平陵（今山東濟南市東）人。元帝皇后王政君弟。以外戚於成帝時封成都侯。位特進，領城門兵。後代王音爲大司馬衛將軍輔政。驕奢淫逸，争爲奢侈。病死，子況嗣。

［6］【今注】西曹掾：漢置。公府僚屬，爲西曹長官，掌府吏署用事。

［7］【今注】豫州：漢武帝所置十三刺史部之一。轄境約當今淮河以北伏牛山以東豫東、皖北地區。

［8］【顔注】師古曰：出六條之外。

［9］【顔注】師古曰：行，音下更反。傳，音張戀反。【今注】行部：謂巡行所屬部域，考核政績。　乘傳：乘坐驛車。傳，驛站的馬車。

[10]【顔注】師古曰：言其單率不依典制也。【今注】一馬：沈欽韓《漢書疏證》曰："一馬，則軺車，庶人所乘也。"

[11]【今注】案，周壽昌《漢書注校補》據本書卷五《景紀》中五年五月特詔："車駕衣服宜稱，不如法令者，皆上丞相御史請之。"卷七六《張敞傳》："敞無威儀，時罷朝會，使御吏驅，自以便面拊馬。終以此不得大位。"以爲宣領豫州牧，位尊而行部簡略，故郭欽以違制劾奏。《後漢書》卷八二上《方術傳上》載謝夷吾爲鉅鹿太守，"以行春乘柴車，徙兩吏，冀州刺史上其儀序失中，有損國令，左轉下邳令"，是此制度至後漢猶然。

[12]【今注】傅太后：事見本書卷九七下《外戚傳下》。　成帝母：王政君。傳見本書卷九八。

[13]【今注】師丹：傳見本書卷八六。　傅喜：傳見本書卷八二。

竊見孝成皇帝時，外親持權，人人牽引所私以充塞朝廷，[1]妨賢人路，濁亂天下，奢泰亡度，窮困百姓，是以日蝕且十，彗星四起。危亡之徵，陛下所親見也，今奈何反覆劇於前乎！[2]朝臣亡有大儒骨鯁，白首耆艾，魁壘之士；[3]論議通古今，喟然動衆心，[4]憂國如飢渴者，臣未見也。敦外親小童及幸臣董賢等在公門省户下，[5]陛下欲與此共承天地，安海内，甚難。[6]今世俗謂不智者爲能，謂智者爲不能。昔堯放四罪而天下服，[7]今除一吏而衆皆惑；古刑人尚服，今賞人反惑。[8]請寄爲姦，[9]群小日進。國家空虚，用度不足。民流亡，去城郭，盜賊並起，吏爲殘賊，歲增於前。

［1］【顔注】師古曰：塞，滿也。

［2］【今注】反覆劇於前：王先謙《漢書補注》引《資治通鑑》胡三省注："'覆'當作'復'。劇，增也，甚也。"

［3］【顔注】服虔曰：魁壘，壯貌也。師古曰：魁，音口賄反。壘，音磊。【今注】魁壘：形容高超特出。

［4］【顔注】師古曰：喟然，歎息貌（歎，殿本作"嘆"），音丘位反。

［5］【顔注】師古曰：敦，謂厚重也。【今注】敦：王先謙《漢書補注》指出荀悦《漢紀》作"厚"，謂親厚之。　省户：宫門；禁門。

［6］【顔注】師古曰："共"讀曰"恭"（恭，殿本作"供"）。

［7］【顔注】師古曰：四罪，謂流共工于幽州，放驩兜於崇山，竄三苗于三危，殛鯀于羽山也。【今注】四罪：事見《尚書·堯典》。時堯爲天子，"放四罪"爲舜。

［8］【顔注】鄧展曰：不得其人，使之天下惑也。

［9］【顔注】師古曰：請寄，謂以事私相託也。

凡民有七亡。[1]陰陽不和，水旱爲災，一亡也；縣官重責，[2]更賦租税，二亡也；[3]貪吏並公，受取不已，三亡也；[4]豪强大姓，蠶食亡厭，四亡也；苛吏繇役，失農桑時，五亡也；部落鼓鳴，男女遮迣，六亡也；[5]盗賊劫略，取民財物，七亡也。七亡尚可，又有七死：酷吏毆殺，一死也；[6]治獄深刻，二死也；冤陷亡辜，三死也；盗賊横發，四死也；[7]怨讎相殘，五死也；歲惡飢餓，六死也；時氣疾疫，[8]七死也。民有七亡而無一得，欲望國安，誠難；民有七死而無一生，欲望刑措，誠難。此非公卿守相貪殘成化之所致邪？[9]群臣幸得居尊官，食重禄，豈有肯加惻隱於細民，助陛下流教化者邪？[10]志但在營私家，稱賓客，爲姦利而已。[11]以苟容曲從爲賢，以拱默尸禄爲智，[12]謂如臣宣等爲愚。陛下擢臣巖穴，誠冀有益豪毛，豈徒欲使臣美食大官，重高門之地哉！[13]

[1]【顔注】師古曰：亡，謂失其作業也。

[2]【今注】縣官：這裏指官府。又代指天子、朝廷。楊振紅認爲，以“縣官”稱天子、國家的制度始於秦始皇統一中國。意爲秦從諸侯國君升格爲天子，成爲居住在縣内（王畿）統治天下的官。（詳見楊振紅《“縣官”之由來與戰國秦漢時期的“天下”觀》，《中國史研究》2019年第1期）

[3]【顔注】師古曰：更，謂爲更卒也，音工行反。

[4]【顔注】師古曰：並，依也，音步浪反。【今注】並：王先謙《漢書補注》以爲與“傍”同。所謂因緣爲姦。

[5]【顔注】晉灼曰：迣，古“列”字也（白鷺洲本無“也”字）。師古曰：言聞桴鼓之聲以爲有盜賊，皆當遮列而追捕（白鷺洲本、殿本無“當”字）。【今注】部落：由血緣相近的宗族結合而成的群體相聚屯居。　遮迣：列隊遮攔。

[6]【顔注】師古曰：毆，擊也，音一口反。

[7]【顔注】師古曰：横，音胡孟反。

[8]【今注】時氣：時疫。

[9]【顔注】師古曰：守，郡守也。相，諸侯相也。

[10]【顔注】師古曰：惻、隱，皆痛也。

［11］【顔注】師古曰：務稱賓客所求也。稱，音尺孕反。

［12］【顔注】師古曰：尸，主也。不憂其職，但主食禄而已。【今注】拱默：亦作“拱嘿”。王先謙《漢書補注》引《資治通鑑》胡三省注：“拱默，拱手而默然不言也。”

［13］【顔注】晋灼曰：高門，殿名也。師古曰：在未央宫中。【今注】案，王先謙《漢書補注》曰：“宣蓋言徒知養賢爲朝廷之重，而不計其有益於時與否。”吴恂《漢書注商》以爲“重”是“踵”之爛文。

天下乃皇天之天下也，陛下上爲皇天子，下爲黎庶父母，爲天牧養元元，[1]視之當如一，合《尸鳩》之詩。[2]今貧民菜食不厭，衣又穿空，[3]父子夫婦不能相保，誠可爲酸鼻。陛下不救，將安所歸命乎？[4]奈何獨私養外親與幸臣董賢，多賞賜以大萬數，使奴從賓客漿酒霍肉，[5]蒼頭廬兒皆用致富！非天意也。[6]

［1］【今注】元元：百姓；黎民。

［2］【顔注】師古曰：《尸鳩》，《曹國風》之篇也。其詩云：“尸鳩在桑，其子七兮；淑人君子，其儀一兮。”言尸鳩之鳥養其子七，平均如一，善人君子布德施惠，亦當然也。尸鳩，拮鞠也。拮，音居黠反。

［3］【顔注】師古曰：厭，飽足也。空，孔也。

［4］【顔注】師古曰：安，焉也。【今注】歸命：歸順。這裏指依靠。

［5］【顔注】劉德曰：視酒如漿，視肉如霍也。師古曰：霍，豆葉也。貧人茹之也。【今注】霍：楊樹達《漢書窺管》以爲劉、

顔讀“霍”爲“藿”，但“漿”與“酒”爲同類，“藿”非“肉”之類。“霍”當假借爲“臛”。《説文·肉部》云：“臛，肉羹也。”

［6］【顔注】孟康曰：黎民、黔首，黎、黔皆黑也。下民陰類，故以黑爲號。漢名奴爲蒼頭，非純黑，以別於良人也。諸給殿中者所居爲廬，蒼頭侍從因呼爲廬兒。臣瓚曰：《漢儀注》，官奴給書計，從侍中已下爲蒼頭青幘。【今注】蒼頭廬兒：本書卷七八《蕭望之傳》作“倉頭廬兒”。顔師古注云：“皆官府之給賤役者也。”沈欽韓《漢書疏證》以爲即守舍兒。《漢舊儀》載掖庭有廬監。《續漢書·百官志》注引《風俗通》曰：“尚書、御史臺，皆以官蒼頭爲吏，主賦舍，凡守其門户。”

及汝昌侯傅商亡功而封。[1]夫官爵非陛下之官爵，乃天下之官爵也。陛下取非其官，官非其人，[2]而望天説民服，豈不難哉！[3]方陽侯孫寵、宜陵侯息夫躬辯足以移衆，[4]彊可用獨立，[5]姦人之雄，或世尤劇者也，[6]宜以時罷退。及外親幼童未通經術者，皆宜令休就師傅。

［1］【今注】傅商：傅太后從父弟。後坐外附諸侯免。

［2］【顔注】師古曰：此官不當加於此人，此人不當受於此官也。

［3］【顔注】師古曰：“説”讀曰“悦”。

［4］【今注】孫寵：長安人。以游説顯名，任南陽太守，免官與息夫躬相結，借哀帝病有災異之時，告發東平王劉雲等。哀帝誅東平王、王后、后舅伍宏，孫被擢爲南陽太守，封方陽侯。後以貪酷免官，徙合浦郡。　息夫躬：傳見本書卷四五。

［5］【今注】用：王先謙《漢書補注》引蘇輿，以爲“用”同

“以”。

［6］【今注】或：王先謙《漢書補注》以爲“或”同“惑”。

急徵故大司馬傅喜使領外親。故大司空何武、師丹、故丞相孔光、故左將軍彭宣，經皆更博士，位皆歷三公，[1]智謀威信，可與建教化，圖安危。[2]龔勝爲司直，郡國皆慎選舉，[3]三輔委輸官不敢爲姦，[4]可大委任也。陛下前以小不忍退武等，海内失望。[5]陛下尚能容亡功德者甚衆，曾不能忍武等邪！治天下者當用天下之心爲心，不得自專快意而已也。上之皇天見譴，下之黎庶怨恨，次有諫争之臣，陛下苟欲自薄而厚惡臣，天下猶不聽也。臣雖愚戇，獨不知多受禄賜，美食太官，[6]廣田宅，厚妻子，不與惡人結仇怨安身邪？[7]誠迫大義，官以諫争爲職，不敢不竭愚。惟陛下少留神明，覽五經之文，原聖人之至意，深思天地之戒。臣宣吶鈍於辭，[8]不勝惓惓，盡死節而已。

［1］【顔注】師古曰：更亦歷也，音工衡反。

［2］【顔注】師古曰：建，立也。圖，謀也。

［3］【今注】案，王先謙《漢書補注》引《資治通鑑》胡三省注：“司直掌佐丞相舉不法。勝守正不阿，郡國懼爲所舉奏，故皆慎於選舉。”

［4］【顔注】師古曰：委輸，謂輸委積者也。委，音迂僞反。輸，音式喻反。【今注】委輸官：陳直《漢書新證》以爲指平準令

與均輸令。

[5]【顔注】師古曰：小有不快於心，不能忍之也。

[6]【今注】案，太，殿本作“大”。

[7]【今注】案，白鷺洲本、大德本、殿本“安身”前有“以”字。

[8]【顔注】師古曰：“吶”亦“訥”字也。

上以宣名儒，優容之。是時郡國地震，民訛言行籌，[1]明年正月朔日蝕，上乃徵孔光，免孫寵、息夫躬，罷侍中諸曹黄門郎數十人。宣復上書言：“陛下父事天，母事地，子養黎民，即位已來，父虧明，母震動，子訛言相驚恐。今日蝕於三始，[2]誠可畏懼。小民正月朔日尚恐毁敗器物，何況於日虧乎！陛下深内自責，避正殿，舉直言，求過失，罷退外親及旁仄素餐之人，[3]徵拜孔光爲光禄大夫，發覺孫寵、息夫躬過惡，免官遣就國，衆庶歙然，莫不説喜。[4]天人同心，人心説則天意解矣。乃二月丙戌，白虹虷日，連陰不雨，[5]此天有憂結未解，民有怨望未塞者也。侍中駙馬都尉董賢本無葭莩之親，[6]但以令色諛言自進，[7]賞賜亡度，竭盡府臧，并合三第尚以爲小，復壞暴室。[8]賢父子坐使天子使者將作治第，行夜吏卒皆得賞賜。[9]上冢有會，輒太官爲供。海内貢獻當養一君，今反盡之賢家，豈天意與民意邪！天不可久負，厚之如此，反所以害之也。誠欲哀賢，宜爲謝過天地，解讎海内，免遣就國，收乘輿器物，還之縣官。[10]如此，可以父子終其性命；不者，海内之所仇，未有得久安者也。

孫寵、息夫躬不宜居國，可皆免以視天下。[11]復徵何武、師丹、彭宣、傅喜，曠然使民易視，以應天心，[12]建立大政，以興太平之端。高門去省户數十步，求見出入，二年未省，[13]欲使海瀕仄陋自通，遠矣！[14]願賜數刻之間，[15]極竭毣毣之思，[16]退入三泉，死亡所恨。"[17]上感大異，納宣言，徵何武、彭宣，旬月皆復爲三公。拜宣爲司隸。

[1]【今注】行籌：漢哀帝建平四年（前3）春，"關東民傳行西王母籌"。事詳見本書卷一一《哀紀》。

[2]【顔注】如淳曰：正月一日爲歲之朝，月之朝，日之朝。始由朝也（由，白鷺洲本、大德本、殿本作"猶"，是）。【今注】三始：楊樹達《漢書窺管》引《尚書大傳·洪範傳》注别解云："自正月盡四月爲歲之朝，自五月盡八月爲歲之中，自九月盡十二月爲歲之夕。上旬爲月之朝，中旬爲月之中，下旬爲月之夕。平旦至食時爲日之朝，禺中至日昳爲日之中，下側至黄昏爲日之夕。"

[3]【顔注】師古曰：仄，古"側"字也。

[4]【顔注】師古曰：歙，音翕。説，音悦。次亦同也。【今注】歙然：和洽貌；安定貌。

[5]【顔注】師古曰：玕，音干。【今注】玕：王念孫《讀書雜志·漢書第十二》"玕"字從虫無義，字當本作"干"。干，犯也。因"虹"字而誤加"虫"。顔望文爲音。《説文》《玉篇》皆無"玕"字。《莊子·秋水篇》"還玕蟹與科斗"，陸德明《經典釋文》云："玕，音寒，井中赤蟲也"，亦與干日之義無關。《廣韻》"玕"字有寒音，而無干音。《集韻》："玕，音寒井中赤蟲，又音干，蟲名。一曰，犯也。"是被顔師古注所惑。

[6]【顔注】師古曰：葭，音工遐反。莩，音孚。葭莩，喻

輕薄而附著也，解在《景十三王傳》。【今注】駙馬都尉：漢武帝始置。皇帝出行時掌副車，爲侍從近臣，常用作加官。秩比二千石。　葭莩：本書卷五三《景十三王傳》顔師古注引張晏曰："葭，蘆葉也。莩，葉裹白皮也。"晉灼曰："莩，葭裹之白皮也，皆取喻於輕薄也。"師古曰："葭，蘆也。莩者，其筩中白皮至薄者也。葭莩喻薄，鴻毛喻輕薄甚也。'莩'音'孚'。張言葉裹白皮非也。"

［7］【顔注】師古曰：令，善也。諛，諂也。

［8］【顔注】師古曰：時以三第總爲一第賜賢，猶嫌陿小，復取暴室之地以增益之也。【今注】暴室：官署名。漢朝設暴室，掌織作染練，屬掖庭令。亦掌診宮中婦女病。皇后、貴人有罪，也就此室，故又稱"暴室獄"。

［9］【顔注】師古曰：爲賢第上持時行夜者。音下更反（白鷺洲本、殿本"音"前有"行"字）。【今注】行夜：巡夜。楊樹達《漢書窺管》引宋孔平仲《珩璜新論》云："行夜如今持更，持時如今報時。"《漢官儀》"黄門持五夜：甲夜，乙夜，丙夜，丁夜，戊夜"，亦如今五更也。

［10］【今注】縣官：王先謙《漢書補注》引蘇輿認爲這裏指天子。

［11］【顔注】師古曰："視"讀曰"示"。

［12］【顔注】師古曰：易，改也。

［13］【顔注】師古曰：不被省視也。

［14］【顔注】師古曰：瀕，涯也，音頻，又音賓。

［15］【顔注】師古曰：刻，漏刻也。閒，空隙。

［16］【顔注】師古曰：罧，音沐（沐，白鷺洲本作"木"）。沐猶蒙蒙也（白鷺洲本、殿本重"沐"字）。如淳曰：謹愿之貌也。【今注】罧罧：蒙昧貌或謹願貌。

［17］【顔注】師古曰：三重之泉，言其深也。

時哀帝改司隸校尉但爲司隸，官比司直。丞相孔光四時行園陵，[1]官屬以令行馳道中，[2]宣出逢之，使吏鉤止丞相掾史，[3]没入其車馬，摧辱宰相。[4]事下御史，中丞侍御史至司隸官，[5]欲捕從事，閉門不肯内。[6]宣坐距閉使者，亡人臣禮，大不敬，不道，下廷尉獄。博士弟子濟南王咸舉幡大學下，曰："欲救鮑司隸者會此下。"諸生會者千餘人。朝日，遮丞相孔光自言，[7]丞相車不得行，又守闕上書。上遂抵宣罪減死一等，髡鉗。

［1］【顏注】師古曰：行，音下更反。

［2］【顏注】如淳曰：令諸使有制得行馳道中者，行旁道，無得行中央三丈也。

［3］【顏注】師古曰：鉤，留也。【今注】鉤：楊樹達《漢書窺管》以爲當讀作"拘"。

［4］【今注】案，王念孫《讀書雜志·漢書第十二》以爲"摧辱"上當有"以"字，言哀帝以鮑宣摧辱宰相，遂下其事於御史也。今本脱去"以"字，則文義不明。《通典·職官十四》無"以"字，亦後人依誤本《漢書》删。《太平御覽·職官部四十八》引此正作"以摧辱宰相，事下御史"。荀悦《漢紀》作"宣坐摧辱宰相，事下御史"，文異而義同。

［5］【今注】侍御史：御史大夫屬官，由御史中丞統領，入侍禁中蘭臺，給事殿中，故名。掌受公卿奏事，舉劾按章，監察文武官員，或供臨時差遣，出監郡國，持節典護大臣喪事，收捕、審訊有罪官吏等。員十五人，秩六百石。　官：周壽昌《漢書注校補》以爲是官舍。

［6］【顏注】師古曰：御史欲捕從事，而司隸閉門不得入也。

[7]【顏注】師古曰：朝日，謂早旦欲入朝也。

宣既被刑，乃徙之上黨，[1]以爲其地宜田牧，又少豪俊，易長雄，[2]遂家于長子。[3]平帝即位，王莽秉政，陰有篡國之心，乃風州郡以辠法案誅諸豪桀，[4]及漢忠直臣不附己者，宣及何武等皆死。時名捕隴西辛興，[5]興與宣女壻許紺俱過宣，一飯去，[6]宣不知情，[7]坐繫獄，自殺。

[1]【今注】上黨：郡名。治長子縣（今山西長子縣西南）。

[2]【顏注】師古曰：長，爲之長帥也。雄，爲之雄豪也。【今注】案，沈欽韓《漢書疏證》引《史記》卷一〇四《田叔列傳》褚先生補云："任安以爲武功小邑，無豪，易高"，以爲與此意同。

[3]【顏注】師古曰：上黨之縣也。長，讀如本字。

[4]【顏注】師古曰："風"讀曰"諷"。

[5]【顏注】師古曰：詔顯其名而捕之。【今注】名捕：陳直《漢書新證》以爲"名捕"二字爲漢代公牘中之習用名詞，是指名逮捕，如本書卷九二《游俠傳》云"名捕漕中叔不能得"是也。又《居延漢簡釋文》卷一有簡文略云："元康元年，移河南都尉書，詔所名捕，及鑄僞錢盜賊，凡未得者，牛延壽、高建等廿四稿。"亦是。"稿"應爲"豪"字之假借。　隴西：郡名。治狄道縣（今甘肅臨洮縣）。　辛興：楊樹達《漢書窺管》："興爲辛慶忌宗親，以陳崇奏見捕，見《慶忌傳》。又按此四句乃自注文。"

[6]【顏注】師古曰：飯，音扶晚反。

[7]【今注】案，《漢書考正》宋祁以爲"情"字上或當有"其"字。錢大昕《廿二史考異·漢書三》謂，《後漢書》卷七〇

《孔融傳》:“漢律，與罪人交關三日已上，皆應知情”，知情者應坐罪，不知情者不坐。故本書卷八七《揚雄傳》云“雄不知情，有詔勿問”。宋疑“情”上當有“其”字，是未考漢律。

自成帝至王莽時，清名之士，琅邪又有紀逡王思，齊則薛方子容，太原則郇越臣仲、郇相稚賓，沛郡則唐林子高、唐尊伯高，[1]皆以明經飭行顯名於世。[2]紀逡、兩唐皆仕王莽，封侯貴重，歷公卿位。唐林數上疏諫正，[3]有忠直節。唐尊衣敝履空，[4]以瓦器飲食，又以歷遺公卿，[5]被虛僞名。[6]郇越、相，同族昆弟也，並舉州郡孝廉茂材，數病，去官。越散其先人訾千餘萬，以分施九族州里，志節尤高。相王莽時徵爲太子四友，[7]病死，莽太子遣使裞以衣衾，[8]其子攀棺不聽，曰:“死父遺言，師友之送勿有所受，今於皇太子得託友官，故不受也。”京師稱之。薛方嘗爲郡掾祭酒，嘗徵不至，及莽以安車迎方，方因使者辭謝曰:“堯舜在上，下有巢由，今明主方隆唐虞之德，小臣欲守箕山之節也。”[9]使者以聞，莽説其言，不强致。[10]方居家以經教授，喜屬文，[11]著詩賦數十篇。始隃麋郭欽，哀帝時爲丞相司直，[12]奏免豫州牧鮑宣、京兆尹薛修等，又奏董賢，左遷盧奴令，[13]平帝時遷南郡太守。[14]而杜陵蔣詡元卿爲兖州刺史，[15]亦以廉直爲名。王莽居攝，欽、詡皆以病免官，歸鄉里，卧不出户，卒於家。[16]齊栗融客卿、北海禽慶子夏、蘇章游卿、山陽曹竟子期皆儒生，[17]去官不仕於莽。[18]莽死，漢更始徵竟以爲丞相，封侯，欲視致賢人，銷寇賊。[19]竟不受侯爵。會赤眉入長安，[20]欲降竟，竟手劍格死。世祖即位，徵薛方，道病卒。兩龔、鮑宣子孫皆見褒表，至大官。

［1］【顏注】師古曰：并列其人本土及姓名字也。後皆類此。逡，音千旬反。郇，音荀，又音胡頑反。今荀、郇二姓並有之，俱稱周武王之後也。【今注】太原：郡名。治晉陽縣（今山西太原市西南）。　沛郡：治相縣（今安徽濉溪縣西北）。

［2］【顏注】師古曰：飭，謹也，讀與"敕"同。【今注】明經：楊樹達《漢書窺管》："林與尊皆學《尚書》夏侯氏學，林受學許商，爲大夏侯四傳弟子；尊師事張無故，爲小夏侯三傳弟子；並見《儒林傳》。"

［3］【今注】案，楊樹達《漢書窺管》："林薦云敞可典郡，見《敞傳》。救孫寶，見《寶傳》。爲尚書令，上疏訟傅喜，見《喜傳》。上疏救師丹，見《丹傳》。爲莽胥附，見《莽傳》。"

［4］【顏注】服虔曰："履"猶"屨"也。師古曰：衣，音於既反。著敝衣躡空履也。空，穿也。

［5］【顏注】服虔曰：以瓦器遺之（白鷺洲本、殿本"之"後有"也"字）。

［6］【顏注】師古曰：被，音皮義反。【今注】被虛僞名：楊樹達《漢書窺管》以爲本書卷九九下《王莽傳下》載公孫禄云"太傅平化侯飾虛僞以媮名位，賊夫人之子"，即是其事。

［7］【今注】太子四友：本書卷九九中《王莽傳中》："爲太子置師友各四人，秩以大夫。以故大司徒馬宫爲師疑，故少府宗伯鳳爲傅丞，博士袁聖爲阿輔，京兆尹王嘉爲保拂，是爲四師；故尚書令唐林爲胥附，博士李充爲犇走，諫大夫趙襄爲先後，中郎將廉丹爲禦侮，是爲四友。"

［8］【顏注】師古曰：贈喪衣服曰裞。裞，音式芮反，其字

從衣。【今注】裞（shuì）：楊樹達《漢書窺管》引《説文·衣部》云："贈終者衣被曰裞。"

［9］【顔注】張晏曰：許由隱於箕山，在陽城，有許由祠。【今注】巢由：巢父與許由。相傳皆爲堯時隱士，堯讓位於二人，皆不受。　箕山：山名。位於今河南登封市東南，相傳堯時巢父、許由隱居在此。案，《漢書考正》宋祁疑"今"字上有"亦猶"二字。王念孫《讀書雜志·漢書第十二》以爲"小臣"上當有"亦猶"二字，言小臣之慕巢由，亦猶明主之慕唐虞。後人不解其意而删去"亦猶"。《資治通鑑》無"亦猶"二字，則所見《漢書》本已然。《文選·薦譙元彦表》李善注、《逸民傳論》李善注、《太平御覽·逸民部》引此，皆有"亦猶"二字。

［10］【顔注】師古曰："説"讀曰"悦"。

［11］【顔注】師古曰：喜，音許吏反。屬，音之欲反。

［12］【顔注】師古曰：隃麋，扶風之縣也。隃，音踰。【今注】隃麋：縣名。治所在今陝西千陽縣東。

［13］【今注】盧奴：縣名。治所在今河北定州市。

［14］【今注】南郡：治江陵縣（今湖北荆州市荆州區）。

［15］【今注】兖州：漢武帝置十三刺史部之一。約當今山東西南部及河南東部地區。

［16］【今注】案，沈欽韓《漢書疏證》引《初學記》補證："《三輔决録》曰：'蔣詡舍中三徑，惟羊仲、求仲從之游，二仲皆推廉逃名。'"又引陶潛《群輔録》補證："羊仲、求仲二人皆治車爲業，推廉逃名。蔣元卿之去兖州，還杜陵，荆棘塞門，舍中有三徑，不出，惟二人從之游。"周壽昌《漢書注校補》引《水經注·渭水》："汧水又東南，逕隃麋縣故城南。昔郭欽恥王莽之徵，而遯迹於斯。"以爲郭欽疑即郭欽之訛。本書卷九九《王莽傳》戊己校尉郭欽，又是别一人。《北堂書鈔》引《三輔决録》云："王邑爲從弟奇求蔣詡女，盛服送之。詡女辭不取，但衣青布曰：'受公命不

敢違。’邑乃歎曰：‘所以與賢者婚，欲爲此也。’”《三國志》卷一〇《魏書·荀彧傳》注“昔蔣詡姻於王氏，無損清高之操”，指此事。王邑在王莽時爲大司空。

［17］【今注】北海：郡名。治營陵縣（今山東昌樂縣東南）。山陽：郡名。治昌邑縣（今山東巨野縣南）。

［18］【今注】案，《漢書考證》齊召南曰：“《宣傳》特附薛方諸人，皆不仕莽世清節著名者。據《後書·卓茂傳》，茂與孔休、蔡勳、劉宣、龔勝、鮑宣六人同志；又申屠剛、宣秉、王丹、王良、郭丹、蔡茂及陳寵之曾祖，咸各見本傳；而《儒林傳》載高詡、包咸，《獨行傳》載譙元、李業、王皓、王嘉、劉茂，《逸民傳》載向長、逢萌、王君公、周黨、譚賢、殷謨、王霸、戴遵；皆立志較然，不污新室爵命，宜與薛方諸賢牽連書之。”楊樹達《漢書窺管》：“《後書》所載，尚有楊震父寶，與兩龔、蔣詡俱徵，遁逃不知所處，見《震傳》。又《儒林傳》載牟長及孔僖曾祖父建，皆不仕王莽。齊氏漏舉，故補之。”

［19］【顔注】師古曰：“視”讀曰“示”。

［20］【今注】赤眉：新莽末年農民起義軍，因其成員將眉毛塗成紅色，故名。

贊曰：《易》稱“君子之道也，或出或處，或默或語”，[1]言其各得道之一節，譬諸草木，區以别矣。[2]故曰山林之士往而不能反，朝廷之士入而不能出，二者各有所短。[3]春秋列國卿大夫，及至漢興將相名臣，懷禄耽寵以失其世者多矣！[4]是故清節之士於是爲貴。然大率多能自治而不能治人。王、貢之材，優於龔、鮑。守死善道，勝實蹈焉。[5]貞而不諒，薛方近之。[6]郭欽、蔣詡好遯不汙，絶紀、唐矣！[7]

［1］【顏注】師古曰：《上繫》辭也。謂發跡雖異，同歸於道。【今注】案，白鷺洲本、大德本、殿本“道”後無“也”字。

［2］【顏注】師古曰：言蘭桂異類而各芬馨也（芬，白鷺洲本作“芳”）。

［3］【今注】案，楊樹達《漢書窺管》引《韓詩外傳》卷五補證云：“朝廷之士爲禄，故入而不出；山林之士爲名，故往而不返。”亦見《風俗通·十反篇》。

［4］【顏注】師古曰：懷，思也，言不能去。【今注】耽（dān）：沉溺。 世：後嗣。

［5］【顏注】師古曰：《論語》稱孔子曰：“篤信好學，守死善道，危邦不入，亂邦不居。”今龔勝不受莽官，蹈斯之迹也。【今注】案，何焯《義門讀書記》卷一九曰：“言見幾先，去爲莽所迫卒又死之，合於孔子之經也。”

［6］【顏注】師古曰：《論語》稱孔子曰“君子貞而不諒”，謂君子之人正其道耳，言不必信也。薛方志避亂朝，詭引巢許爲喻，近此義也。【今注】諒：誠信。

［7］【顏注】師古曰：欽、詡不仕於莽，遯逃濁亂，不汙其節，殊於紀逡及兩唐。【今注】遯：同“遁”。 絕：王先謙《漢書補注》引蘇輿曰：“絕，謂相懸遠。”

漢書　卷七三

韋賢傳第四十三

韋賢字長孺，魯國鄒人也。[1]其先韋孟，家本彭城，[2]爲楚元王傅，[3]傅子夷王及孫王戊。[4]戊荒淫不遵道，孟作詩風諫。[5]後遂去位，徙家於鄒，又作一篇。[6]其諫詩曰：

[1]【今注】魯國：西漢初改薛郡置，治魯縣（今山東曲阜市）。　鄒：縣名。治所在今山東鄒城市東南。

[2]【今注】彭城：縣名。治所在今江蘇徐州市。

[3]【今注】楚元王：劉交。傳見本書卷三六。　傅：王國太傅。掌導王以善，禮如師，不臣。後改稱傅，俸二千石。

[4]【顔注】師古曰：官爲楚王傅而歷相三王也。

[5]【今注】風：通"諷"。

[6]【今注】案，又，白鷺洲本作"乂"，誤。

肅肅我祖，[1]國自豕韋。[2]黼衣朱紱，四牡龍旂。[3]彤弓斯征，撫寧遐荒。[4]總齊群邦，以翼大商。[5]迭彼大彭，勳績惟光。[6]至于有周，歷世會同。[7]王赧聽譖，寔絶我邦。[8]我邦既絶，厥政斯逸。[9]賞罰之行，非繇王室。[10]庶尹群后，靡扶靡衛。五服崩離，宗周以隊。[11]

［1］【今注】肅肅：嚴正貌。

［2］【顔注】應劭曰：在商爲豕韋氏也。【今注】豕韋：夏商時期古部落名。彭姓。故地在今河南滑縣。《左傳》襄公二十四年："在商爲豕韋氏。"杜預注："豕韋，國名，東郡白馬縣東南有韋城。"（參見王彦永《"豕韋"考略》，《殷都學刊》2016年第3期）

［3］【顔注】師古曰：黼衣畫爲斧形，而白與黑爲彩也。朱紱爲朱裳畫爲亞文也。亞，古"弗"字也，故因謂之。"紱"字又作"黻"，其音同聲。【今注】黼：音fǔ。　朱紱：禮服上的紅色蔽膝。錢大昕《廿二史考異·漢書三》曰："此朱紱，諸侯之服，當訓爲韠，不當作黼黻解。顔注誤。"　四牡：四匹雄性馬。這裏指車駕。　龍旂（qí）：畫有兩龍蟠結的旗幟。《周禮·考工記·輈人》："龍旂九斿，以象大火也。"鄭玄注："交龍爲旂，諸侯之所建也。"

［4］【顔注】師古曰：言受彤弓之賜，於此得專征伐也。【今注】彤弓：朱漆弓。天子賜有功諸侯、大臣，使專征伐之象徵。《尚書·文侯之命》："用賚爾秬鬯一卣，彤弓一，彤矢百。"孔傳："諸侯有大功，賜弓矢，然後專征伐。彤弓以講德習射，藏示子孫。"

［5］【顔注】師古曰：翼，佐助也。

［6］【顔注】應劭曰：《國語》曰"大彭、豕韋爲商伯"。師古曰：迭，互也。自言豕韋氏與大彭互爲伯於殷商也。迭，徒結反（大德本、白鷺洲本、殿本"徒"前有"音"字）。【今注】迭：楊樹達《漢書窺管》以爲顔説於文不順，疑"迭"當訓爲"代"。據《國語》可知，大彭爲商伯在前，豕韋在後，故云"代彼大彭"。吴恂《漢書注商》以爲"迭"與"軼"通。此韋孟陳始祖功德，軼彼大彭。

［7］【顔注】師古曰：繼爲諸侯預盟會之事也。【今注】案，《漢書考證》齊召南以爲，“豕韋顯名夏、商，《國語》《左傳》有明文，至周以後，書傳未見。若春秋、戰國數百年中，則諸書並無有國名豕韋者”。韋孟謂“歷世會同”，説不可信。漢初人去古未遠，其自叙世系即已荒略如此。《新唐書・宰相世系表》：“韋氏出自風姓，顓頊孫大彭爲夏諸侯，少康封其别孫元哲於豕韋，其地滑州韋城也。豕韋、大彭迭爲商伯，周赧王時始失國，徙居彭城，以國爲氏。”説即本此詩。

［8］【顔注】應劭曰：王赧，周末王，聽讒受譖，絶豕韋氏也。【今注】王赧：周赧王。姬姓，名延。周慎靚王子。時周已分東周、西周。赧王名爲天子，實寄居於西周。西周武公盡獻其地於秦，王亦卒，周王朝亡。在位五十九年。《漢書考正》劉攽曰：“予謂王赧時詎有豕韋哉！有豕韋，亦非王赧所能絶也。又云，‘我邦既絶，厥政斯逸’，周之逸政久矣，不由赧也。孟此詩爲不曉其祖者。”　寔：實。

［9］【顔注】應劭曰：言自絶豕韋氏之後，政教逸漏，不由王者也。臣瓚曰：逸，放也。管仲曰“令而不行謂之放”。師古曰：瓚説是也。【今注】案，《漢書考證》齊召南以爲，漢以高祖諱“邦”爲“國”，此句及下文“寤其外邦”“與異他邦”，凡三用“邦”字，疑爲“臨文不諱”。沈欽韓《漢書疏證》指出洪邁《容齋四筆》所論亦同。據《竹書紀年》夏桀二十八年，“商師取韋”，即《毛詩・長發》所云“韋顧既伐”也；又“武丁五年，征豕韋，克之”，即《左傳》所云“在商爲豕韋氏”，自後不復有豕韋氏。

［10］【顔注】師古曰：“繇”與“由”同也。

［11］【顔注】應劭曰：五服，謂甸服、侯服、綏服、要服、荒服也。師古曰：庶尹，衆官之長也。群后，諸侯也。隊，失也，音直類反。

我祖斯微，遷于彭城。[1]在予小子，勤誒厥生。[2]阸此嫚秦，耒耜以耕。[3]悠悠嫚秦，上天不寧。迺眷南顧，授漢于京。[4]於赫有漢，四方是征。[5]靡適不懷，萬國逌平。[6]

[1]【顔注】師古曰：言我之先祖於此遂微也。遷，古"遷"字。其下並同。

[2]【顔注】師古曰：誒，歎聲，音許其反。【今注】勤誒：《漢書考正》宋祁指出，誒，浙本作"唉"。《漢書考證》引楊慎云：據《方言》"楚謂然曰誒"、《説文》"誒，譍也"、《離騷》云"欸秋冬之緒風"，以爲《説文》"欸""譍"二字音義並同，實爲一字，皆當爲楚語。王先謙《漢書補注》指出《文選》載此詩作"勤唉"，李善注引《方言》"唉，歎辭也"，以爲猶"勤然"。

[3]【顔注】師古曰：言遭秦暴嫚，無有列位，躬耕於野。【今注】阸（è）：艱危；災難。　案，王先謙《漢書補注》指出《文選》載此詩"以"作"斯"。

[4]【顔注】師古曰：高祖起在豐沛，於秦爲南，故曰南顧。言以秦之京邑，授與漢也。【今注】迺眷南顧：《漢書考正》劉奉世曰："秦視沛猶在東北，安得云南？孟意以漢興於巴蜀，故云爾。"王念孫《讀書雜志·漢書第十二》以爲沛縣在秦之東南，故秦始皇曰"東南有天子氣"，非在東北。高祖起於沛，非起於巴蜀。劉説誤。

[5]【顔注】師古曰："於"讀曰"烏"。烏，歎辭也。赫，明貌。凡此詩中諸歎辭稱"於"者，其音皆同。

[6]【顔注】師古曰：懷，思也，來也。逌，古"攸"字。攸，所也。言漢兵所往之處，人皆思附而來，萬國所以平也。

迺命厥弟，建侯於楚。[1]俾我小臣，惟傅是輔。兢兢元王，恭儉净壹。[2]惠此黎民，納彼輔弼。饗國漸世，垂烈于後。[3]迺及夷王，克奉厥緒。咨命不永，唯王統祀。[4]左右陪臣，此惟皇士。[5]

[1]【今注】建侯：封立諸侯建國。

[2]【顔注】師古曰：兢兢，謹戒也。【今注】案，王先謙《漢書補注》指出《文選》載此詩“兢兢”作“矜矜”，“壹”作“一”。

[3]【顔注】師古曰：元王立二十七年而薨，垂遺業於後嗣也。【今注】漸：王先謙引《文選》李善注曰：“漸，没也。”楊樹達《漢書窺管》據《説文·卅部》云：“三十年爲一世。”“漸世”謂漸及一世。元王立二十七年，故云。

[4]【顔注】師古曰：咨，嗟也。永，長也。夷王立四年而薨，戊乃嗣位，故言不永也。

[5]【顔注】師古曰：《爾雅》云：“皇，正也。”【今注】案，王先謙《漢書補注》指出《文選》載此詩“此”作“斯”。

如何我王，不思守保。不惟履冰，以繼祖考。[1]邦事是廢，逸游是娛。犬馬繇繇，是放是驅。[2]務彼鳥獸，忽此稼苗。烝民以匱，我王以媮。[3]所弘非德，所親非俊。唯囿是恢，唯諛是信。[4]睮睮諂夫，咢咢黄髮，[5]如何我王，曾不是察！既藐下臣，追欲從逸，[6]嫚彼顯祖，輕兹削黜。[7]嗟嗟我王，漢之睦親。[8]曾不夙夜，以休令聞！[9]

［1］【顔注】師古曰：惟亦思也。言不思念敬慎如履薄冰之義，用繼其祖考之業也。

［2］【顔注】師古曰："繇"與"悠"同。悠悠，行貌。放，放犬也。驅，驅馬也。

［3］【顔注】師古曰："媮"與"愉"同，樂也。言衆人失此稼穡，以致困匱，而王反以爲樂也。

［4］【顔注】師古曰：恢，大也。諛，諂言也。

［5］【顔注】如淳曰：睮睮，自媚貌也。師古曰：咢咢，直言也。睮，音"踰"。咢，五各反（大德本、殿本、白鷺洲本"五"前有"音"字）。【今注】睮睮：沈欽韓《漢書疏證》以爲，"睮"同"盱"，《説文》《玉篇》等字書無"睮"字。《説文》"盱，張目也"，《玉篇》"舉眼也"。"盱""睮"字同。吴恂《漢書注商》以爲"睮睮"通"俞俞"，即"諾諾"之意。　黄髮：老年人。這裏指年高德劭之臣。《漢書考正》劉奉世曰："老人髮白，久而變黄色，非謂更生而黄也。"

［6］【顔注】應劭曰：藐，遠也。言疏遠忠賢之輔，追情欲，從逸遊也。臣瓚曰：藐，陵藐也。師古曰："藐"與"邈"同。應説是也。下臣，孟自謂也。"從"讀曰"縱"。

［7］【今注】削黜：本書卷三六《楚元王傳》："王戊稍淫暴，二十年，爲薄太后服私姦，削東海、薛郡，乃與吴通謀。"

［8］【顔注】師古曰：睦，密也，言服屬近。

［9］【顔注】師古曰：休，美也。令，善也。聞，聲名也。

穆穆天子，臨爾下土，[1]明明群司，執憲靡顧。[2]正遐繇近，殆其怙兹，[3]嗟嗟我王，曷不此思！非思非鑒，嗣其罔則，[4]彌彌其失，岌岌其國。[5]致冰匪霜，致隊靡嫚，瞻惟我王，昔靡不練。[6]興國救顛，孰違悔過，追思黄髮，秦繆以霸。[7]歲月其徂，年其逮耇，[8]於昔君子，庶顯于後。[9]我王如何，曾不斯覽！[10]黄髮不近，胡不時監！[11]

[1]【今注】案，王先謙《漢書補注》指出《文選》載此詩“臨爾”作“照臨”。

[2]【顔注】師古曰：靡，無也。言執天子之法，無所顧望也。“顧”讀如“古”，協韻。

[3]【顔注】師古曰：言欲正遠人，先從近親始，而王怙恃與漢戚屬，不自勗慎，以致危殆也。“繇”讀與“由”同。【今注】案，王先謙《漢書補注》指出《文選》載此詩“怙兹”作“兹怙”。並指出下與“思”韻，作“怙兹”是，《文選》誤倒。

[4]【顔注】師古曰：不思鑒戒之義，是令後嗣無所法則也。

[5]【顔注】應劭曰：彌彌猶稍稍也。罪過兹甚也。岌岌，欲毁壞也。師古曰：岌岌，危動貌，音五合反。【今注】案，王先謙《漢書補注》指出《文選》載此詩“失”作“逸”。以爲“失”與“佚”同，與“逸”通。

[6]【顔注】師古曰：言堅冰之成起於微霜，隕隊之咎由於怠嫚也。練猶閱歷之，言往昔之事，皆在王心，無所不閲也。【今注】案，王先謙《漢書補注》指出《文選》載此詩“昔”作“時”，是。李善注云：“時，是也。練，委也。言王於上所言之事無不委練也。”並引王文彬云：“作‘時’是也。‘時’古作‘旹’，與‘昔’形近而誤。顔望文生訓耳。”

[7]【顔注】師古曰：言興復邦國，救止顛隊之道，無如能自悔其過惡。秦穆公伐鄭，爲晉所敗而歸，乃作《秦誓》曰：“雖則員然，尚猶詢兹黄髮，則罔所愆。”謂雖有員然之失，庶幾以道謀於黄髮之賢，則行無所過矣。黄髮，老壽之人也，謂髮落更生黄者也。“員”與“云”同。【今注】黄髮：指蹇叔、百里傒。

《史記》卷五《秦本紀》："鄭人有賣鄭於秦曰：'我主其城門，鄭可襲也。'繆公問蹇叔、百里傒，對曰：'徑數國千里而襲人，希有得利者。且人賣鄭，庸知我國人不有以我情告鄭者乎？不可。'繆公曰：'子不知也，吾已決矣。'……當是時，晉文公喪尚未葬。太子襄公怒曰：'秦侮我孤，因喪破我滑。'遂墨衰絰，發兵遮秦兵於殽，擊之，大破秦軍，無一人得脱者。虜秦三將以歸。……歸秦三將。三將至，繆公素服郊迎，嚮三人哭曰：'孤以不用百里傒、蹇叔言以辱三子，三子何罪乎？子其悉心雪恥，毋怠。'"　秦繆：秦穆公，名任好。秦德公第三子。在位勤求賢士，勵精圖治，國勢日强。爲春秋五霸之一。在位三十九年。事迹見《史記·秦本紀》。

[8]【顔注】師古曰：逮，及也。耇者，老人面色如垢也。言歲月驟往，年將及耇，不可殆忽。【今注】徂（cú）：往。　耇：音 gǒu。

[9]【顔注】師古曰：於，歎辭也。言昔之君子，庶幾善道，所以能光顯於後世也。【今注】昔：《漢書考正》宋祁曰："'昔'，一作'赫'。"王先謙《漢書補注》指出《文選》作"赫"。

[10]【顔注】師古曰：覽，視也，叶韻，音"濫"。

[11]【顔注】師古曰：黄髮不近者，斥遠耇老之人也（斥，大德本、殿本作"言"）。近，其靳反（大德本、殿本、白鷺洲本"其"前有"音"字）。

其在鄒詩曰：微微小子，既耇且陋。[1]豈不牽位，穢我王朝。[2]王朝肅清，唯俊之庭。顧瞻余躬，懼穢此征。[3]我之退征，請于天子。天子我恤，矜我髮齒。赫赫天子，明悊且仁。[4]縣車之義，以洎小臣。[5]嗟我小子，豈不懷土？庶我王寤，越還于魯。[6]既去禰祖，惟懷惟顧。[7]祁祁我徒，戴負盈路。[8]爰戾于鄒，鬋茅作堂。[9]我徒我環，築室于牆。[10]我既罨逝，心存我舊。夢我瀆上，立于王朝。[11]其夢如何？夢争王室。其争如何？夢王我弼。[12]寤其外邦，歎其喟然，[13]念我祖考，泣涕其漣。[14]微微老夫，咨既遷絶，[15]洋洋仲尼，視我遺烈。[16]濟濟鄒魯，禮義唯恭，誦習弦歌，于異他邦。[17]我雖鄙耇，心其好而，我徒侃爾，樂亦在而。[18]

［1］【顔注】師古曰：自言年老，材質鄙陋也。

［2］【顔注】應劭曰：言豈不戀此爵位乎？以王朝汙穢不肅清故也。師古曰：此説非也。恐己穢王朝，所以去耳，故下又言"懼穢此征"也。【今注】案，《漢書考正》宋祁指出，"牽"一作"幸"，淳化本作"幸"，《刊誤》據史館本改作"幸"。

［3］【顔注】李奇曰：於此便行也。師古曰：此皆孟已去遜辭，不欲顯王之過惡也。

［4］【今注】悊：楊樹達《漢書窺管》引《説文·口部》："哲，知也。或从心作悊。"

［5］【顔注】應劭曰：古者七十縣車致仕。洎，及也。天子以縣車之義及我也。師古曰：洎，鉅冀反（白鷺洲本、大德本、殿本"鉅"前有"音"字）。【今注】縣車：懸置其車。本書卷七一《薛廣德傳》顔師古注："縣其所賜安車以示榮幸也。致仕縣車，蓋亦古法。"《漢書考正》劉攽曰："致仕縣車，言休息不出也。"沈欽韓《漢書疏證》引《公羊傳》桓公五年徐彦疏云："舊説，日在縣輿，一日之暮。人年七十，一世之暮，而致其政事於君，故曰縣輿致仕。"又引《淮南·天文》："至於悲泉，爰息其馬，是謂縣車。"

［6］【顔注】應劭曰：言豈不懷土乎？庶幾王之寤覺，欲還

輔相之，相近居魯也。【今注】案，《漢書考正》宋祁以爲“遷”當作“䙴”，後“遷絶”同。

［7］【顔注】師古曰：父廟曰禰。言去其父祖舊居，所以懷顧也。禰，乃禮反（白鷺洲本、大德本、殿本“乃”前有“音”字）。

［8］【顔注】師古曰：祁祁，衆貌。一曰，祁祁，徐行也。徒，謂學徒也。戴負者，謂隨其徙居也。

［9］【顔注】師古曰：戾，至也。“鬋”字與“剪”同。【今注】爰：於是。

［10］【顔注】師古曰：環，遶也。

［11］【顔注】應劭曰：瀆上，孟所居彭城東里名也。猶不忘本也。【今注】案，何焯《義門讀書記》卷一九曰：“《易》曰‘再三瀆’。言夢中猶諫之也。上，謂王。”

［12］【顔注】師古曰：弼，戾也。言夢争王室之事，王違戾我言也。【今注】争：楊樹達《漢書窺管》以爲當讀爲“諍”，諫也。“争王室”謂諍於王室。

［13］【顔注】師古曰：夢在王朝，及寐之寤，乃在鄒也。寤，覺也。喟，丘位反（白鷺洲本、大德本、殿本“丘”前有“音”字）。覺，工效反（白鷺洲本、大德本、殿本“工”前有“音”字）。

［14］【顔注】師古曰：漣漣，泣下貌，音“連”。

［15］【顔注】師古曰：咨，嗟也。絶，謂與舊居絶也。

［16］【顔注】師古曰：洋洋，美盛也。烈，業也。“視”讀曰“示”。孔子，鄒人，故言示我遺業也。洋，音“祥”，又音“羊”。

［17］【顔注】師古曰：言禮樂之教，不同餘土也。【今注】于：王先謙《漢書補注》引王文彬曰：“《釋詁》：‘于，曰也。’”

［18］【顔注】師古曰：而者，句端之辭（端，白鷺洲本、大

德本、殿本作“绝”，是)。侃，和樂貌，音口旦反。

孟卒于鄒。或曰其子孫好事，述先人之志而作是詩也。[1]自孟至賢五世。賢爲人質朴少欲，篤志於學，[2]兼通《禮》《尚書》，以《詩》教授，[3]號稱鄒魯大儒。徵爲博士，[4]給事中，[5]進授昭帝《詩》，稍遷光禄大夫、詹事，[6]至大鴻臚。[7]

[1]【今注】案，楊樹達《漢書窺管》曰：“此傳追叙韋孟及玄成事特爲詳盡。考《史通·正史篇》，續《史記》者有韋融，疑融爲孟之後人，而班本融辭，下文所言子孫好事述先人之志作詩者亦指融言也。”

[2]【顔注】師古曰：篤，厚也。

[3]【今注】以詩教授：周壽昌《漢書注校補》以爲，自韋孟至韋賢五世皆習《魯詩》，至玄孫賞猶以明《詩》見稱。《儒林傳》稱《詩》有韋氏學。《漢執金吾丞武榮碑》云“治《魯詩經韋君章句》”，則似有韋氏《章句》。但《七略》《藝文志》均未録。楊樹達《漢書窺管》曰：“據《儒林傳》，賢學《詩》于瑕丘江公及魯許生，爲申公再傳弟子。”

[4]【今注】博士：漢武帝始置五經博士。掌議政、制禮、藏書、顧問及教授經學、考核人材、奉命出使等。初秩比四百石，後升比六百石。

[5]【今注】給事中：秦置。西漢因之。爲加官，加此號得給事宫禁中，常侍皇帝左右，備顧問應對，每日上朝謁見，分平尚書奏事，負責實際政務，爲中朝要職，多以名儒國親充任。位次中常侍，無定員。

[6]【今注】光禄大夫：西漢武帝時改中大夫置，掌論議。屬光禄勳，秩比二千石。　詹事：掌皇后、太子家，漢成帝省併大

長秋。

［7］【今注】大鴻臚：秦時稱典客，漢景帝改名大行令，武帝始改爲大鴻臚。掌少數民族事務及諸侯王喪事，又掌引導百官朝會，兼管京師郡國邸舍及郡國上計吏之接待。成帝時省典屬國併入，又兼管少數民族朝貢使節、侍子。九卿之一，秩中二千石。

昭帝崩，無嗣，大將軍霍光與公卿共尊立孝宣帝。帝初即位，賢以與謀議，安宗廟，賜爵關内侯，食邑。[1]徙爲長信少府。[2]以先帝師，甚見尊重。本始三年，[3]代蔡義爲丞相，[4]封扶陽侯，[5]食邑七百户。時賢七十餘，爲相五歲，地節三年以老病乞骸骨，[6]賜黄金百斤，罷歸，加賜第一區。丞相致仕自賢始。年八十二薨，謚曰節侯。賢四子：長子方山爲高寢令，[7]早終；次子弘，至東海太守；[8]次子舜，留魯守墳墓；少子玄成，復以明經歷位至丞相。故鄒魯諺曰："遺子黄金滿籝，不如一經。"[9]

［1］【顔注】師古曰："與"讀曰"豫"。【今注】案，楊樹達《漢書窺管》曰："《霍光傳》廢昌邑王奏署名有大鴻臚賢，是也。"關内侯：秦漢沿置。二十等爵的第十九級。但有侯號，居京師，無封土而依封户多少享受徵收租税之權。

［2］【顔注】師古曰：長信者，太后宫名，爲太后官屬也（太后官，大德本作"太后宫"，白鷺洲本作"大后宫"，皆誤）。【今注】長信少府：西漢景帝時更名"長信詹事"置，掌皇太后宫中事務，秩二千石。

［3］【今注】本始：漢宣帝年號（前73—前70）。

［4］【今注】蔡義：傳見本書卷六六。案，楊樹達《漢書窺

管》曰："時宣帝問《穀梁春秋》事於賢，見《儒林傳》。"

［5］【顔注】孟康曰：屬沛郡。

［6］【今注】地節：漢宣帝年號（前69—前66）。

［7］【今注】高寢令：漢置，屬太常。掌守陵寢，案行掃除。高，高皇帝劉邦。陳直《漢書新證》曰："高寢令與《田千秋傳》高廟寢郎及《馮參傳》渭陵寢中郎相似，皆屬於太常所管領之諸廟陵寢長丞範圍之内。"又《太平御覽》卷五五九引潘岳《關中記》云，茂陵寢園官吏有"陵令一人，食官令一人，寢廟令一人，園長一人，令史三十二人，候四人"。但潘岳所記衹限於茂陵，其他各陵因事制宜，管陵官吏名稱又各有不同。

［8］【今注】東海：郡名。治郯縣（今山東郯城縣北）。

［9］【顔注】如淳曰：籯，竹器，可受三四斗（白鷺洲本、大德本、殿本"受"前無"可"字）。今陳留俗有此器。蔡謨曰：滿籯者，言其多耳，非器名也。若論陳留之俗，則吾陳人也，不聞有此器。師古曰：許慎《説文解字》云"籯，笭也"，楊雄《方言》云"陳、楚、宋、魏之間謂筲爲籯"（楊，殿本、白鷺洲本作"揚"。筲，白鷺洲本、殿本作"箭"），然則筐籠之屬是也。今書本"籯"字或作"盈"，又是盈滿之義，蓋兩通也。【今注】籯（yíng）：箱籠類竹器。《漢書考正》宋祁曰："'籯'，浙本不從竹。詳蔡注，不從竹爲是。吴仁傑《兩漢刊誤補遺》云："《方言》：'贏，儋也，齊楚陳宋之間謂之贏滿。'贏之義非他，直謂其滿儋耳。史文傳寫誤加偏傍，諸家遂以竹器名之。《淮南書》蘇秦'贏蓋'，《項羽》贊'贏糧'，並同此義。而'儋'字復多異説。《蒯通傳》'守儋石之禄'，應劭曰：'齊人名小甕爲儋。'《貨值傳》'漿千儋'，孟康曰：'儋，罌也。'師古曰：'儋，人儋之也。'要之，人所負皆可謂之儋，不必有罌甕之拘。"沈欽韓《漢書疏證》以爲是"受飯之器"，並引《論語》鄭玄注："筲，竹器也，受斗二升。"

玄成字少翁，以父任爲郎，[1]常侍騎。少好學，修父業，尤謙遜下士。[2]出遇知識步行，[3]輒下從者，與載送之，[4]以爲常。其接人，貧賤者益加敬，繇是名譽日廣。[5]以明經擢爲諫大夫，[6]遷大河都尉。[7]

［1］【今注】以父任爲郎：本書卷七二《王吉傳》“今使俗吏得任子弟”，顔師古注引張晏曰：“子弟以父兄任爲郎。”卷一一《哀紀》“除任子令”，顔師古注引應劭曰：“《漢儀注》：‘吏二千石以上視事滿三年，得任同産若子一人爲郎。’”

［2］【顔注】師古曰：下，胡亞反（白鷺洲本、大德本、殿本“胡”前有“音”字）。

［3］【今注】知識：楊樹達《漢書窺管》謂所識之人，即朋友。《莊子·至樂》云：“反子父母妻子閭里知識，子欲之乎？”

［4］【顔注】師古曰：輟從者之車馬也。【今注】輒下從者：顧炎武《日知録》卷二七曰：“‘下’字，如《袁盎傳》‘下趙談’之‘下’。與之共載，復送至其家也。” 案，《漢書考正》宋祁以爲“與”疑作“輿”。

［5］【顔注】師古曰：“繇”與“由”同。

［6］【今注】案，明經，楊樹達《漢書窺管》曰：“據《張禹傳》，玄成嘗説《論語》，《五經異義》引治《魯詩》丞相玄成説。” 諫大夫：漢武帝時置，掌諫争、顧問應對，議論朝政。秩比八百石，無定員。

［7］【顔注】服虔曰：今東平郡也。本爲濟東國，後王國除，爲大河郡。【今注】大河：郡名。西漢武帝時廢濟東國置，治無鹽縣（今山東東平縣東）。周壽昌《漢書注校補》曰：“濟東國，武帝元鼎元年除爲郡，名大河，凡六十五年，至宣帝甘露二年爲東平國，故本書《地理志》無大河名也。大河改爲東平，正元成由太常免侯廢居之時。” 都尉：原名郡尉，漢景帝時郡都尉，佐郡太守

典武職甲卒，掌治安，防盜賊。俸比二千石。

初，玄成兄弘爲太常丞，[1]職奉宗廟，典諸陵邑，煩劇多罪過。[2]父賢以弘當爲嗣，故勑令自免。[3]弘懷謙，不去官。[4]及賢病篤，弘竟坐宗廟事繫獄，罪未決。室家問賢當爲後者，[5]賢恚恨不肯言。於是賢門下生博士義倩等與宗家計議，[6]共矯賢令，[7]使家丞上書言大行，[8]以大河都尉玄成爲後。賢薨，玄成在官聞喪，[9]又言當爲嗣，玄成深知其非賢雅意，即陽爲病狂，卧便利，妄笑語昏亂。[10]徵至長安，既葬，當襲爵，以狂不應召。[11]大鴻臚奏狀，章下丞相御史案驗。

[1]【今注】太常丞：掌管宗廟祭祀禮儀的具體事務，總管本府諸曹，參議禮制。多用博士、議郎充任。太常屬官，員一人，秩千石。王先謙《漢書補注》曰："《百官表》奉常有丞；《續志》，比千石，掌凡行禮及祭祀小事，總署曹事。"

[2]【今注】煩劇：事務繁重。

[3]【顔注】師古曰：恐其有罪見黜，妨爲繼嗣，故令以病去官也。

[4]【顔注】師古曰：謂若欲代父爲侯，故避嫌不肯也。【今注】懷謙：周壽昌《漢書注校補》曰："疑唐時本'懷謙'作'懷嫌'。元成詩云'惟我俊兄，是讓是形'，則作'謙'爲是。"吴恂《漢書注商》以爲據顔師古注，"謙"明爲"嫌"字之誤。

[5]【今注】室家：王先謙《漢書補注》引周壽昌說，以爲"室"蓋"宗"之誤。楊樹達《漢書窺管》按，室家乃家人之意，此不必與下文同。《平當傳》云："室家或謂當：不可强起受侯印，爲子孫邪？"《後漢書》卷八一《獨行傳·李業傳》云："融見業辭

志不屈，復曰：宜呼室家計之。”知室家爲漢人恒語，周説失考。

［6］【顔注】師古曰：博士姓義名倩也。宗家，賢之同族也。倩，千見反。【今注】宗家：何焯《義門讀書記》卷一九曰：“漢去古未遠，韋氏世傳經業，宜有宗法。則宗家者，其宗子也，非師古所云同族之謂。”

［7］【顔注】師古曰：矯，託也。

［8］【顔注】師古曰：爲文書於大行，以言其事也。【今注】大行：大行令，漢武帝時由“行人”改稱。主諸郎，掌齋祠、賓贊禮儀。大鴻臚屬官，秩六百石。王先謙《漢書補注》曰：“下言‘大鴻臚奏狀’，則此大行是大鴻臚之屬官，武帝時由行人更名者也。”

［9］【今注】案，在官，《漢書考正》宋祁謂，越本及别本或作“任官”。

［10］【顔注】師古曰：便利，大小便。

［11］【今注】案，大德本、殿本、白鷺洲本“以狂”之間有“病”字。

玄成素有名聲，士大夫多疑其欲讓爵辟兄者。[1]案事丞相史迺與玄成書，[2]曰：“古之辭讓，必有文義可觀，故能垂榮於後。今子獨壞容貌，蒙耻辱，爲狂癡，光曜晻而不宣。[3]微哉！子之所託名也。[4]僕素愚陋，過爲宰相執事，[5]願少聞風聲。[6]不然，恐子傷高而僕爲小人也。”[7]玄成友人侍郎章亦上疏言：[8]“聖王貴以禮讓爲國，宜優養玄成，[9]勿枉其志，[10]使得自安衡門之下。”[11]而丞相御史遂以玄成實不病，劾奏之。有詔勿劾，引拜。玄成不得已受爵。[12]宣帝高其節，以玄成爲河南太守。[13]兄弘太山都尉，[14]遷東海太守。

［1］【顔注】師古曰："辟"讀曰"避"。

［2］【顔注】師古曰：即案驗玄成事者。【今注】丞相史：西漢置。協助丞相處理具體事務，無定員。秩四百石。

［3］【顔注】師古曰："晻"讀與"暗"同。

［4］【顔注】李奇曰：名，聲名也。

［5］【顔注】師古曰：過猶謬也。

［6］【今注】風聲：傳播的消息。王先謙《漢書補注》曰："使微聞外間疑義，自知改悔。"

［7］【今注】恐子傷高而僕爲小人：王先謙《漢書補注》曰："欲高蹈而被劾，是傷高；發其不病之實，是爲小人。"

［8］【今注】侍郎：秦漢時郎中令的屬官。宿衛宫禁，侍奉皇帝。亦供尚書、黄門等官署差遣。

［9］【今注】優養：寬容養護。

［10］【顔注】師古曰：枉，屈也。

［11］【顔注】師古曰：衡門，謂横一木於門上，貧者之所居也。

［12］【今注】案，《漢書考正》宋祁以爲"受"字下疑有"侯"字。

［13］【今注】河南：郡名。治洛陽縣（今河南洛陽市東北）。

［14］【今注】太山：郡名。即泰山郡。治博縣（今山東泰安市東南）。

數歲，玄成徵爲未央衛尉，[1]遷太常。[2]坐與故平通侯楊惲厚善，[3]惲誅，黨友皆免官。後以列侯侍祀孝惠廟，當晨入廟，天雨，淖，[4]不駕駟馬車而騎至廟下。有司劾奏，等輩數人皆削爵爲關内侯。[5]玄成自傷貶黜父爵，歎曰："吾何面目以奉祭祀！"作詩自劾責曰：

［1］【今注】未央衛尉：西漢置，掌屯兵，警衛未央宫。

［2］【今注】太常：漢初名“奉常”，景帝時改名“太常”，掌宗廟禮儀。位列九卿之首，秩中二千石。

［3］【今注】楊惲：事迹見本書卷六六《楊敞傳》。

［4］【顔注】師古曰：淖，泥也，音女教反。

［5］【今注】等輩：同等。王先謙《漢書補注》引蘇輿認爲，等輩猶等夷。《史記》卷五五《留侯世家》司馬貞《索隱》引如淳曰“等夷，言等輩”，孔融《薦禰衡表》“若衡等輩，不可多得”，可證。漢時稱同僚亦謂之等輩，如此傳及《後漢書》卷一七《賈復傳》“陵折等輩”、《後漢書》卷四一《第五倫傳》“等輩笑之”，可證。又，王先謙《漢書補注》曰：“據表、傳，魏相子弘、丙吉子顯，即所謂‘等輩數人’也。”

赫矣我祖，侯于豕韋，賜命建伯，有殷以綏。[1]厥績既昭，車服有常，朝宗商邑，四牡翔翔。[2]德之令顯，慶流于裔，宗周至漢，群后歷世。[3]肅肅楚傅，輔翼元夷，[4]厥駟有庸，惟慎惟祇。[5]嗣王孔佚，越遷于鄒，[6]五世壙僚，至我節侯。[7]

［1］【顔注】師古曰：建，立也。立爲伯也。綏，安也。以有此伯，故天下安也。

［2］【顔注】師古曰：翔翔，安舒貌（貌，白鷺洲本作“皃”）。

［3］【顔注】應劭曰：歷世有爵位。

［4］【顔注】師古曰：元王、夷王也。

［5］【顔注】孟康曰：駟，駟馬也。《尚書》“車服以庸”。

庸，功也。師古曰：庸亦常也，即上“車服有常”同義也。祗，敬也。

[6]【顔注】師古曰：孔，甚也。“佚”與“逸”同。

[7]【顔注】應劭曰：自孟至賢五世無官（五，大德本作“至”）。壙，空也。【今注】壙：王先謙《漢書補注》以爲“壙”與“曠”同。

惟我節侯，顯德遐聞。[1]左右昭宣，五品以訓。[2]既耇致位，惟懿惟奂。[3]厥賜祁祁，百金洎館。[4]國彼扶陽，在京之東。惟帝是留，政謀是從。[5]繹繹六轡，是列是理，[6]威儀濟濟，朝享天子。天子穆穆，是宗是師。[7]四方遐爾，[8]觀國之煇。[9]

[1]【顔注】師古曰：聞，合韻音“問”。

[2]【顔注】師古曰：左右，助也，言爲相也。五品，五教也。訓，理也。“左”讀曰“佐”，“右”讀曰“佑”。【今注】五品以訓：五品，指仁、義、禮、智、信五常。本書卷九九中《王莽傳中》：“帥民承上，宣美風俗，五品乃訓。”顔師古注：“五品即五常，謂仁、義、禮、智、信。”訓，錢大昭《漢書辨疑》以爲是古“馴”字，故與“聞”爲韻。案今本《尚書·舜典》“五品不遜”，孔傳：“遜，順也。”《史記》卷三《殷本紀》及《後漢書》卷一六《鄧禹傳》引作“五品不訓”。

[3]【顔注】師古曰：言以年致仕也。懿（懿，大德本作“意”，誤），美也。奂，盛也。

[4]【顔注】師古曰：祁祁，行來貌。洎，及也。【今注】祁祁：王念孫《讀書雜志·漢書第十二》以爲言賜予之衆多。上文

“祁祁我徒，戴負盈路”，亦謂弟子衆多。《毛詩·七月》“采蘩祁祁”，《毛詩·玄鳥》“來假祁祁”，傳、箋並曰：“祁祁，衆多也。”《毛詩·韓奕》“諸娣從之，祁祁如雲”，義亦同也。

[5]【今注】政謀是從：王先謙《漢書補注》曰：“不聽之國，備顧問也。”

[6]【顔注】師古曰：繹繹，和調之貌。【今注】六轡：轡，韁繩。古一車四馬，一馬二轡，其兩邊驂馬之内轡繫於軾前，謂之軜，御者執六轡。《毛詩·小戎》：“四牡孔阜，六轡在手。”孔穎達疏：“四馬八轡，而經傳皆言六轡，明有二轡當繫之。馬之有轡者，所以制馬之左右，令之隨逐人意。驂馬欲入，則偪於脅驅，内轡不須牽挽，故知納者，納驂内轡繫於軾前，其繫之處以白金爲觼也。”這裏以駕馭車馬喻指管理國家政務。

[7]【顔注】師古曰：穆穆，天子之容也。宗，尊也，言天子尊之以爲師。

[8]【今注】爾：錢大昭《漢書辨疑》以爲“爾”同“邇”。

[9]【顔注】師古曰：煇，光也。

茅土之繼，[1]在我俊兄。惟我俊兄，是讓是形。[2]於休厥德，於赫有聲。[3]致我小子，越留於京。[4]惟我小子，不肅會同。[5]媠彼車服，黜此附庸。[6]赫赫顯爵，自我隊之。微微附庸，自我招之。誰能忍媿，寄之我顔。誰將遐征，從之夷蠻。[7]於赫三事，匪俊匪作，於蔑小子，終焉其度。[8]誰謂華高，企其齊而；誰謂德難，厲其庶而。[9]嗟我小子，于貳其尤，[10]隊彼令聲，申此擇辭。[11]四方群后，我監我視，威儀車服，唯肅是履！[12]

［1］【今注】茅土：指諸侯封爵。蔡邕《獨斷》卷下："天子太社以五色土爲壇，皇子封爲王者受天子之社土，以所封之方色，東方受青，南方受赤，他如其方色……歸國以立社，故謂之受茅土。"《文選》卷四一李陵《答蘇武書》："陵謂足下當享茅土之薦，受千乘之賞。"李善注引《尚書緯》曰："天子社，東方青，南方赤，西方白，北方黑，上冒以黄土，將封諸侯，各取方土，苴以白茅，以爲社。"

［2］【顔注】師古曰：形，見也。言其謙讓志節顯見也。

［3］【顔注】師古曰：於，皆歎辭也。休，美也。

［4］【顔注】師古曰：言致爵位於己身而留在京師，豫朝請。

［5］【顔注】師古曰：肅，敬也。【今注】會同：諸侯朝見天子。這裏指其入廟事。

［6］【顔注】師古曰：嫷，古"惰"字也。削爵爲關内侯，故云"黜此附庸"，言見黜而爲附庸也。【今注】附庸：吴恂《漢書注商》以爲指"扶陽侯國"。

［7］【顔注】師古曰：言己恥辱之甚，無所自措，故曰誰有能忍媿者，以我顔寄之；誰欲遠行去者，當與相從，適於蠻夷，不能見朝廷之士也。

［8］【顔注】師古曰：於，歎辭也。三事，三公之位也。度，居也。言三公顯職（三，白鷺洲本誤作"二"），以賢俊爲之，我雖微蔑，方自免厲（方，白鷺洲本誤作"万"；免，大德本、殿本作"勉"），終當居此也。度，大各反（殿本、白鷺洲本"大"前有"音"字）。後並同。

［9］【顔注】師古曰：華，華山也。華山雖高，企仰則能齊觀。道德不易，克厲然庶幾可及也。【今注】案，王念孫《讀書雜志·漢書第十二》以爲"庶"與"齊"不相協韻，"庶"當作"幾"，意同。故《史記》卷六三《老子韓非列傳》司馬貞《索隱》云："庶，幾也。"《淮南子·要略》高誘注云："幾，庶幾也。"此

“誰謂德難，厲其幾而”，言道德雖難，而自勉者可以庶幾。故師古曰“道德不易，克厲然庶幾可及也”。今正文作“庶”者，即涉“庶幾”而誤。王先謙《漢書補注》引王文彬曰“上文‘隊’‘招’非韻，疊之爲韻”，可不改字。

[10]【顔注】師古曰：于，往也。尤，過也。自戒云，今以往勿貳其過。一曰，貳，謂不一也，言心不專一，致此過也。

[11]【顔注】師古曰：令，善也。擇，可擇之辭。一曰，擇，謂創也。

[12]【顔注】師古曰：戒他人。

初，宣帝寵姬張婕妤男淮陽憲王好政事，[1]通法律，上奇其材，有意欲以爲嗣，然用太子起於細微，[2]又早失母，故不忍也。久之，上欲感風憲王，輔以禮讓之臣，[3]乃召拜玄成爲淮陽中尉。[4]是時王未就國，玄成受詔，與太子太傅蕭望之及五經諸儒雜論同異於石渠閣，[5]條奏其對。及元帝即位，以玄成爲少府，[6]遷太子太傅，[7]至御史大夫。永光中代于定國爲丞相。[8]貶黜十年之間，[9]遂繼父相位，封侯故國，榮當世焉。[10]玄成復作詩，自著復玷缺之艱難，[11]因以戒示子孫，曰：

[1]【今注】婕妤：西漢武帝始置。位次皇后，視上卿，比列侯。　淮陽憲王：即劉欽。傳見本書卷八〇。淮陽，諸侯王國名。治陳縣（今河南淮陽縣）。

[2]【今注】細微：低賤。指漢元帝生於民間。本書卷九《元紀》：“孝元皇帝，宣帝太子也。母曰共哀許皇后，宣帝微時生民間。年二歲，宣帝即位。八歲，立爲太子。”

［3］【顏注】師古曰："風" 讀曰 "諷"。

［4］【今注】中尉：王國中尉。掌武職。秩二千石。

［5］【今注】太子太傅：西漢初掌保養、監護、輔翼太子，昭、宣以後兼掌教諭訓導。秩二千石。與太子少傅並 "稱太子二傅"。 蕭望之：傳見本書卷七八。 石渠閣：在未央宮殿北（今陝西西安市西北未央區小劉寨村西南），是西漢皇室收藏典籍之所。

［6］【今注】少府：秦、西漢置。掌山海池澤之稅，帝室財政。列位九卿，秩中二千石。

［7］【今注】案，楊樹達《漢書窺管》曰："時玄成與貢禹及廷尉劾劉向，見《向傳》。"

［8］【今注】永光：漢元帝年號（前 43—前 39）。 于定國：傳見本書卷七一。

［9］【今注】十年：周壽昌《漢書注校補》據本書《百官公卿表》指出，玄成以太常免官在五鳳三年（前 55），至永光二年爲丞相，凡十五年。此云 "十年之閒"，爲約辭。楊樹達《漢書窺管》據本書《外戚恩澤侯表》韋賢魏相丙吉三條及《百官公卿表》，玄成免太常及削爵，事並在甘露元年（前 53），至永光二年，爲十二年。周説誤。

［10］【今注】案，王先謙《漢書補注》引《史記》卷九六《張丞相列傳》褚補云："韋賢以讀書術爲吏，至大鴻臚。有相工相之，當至丞相。有男四人，使相工相之，至第二子，名玄成。曰：'此子貴，當封。' 韋丞相言曰：'我即爲丞相，有長子，是安從得之？' 後竟爲丞相，病死。長子不得嗣，而立玄成。其治容容隨世俗浮沈，而見謂諂巧。而相工本謂之當爲侯代父，而後失之；復自游宦而起，至丞相。"

［11］【顏注】師古曰：玉缺曰玷。復，房目反（白鷺洲本、大德本、殿本 "房" 前有 "音" 字）。蕜，古 "褺" 字。玷，丁念反（白鷺洲本、大德本、殿本 "丁" 前有 "音" 字）。

於肅君子，既令厥德，[1]儀服此恭，棣棣其則。[2]咨余小子，既德靡逮，[3]曾是車服，荒嫚以隊。[4]明明天子，俊德烈烈，不遂我遺，恤我九列。[5]我既兹恤，惟夙惟夜，[6]畏忌是申，供事靡惰。[7]天子我監，登我三事，[8]顧我傷隊，爵復我舊。

[1]【顏注】師古曰：於，歎辭也。肅，敬也。令，善也。言君子之人，皆肅敬以善其德也。【今注】君子：楊樹達《漢書窺管》以爲古人稱其先人曰君子。《禮記·檀弓上》云："昔者吾先君子無所失道。"是子思稱其祖孔子。此"君子"是玄成稱其父賢。下云："咨余小子，既德靡逮。"自言德不及其父。顏以君子爲泛稱，誤。

[2]【顏注】李奇曰：善威儀也。師古曰：《詩·邶·柏舟》曰："威儀逮逮（逮逮，殿本作"棣棣"，下同），不可選也。"逮逮，閑習之貌，音徒繼反。【今注】棣棣：雍容閑雅貌。《漢書考正》宋祁曰："'棣棣'疑作'逮逮'。"王先謙《漢書補注》引王文彬云："韋氏世習《魯詩》，蓋《魯》作'逮逮'，與《毛》異。詳顏注，所見本正作'逮逮'。官本作'棣棣'，乃後人依《毛詩》改之，故宋以爲疑。"

[3]【顏注】師古曰：逮，及也，自言德不及也。

[4]【顏注】師古曰：曾之言則也。

[5]【顏注】師古曰：恤，安也。九列，卿之位，謂少府。

[6]【顏注】師古曰：夙，早也。言早夜常自戒也。

[7]【顏注】師古曰：申，言自約束也。惰，古"惰"字。【今注】惰：楊樹達《漢書窺管》據《説文·心部》云："惰，不敬也。"或體省作"惰"。下文"媠"字，亦《説文》"惰"字之

或體。

[8]【顏注】師古曰：監，察也。三事，三公之位，謂丞相也。

我既此登，望我舊階，先后兹度，漣漣孔懷。[1]司直御事，我熙我盛；[2]群公百僚，我嘉我慶。[3]于異卿士，非同我心。三事惟囏，莫我肯矜。[4]赫赫三事，力雖此畢。非我所度，退其罔日。[5]昔我之隊，畏不此居，[6]今我度兹，戚戚其懼。[7]嗟我後人，命其靡常。靖享爾位，瞻仰靡荒。[8]慎爾會同，戒爾車服，無媠爾儀，以保爾域。[9]爾無我視，不慎不整。我之此復，惟禄之幸。[10]於戲後人，惟肅惟栗。[11]無忝顯位，[12]以蕃漢室。

[1]【顏注】應劭曰：我既此登，爲丞相也。先后兹度，父所在也。臣瓚曰：案，古文"宅""度"同。師古曰：先后，即先君也。以父昔居此位，故泣涕而甚思之也。

[2]【顏注】師古曰：司直，丞相司直也。御事，治事之吏也。言司直及治事之人助我興盛而爲職務也。【今注】司直：漢武帝時置，掌佐丞相舉不法。俸比二千石。　我熙我盛：王先謙《漢書補注》引蘇輿曰，《釋詁》："熙，興也。"顏注"熙"訓"興"，是；而云"助我興盛"，則非。此句謂司直等下屬以我復爵爲興盛門閭之事，而我方戚懼不皇。與下"我嘉我慶"同一句例。

[3]【今注】案，嘉，白鷺洲本、殿本作"加"。

[4]【顏注】師古曰：言己居尊位，懼不克勝，而群公百官，皆來相慶，是與我心不同也。

［5］【顔注】師古曰：我雖畢力於此，然懼非所居，貶退無日。

［6］【顔注】師古曰：居，合韻音基庶反。

［7］【顔注】師古曰：度亦居也。

［8］【顔注】師古曰：靖，謀也。享，當也。言天命無常（殿本無"言"字），唯善是祐。謀當爾位（謀，白鷺洲本作"諆"，誤），無荒怠也。

［9］【顔注】師古曰："婧"亦古"惰"字也。域，謂封邑也。

［10］【顔注】師古曰：言我之得復此爵，乃蒙天之福幸而遇之，爾等不當視效而怠慢也。

［11］【顔注】師古曰："於戲"讀曰"嗚乎"（乎，殿本作"呼"）。

［12］【今注】案，位，白鷺洲本、大德本、殿本作"祖"。《漢書考正》宋祁謂，"祖"，一作"位"。

玄成爲相七年，守正持重不及父賢，而文采過之。[1]建昭三年薨，[2]謚曰共侯。初，賢以昭帝時徙平陵，[3]玄成別徙杜陵，[4]病且死，因使者自白曰："不勝父子恩，願乞骸骨，歸葬父墓。"上許焉。子頃侯寬嗣。薨，子僖侯育嗣。[5]薨，子節侯沈嗣。自賢傳國至玄孫乃絶。玄成兄高寢令方山子安世歷郡守，大鴻臚，長樂衛尉，[6]朝廷稱有宰相之器，會其病終。而東海太守弘子賞亦明《詩》。哀帝爲定陶王時，賞爲太傅。哀帝即位，賞以舊恩爲大司馬車騎將軍，[7]列爲三公，[8]賜爵關内侯，食邑千户，亦年八十餘，以壽終。[9]宗族至吏二千石者十餘人。

［1］【今注】案，楊樹達《漢書窺管》云："《馮奉世傳》記玄

成爲相，元帝令議西羌反事，玄成漠然無所對。《京房傳》記房語云：‘丞相韋侯久亡補於民，可謂亡功矣。’《朱雲傳》雲上疏言：‘丞相韋玄成容身保位，亡能往來。’《匡衡傳》云：‘玄成畏石顯，不敢失其意。’綜合諸傳觀之，玄成相業可知矣。”

［2］【今注】建昭：漢元帝年號（前38—前34）。

［3］【今注】平陵：縣名。屬右扶風。治所在今陝西咸陽市西北。

［4］【今注】杜陵：縣名。屬京兆尹。治所在今陝西西安市雁塔區曲江街道辦事處三兆村西北。

［5］【今注】案，楊樹達《漢書窺管》云：“育舉杜鄴方正，見《鄴傳》。”

［6］【今注】長樂衛尉：掌長樂宮警衛，不常置。

［7］【今注】車騎將軍：西漢置，初掌領車騎士。武帝後常典京城、皇宮禁衛軍隊，出征時常總領諸將軍。文官輔政者亦或加此銜，領尚書政務，成爲中朝重要官員。

［8］【今注】案，《漢書考正》宋祁疑“爲”當作“於”。

［9］【今注】案，王先謙《漢書補注》據本書《百官公卿表下》，哀帝元年十一月壬午，諸吏光禄大夫韋賞爲大司馬車騎將軍，乙丑卒。在位止八日。

初，高祖時，[1]令諸侯王都皆立太上皇廟。至惠帝尊高帝廟爲太祖廟，景帝尊孝文廟爲太宗廟，[2]行所嘗幸郡國各立太祖、太宗廟。至宣帝本始三年，[3]復尊孝武廟爲世宗廟，行所巡狩亦立焉。凡祖宗廟在郡國六十八，合百六十七所。[4]而京師自高祖下至宣帝，與太上皇、悼皇考各自居陵旁立廟，[5]并爲百七十六。又園中各有寢、便殿。[6]日祭於寢，月祭於廟，時祭於便殿。寢，日四上食；廟，歲二十五祠；[7]便殿，歲四祠。又月一游衣冠。[8]而昭靈后、武哀王、昭哀后、孝文太后、孝昭太后、衛思后、戾太子、戾后各有寢園，[9]與諸帝合，凡三十所。一歲祠，上食二萬四千四百五十五，用衛士四萬五千一百二十九人，祝宰、樂人萬二千一百四十七人，[10]養犧牲卒不在數中。

[1]【今注】案，高祖，殿本作“高帝”。

[2]【今注】案，孝文，白鷺洲本、殿本作“文帝”。

[3]【今注】案，三年，大德本、殿本作“二年”。

[4]【顔注】師古曰：六十八者，郡國之數也。百六十七所，宗廟之數也。

[5]【顔注】師古曰：悼皇考者，宣帝之父，即史皇孫。

[6]【顔注】如淳曰：《黄圖》高廟有便殿，是中央正殿也。師古曰：如説非也。凡言便殿、便室者，皆非正大之處。寢者，陵上正殿，若平生露寢矣。便殿者，寢側之别殿耳。【今注】案，何焯《義門讀書記》卷一九引《續漢書·祭祀志》補證云：“古不墓祭，漢諸陵皆有園寢，承秦所爲也。古宗廟前制廟，後制寢。秦始出寢，起於墓側，漢因而弗改。”

[7]【顔注】如淳曰：月祭朔望，加臘爲二十五。晉灼曰：《漢儀注》，宗廟一歲十二祠。五月嘗麥。六月、七月三伏、立秋貙婁，又嘗粢。八月先夕饋飧（先，白鷺洲本作“元”），皆一太牢，酎祭用九太牢（酎，白鷺洲本作“列”）。十月嘗稻，又飲蒸，二太牢。十月嘗（十月，殿本、白鷺洲本作“十一月”），十二月臘，二太牢。又每月一太牢，如閏加一祀，與此上十二爲二十五祠。師古曰：晉説是也。

[8]【今注】游衣冠：漢代制度，每月初一將高帝的衣冠從陵

墓的宫殿中移到祭祀高帝的宗廟裏去，謂之“游衣冠”（參見焦南峰《宗廟道、游道、衣冠道——西漢帝陵道路再探》,《文物》2010年第1期）。本書卷四三《叔孫通傳》“衣冠月出游高廟”，顔師古注：“服虔曰：‘持高廟中衣，月旦以游於衆廟，已而復之。’應劭曰：‘月旦出高帝衣冠，備法駕，名曰游衣冠。’如淳曰：‘高祖之衣冠藏在宫中之寢，三月出游，其道正值今之所作復道下，故言乘宗廟道上行也。’晉灼曰：‘《黄圖》高廟在長安城門街東，寢在桂宫北。服言衣藏於廟中，如言宫中，皆非也。’師古曰：‘諸家之説皆未允也。謂從高帝陵寢出衣冠，游於高廟，每月一爲之，漢制則然。而後之學者不曉其意，謂以月出之時而夜游衣冠，失之遠也。’”

[9]【今注】案，王先謙《漢書補注》曰：“昭靈后，高祖母，見《高紀》。武哀王，高祖兄伯；昭哀后，高祖姊；見《吕后紀》。衛思后，戾太子母；戾后即史良娣；見《宣紀》《武五子傳》。”

[10]【今注】祝宰：春秋戰國置。主管祭祀犧牲的供應。本書《郊祀志上》：“泰一祝宰則衣紫及繡，五帝各如其色。”《後漢書》卷一八《蓋延傳》：“延遂定沛、楚、臨淮，修高祖廟，置嗇夫、祝宰、樂人。”

至元帝時，貢禹奏，[1]言：“古者天子七廟，[2]今孝惠、孝景廟皆親盡，宜毁。[3]及郡國廟不應古禮，宜正定。”天子是其議，未及施行而禹卒。永光四年，乃下詔先議罷郡國廟，曰：“朕聞明王之御世也，遭時爲法，因事制宜。[4]往者天下初定，遠方未賓，因嘗所親以立宗廟，[5]蓋建威銷萌，一民之至權也。[6]今賴天地之靈，[7]宗廟之福，四方同軌，蠻貊貢職，[8]久遵而不定，令疏遠卑賤共承尊祀，[9]殆非皇天祖宗之意，朕甚懼焉。傳不云乎？‘吾不與祭，如不祭。’[10]其與將軍、列侯、中二千石、二千石、諸大夫、博士、議郎議。”[11]

[1]【今注】貢禹：傳見本書卷七二。

[2]【今注】七廟：指父、祖父、曾祖、高祖四廟及二祧（遠祖）和始祖廟。

[3]【今注】案，王先謙《漢書補注》引《資治通鑑》胡三省注：“禹蓋以悼考廟足爲七廟。”

[4]【顔注】師古曰：言不必同也。

[5]【顔注】師古曰：親，謂親臨幸處也。

[6]【顔注】師古曰：銷遏逆亂，使不得萌生。【今注】案，《漢書考正》宋祁指出，浙本無“威”字，“一”字當作“壹”。

[7]【今注】天地：《漢書考正》宋祁曰：“江浙本並無‘地’字。”

[8]【顔注】師古曰：同軌，言車轍皆同，示教化齊也（教化，大德本、殿本、白鷺洲本作“法制”）。【今注】貢職：貢賦；貢品。

[9]【顔注】師古曰：“共”讀曰“恭”。【今注】案，周壽昌《漢書注校補》以爲顔説非，“共”字讀如本音。不得如他處作“恭”，文義自明。

[10]【顔注】師古曰：《論語》載孔子之言。“與”讀曰“預”。【今注】案，語見《論語·八佾》。

[11]【今注】中二千石：漢官吏秩禄等級。中爲滿之意。中二千石即實得二千石，月俸一百八十斛。其地位在真二千石、二千石、比二千石之上。本書《百官公卿表上》顔師古注：“漢制，三公號稱萬石，其俸月各三百五十斛穀。其稱中二千石者月各百八十斛，二千石者百二十斛，比二千石者百斛，千石者九十斛，比千石

者八十斛，六百石者七十斛，比六百石者六十斛，四百石者五十斛，比四百石者四十五斛，三百石者四十斛，比三百石者三十七斛，二百石者三十斛，比二百石者二十七斛，一百石者十六斛。”案，殿本無下“二千石”三字。

丞相玄成、御史大夫鄭弘、太子太傅嚴彭祖、少府歐陽地餘、諫大夫尹更始等七十人，[1]皆曰：“臣聞祭，非自外至者也，繇中出生於心也。[2]故唯聖人爲能饗帝，孝子爲能饗親。[3]立廟京師之居，躬親承事，四海之内各以其職來助祭，[4]尊親之大義，五帝三王所共，不易之道也。[5]《詩》云：‘有來雍雍，至止肅肅，相維辟公，天子穆穆。’[6]《春秋》之義，父不祭於支庶之宅，[7]君不祭於臣僕之家，王不祭於下土諸侯。[8]臣等愚以爲宗廟在郡國，宜無修，臣請勿復修。”奏可。因罷昭靈后、武哀王、昭哀后、衛思后、戾太子、戾后園，皆不奉祠，裁置吏卒守焉。

[1]【今注】鄭弘：傳見本書卷六六。　嚴彭祖：傳見本書卷八八。　尹更始：傳見本書卷八八。

[2]【顔注】師古曰：“繇”讀與“由”同。

[3]【顔注】師古曰：言情禮皆備。【今注】帝：天帝。

[4]【今注】助祭：謂臣屬出資、陪位或獻樂佐君主祭祀。《漢書考正》宋祁指出，浙本無“助”字。

[5]【顔注】師古曰：易，改也。

[6]【顔注】師古曰：此《周頌·雍篇》禘太祖之詩也。雍雍，和也。肅肅，敬也。相，助也。辟，百辟卿士也。公，諸侯也。有來而和者，至而敬者，助王禘祭，是百辟諸侯也。天子是

時則穆穆然承事也。【今注】案，《漢書考正》宋祁謂，“來”字疑作“徠”。

［7］【今注】案，沈欽韓《漢書疏證》補證引《禮記・喪服小記》“庶子不祭祖者，明其宗也”，孔穎達《正義》：“嫡子、庶子，俱是人子，並宜供養，而嫡子蒸嘗、庶子獨不祭者，正是推本崇嫡，明有所宗。”又云“庶子不祭禰”，孔穎達《正義》：“此下士立廟於宗子之家，庶子共其牲物，宗子主其禮。”又，魯季氏有桓公廟。《禮記・郊特牲》云：“公廟之設於私家，非禮也，由三桓始也。”

［8］【今注】案，沈欽韓《漢書疏證》補證引《周官・宗伯》“都宗人掌都宗祀之禮”，鄭玄注：“王子弟則立其祖王之廟。”又“家宗人掌家祭祀之禮”，鄭玄注：“大夫采地之所祀與都同，若先王之子孫亦有祖廟。”《左傳》文公二年“宋祖帝乙，鄭祖厲王”，孔穎達《正義》云：“宋爲王者之後，得祀殷之先王帝乙之廟不毁者，蓋以爲其所出，故特存。周制，王子有功德出封者，得廟祀所出之王。魯以周公之故，得立文王之廟。襄十二年《傳》稱‘魯爲諸姬臨於周廟’。周廟，文王廟也。鄭之桓、武，世有大功，故得立厲王之廟。昭十八年《傳》稱鄭人救火，‘使祝史徙主祏於周廟’。周廟，厲王廟也。”《禮記・郊特牲》孔穎達《正義》云：“匡衡説，支庶不敢薦其禰，下士諸侯不得專祖於王。古《春秋左氏》説，天子之子，以上德爲諸侯者，得祖所自出。魯以周公之故，立文王廟。《左傳》‘凡邑，有宗廟先君之主曰都’，以其有先君之主，公子爲大夫，所食采地亦自立所出宗廟，其立先公廟準禮。公子得祖先君，公孫不得祖諸侯。許慎謹案，諸侯有得祖天子者，知大夫亦得祖諸侯。鄭氏無駮，與許慎同也。其王子母弟，食采畿内，賢於餘者，亦得采地之中立祖王廟。故都宗人、家宗人皆爲都、家祭所出祖王之廟也。”沈欽韓以爲，經傳雖有祭祖王之文，然玄成等所説自是正禮。

罷郡國廟後月餘，復下詔曰："蓋聞明王制禮，立親廟四。祖宗之廟，萬世不毀，所以明尊祖敬宗，著親親也。[1]朕獲承祖宗之重，惟大禮未備，戰栗恐懼，不敢自顓，[2]其與將軍、列侯、中二千石、二千石、諸大夫、博士議。"玄成等四十四人奏議，曰："禮，王者始受命，諸侯始封之君，皆爲太祖。以下，五廟而迭毁，[3]毁廟之主臧乎太祖，五年而再殷祭，言壹禘壹祫也。[4]祫祭者，毁廟與未毁廟之主皆合食於太祖，父爲昭，子爲穆，孫復爲昭，古之正禮也。[5]《祭義》曰：'王者禘其祖自出，[6]以其祖配之，而立四廟。'[7]言始受命而王，祭天以其祖配，[8]而不爲立廟，親盡也。立親廟四，親親也。親盡而迭毁，親疏之殺，示有終也。[9]周之所以七廟者，[10]以后稷始封，[11]文王、武王受命而王，是以三廟不毁，與親廟四而七。非有后稷始封，文、武受命之功者，皆當親盡而毁。成王成二聖之業，[12]制禮作樂，功德茂盛，廟猶不世，[13]以行爲謚而已。[14]禮，廟在大門之内，不敢遠親也。[15]臣愚以爲高帝受命定天下，宜爲帝者太祖之廟，世世不毁，承後屬盡者宜毁。今宗廟異處，昭穆不序，宜入就太祖廟而序昭穆如禮。太上皇、孝惠、孝文、孝景廟皆親盡宜毁，[16]皇考廟親未盡，如故。"[17]大司馬車騎將軍許嘉等二十九人以爲孝文皇帝除誹謗，去肉刑，躬節儉，不受獻，罪人不帑，不私其利，[18]出美人，重絶人類，賓賜長老，[19]收恤孤獨，德厚侔天地，利澤施四海，宜爲帝者太宗之廟。廷尉忠以爲孝武皇帝改正朔，易服色，攘四夷，宜爲世宗之廟。[20]諫大夫更始等十八人以爲皇考廟上序於昭穆，[21]非正禮，宜毁。

［1］【顔注】師古曰：著亦明也。

［2］【顔注】師古曰："顓"與"專"同。

［3］【顔注】師古曰：迭，互也。親盡則毁，故云迭也，音大結反。【今注】案，《漢書考正》宋祁曰："'太祖'下疑有'繼太祖'三字。"王念孫《讀書雜志·漢書第十二》以爲宋祁説是。《通典》卷四九《歷代沿革禮》載此奏正作"繼太祖以下，五廟而迭毁"。荀悦《漢紀》作"繼太祖，五廟皆迭毁"。下文亦云"繼祖以下，五廟而迭毁"，今本脱"繼太祖"三字，則文義不全。

［4］【顔注】師古曰：殷，大也。禘，諦也。一（殿本作"壹"），一祭之也。祫，合也。禘，大系反（白鷺洲本、大德本、殿本"大"前有"音"字）。祫，音"洽"。【今注】殷祭：盛大的祭典。指三年一次的祖廟祫祭及五年一次合祭諸祖神主的禘祭。《禮記·曾子問》："君之喪服除，而後殷祭，禮也。"孔穎達《正義》："殷，大也。小大二祥變除之大祭，故謂之殷祭也。"《通典·歷代沿革禮》："周制，天子諸侯三年喪畢，禫祭之後，乃祫於太祖，來年春禘於群廟。"杜佑自注云："所以喪必有此禘祫者，爲後再殷之祭本也。喪畢之祫，祫之本；明年之禘，禘之本也。從此後各自數，每至三年，則各爲之，故得五年再殷祭。因以法五歲再閏，天道大成也。"

［5］【顔注】師古曰：昭穆者，父子易其號序也。昭，明也。穆，美也。後以晉室諱"昭"，故學者改"昭"爲"韶"。

［6］【顔注】師古曰：祖所從出者。【今注】案，語見《禮記·喪服小記》。錢大昭《漢書辨疑》謂，此是《喪服小記》文，非《祭義》。但此"祭義"或爲西漢禮記篇名，或爲禮記一類

總稱。

［7］【今注】案，周壽昌《漢書注校補》引劉敞《公是七經小傳》云："'而立四廟，云天子立四廟'，非也。此一句上有脱簡耳。當曰'諸侯及其太祖，而立四廟'。"又據秦蕙田《五禮通考》卷五八引吴澄云："'而立四廟'四字無所系屬，義不可通。案，《大傳》'以其祖配之'之下有此六字。劉氏所謂有缺文者，是也。今從其説。而以《大傳篇》之文補之。"秦蕙田云："元成他無所據，而引此闕文爲據，一誤；指立四廟爲王者之禮，雖有配天之祖，亦不得立廟，則天子止得四廟，比諸侯反殺其一，二誤；禮莫大於配天，既祭天以祖配矣，而乃不爲祖立廟，豈宗廟之禮反隆於配天之禮而乃靳之耶？三誤；配天以功德，不限定五世之祖，而曰'不爲立廟，親盡也'，四誤；《小記》之文，本言禘祭太祖所自出而以太祖配之，如商禘嚳而契配，周禘嚳而稷配，與祭天配天何與？而乃以禘爲祭天，以配爲配天，五誤。惟劉歆之足以正韋之失。"周氏以爲"而立四廟"，依鄭玄注亦自可解。古《禮》傳自高堂生，至戴聖始傳《禮記》，正當元成時，不致有脱誤而反引之。或此篇含意未申，《大傳篇》補申其説。後至劉歆推闡愈密，而皆從玄成發之。

［8］【今注】案，《漢書考正》宋祁疑"配"下有"之"字。

［9］【顔注】師古曰：殺，漸降也，音所例反。

［10］【今注】案，王鳴盛《尚書後案·後辨》以爲七廟始於周，夏、商以前未有。《禮記·王制》"天子七廟，三昭三穆，與太祖之廟而七"，鄭注云："此周制。"鄭據《禮緯稽命徵》及《鉤命決》云"唐虞五廟，親廟四，與始祖五。禹四廟，至子孫五。殷五廟，至子孫六。周六廟，至子孫七"，故七廟獨周制爲然。杜佑《通典》卷四七《歷代沿革禮》以爲"殷制，七廟"。自注引《古文尚書·咸有一德》云："七世之廟，可以觀德。"《王制》云："天子七廟。"鄭玄復云："殷制六廟，自契及湯，二昭二穆。"《咸有一德》不足信，王鳴盛説是。

［11］【今注】后稷：事迹見《史記》卷四《周本紀》。

［12］【顔注】師古曰：二聖，文王、武王也。【今注】成王：即周成王姬誦，事迹見《史記·周本紀》。

［13］【今注】案，廟猶不世，王先謙《漢書補注》指出荀悦《漢紀》作“廟猶從毁”。

［14］【顔注】師古曰：謂之成王，則是以行表謚也。

［15］【顔注】師古曰：遠，離也，音于萬反。【今注】案，沈欽韓《漢書疏證》補證引《周禮·小宗伯》“掌建國之神位，右社稷，左宗廟”，鄭玄注：“庫門内、雉門外之左右。”又引《儀禮·聘禮》“公揖賓入，每門每曲揖。及廟門，公揖入”，賈公彦疏云：“諸侯三門，皋、應、路，應門爲中門，入大門東行，即至廟門，其間得有每門者，諸侯有五廟，太祖之廟居中，二昭居東，二穆居西。廟皆别門，門外兩邊皆有南北隔墻，隔墻中夾通門。若然，祖廟以西，隔墻有三，則閤門固亦有三。東行經三門，乃至太祖廟，門中則相逼，入門則相遠，是以每門皆有曲，有曲即相揖也。”又引《周禮·大行人》“朝位賓主之門九十步，廟中將幣三享”，鄭玄注：“朝位，謂大門外賓下車及王車出迎所立處也。廟，受命祖之之廟也。”賈公彦疏云：“此謂行朝禮在朝迄，乃行三享在廟，乃有此迎賓之法也。”沈欽韓以爲據此則廟皆在大門内。《左傳》昭公十八年“子太叔之廟在道南，其寢在道北”，孔穎達《正義》：“廟當在宅内，以其居狹隘，故廟在道南，寢在道北，即游吉所居宅也。”沈氏以爲此廟與宅異處，是其偶然者。

［16］【今注】案，《漢書考證》齊召南曰：“景帝初年詔即尊孝文爲太宗，是即百世不祧之廟，與高祖並崇矣，可因親盡而毁乎！宜許嘉等駁其議也。又悼考立廟非正，宜有尹更始之言。”

［17］【顔注】張晏曰：悼皇考於元帝祖也。

［18］【顔注】師古曰：重罪之人不及妻子，是不私其利也。“帑”讀與“孥”同。【今注】案，王念孫《讀書雜志·漢書第十

二》以爲，“不私其利”承上“不受獻”言之，非承“罪人不帑”言之。“除誹謗”“去肉刑”“罪人不帑”，稱其仁；“躬節儉”“不受獻”“不私其利”，稱其廉。“罪人不帑”二句别言之者，上以三字爲句，此以四字爲句，各從其類。本書《景紀》語曰“孝文皇帝除誹謗，去肉刑”，又曰“減耆欲，不受獻，不私其利也”，此即許嘉等奏議所本。

［19］【今注】案，《漢書考正》宋祁謂，“賓”字，浙本作“賞”。王念孫《讀書雜志·漢書第十二》以爲“賓賜”二字義不相屬，當依浙本作“賞賜”。本書《景紀》正作“賞賜長老”。

［20］【顔注】師古曰：忠，尹忠也。攘，卻也。【今注】廷尉：戰國秦始置，秦、西漢沿置。主管詔獄。列位九卿，秩中二千石。　忠：錢大昭《漢書辨疑》曰：“尹忠字子賓，魏郡人。”　正朔：正月朔日，古代曆法指一年開始的第一天。又代指曆法。不同曆法推出的正月及各月朔日的干支、時刻、節氣、閏月不同。漢初用秦曆，以十月爲歲首。賈誼主張改爲夏曆，以正月爲歲首。武帝時采用。　服色：旗幟、車馬、祭牲、服飾等的顔色。

［21］【今注】案，大德本、殿本、白鷺洲本“更始”前有“尹”字。

於是上重其事，[1]依違者一年，[2]乃下詔曰：“蓋聞王者祖有功而宗有德，尊尊之大義也；存親廟四，親親之至恩也。高皇帝爲天下誅暴除亂，受命而帝，功莫大焉。孝文皇帝國爲代王，[3]諸吕作亂，海内摇動。然群臣黎庶靡不壹意，北面而歸心，猶謙辭固讓而後即位。削亂秦之迹，興三代之風，是以百姓晏然，咸獲嘉福，德莫盛焉。高皇帝爲漢太祖，孝文皇帝爲太宗，世世承祀，傳之無窮，朕甚樂之。孝宣皇帝爲孝昭皇帝後，於義壹體。[4]孝景皇帝廟及皇考廟皆親盡，其正禮儀。”玄成等奏曰：“祖宗之廟世世不毁，繼祖以下，五廟而迭毁。今高皇帝爲太祖，孝文皇帝爲太宗，孝景皇帝爲昭，孝武皇帝爲穆，孝昭皇帝與孝宣皇帝俱爲昭。皇考廟親未盡。太上、孝惠廟皆親盡，宜毁。太上廟主宜瘞園，[5]孝惠皇帝爲穆，主遷於太祖廟，寢園皆無復修。”奏可。議者又以爲《清廟》之詩言交神之禮無不清静，[6]今衣冠出游，有車騎之衆，風雨之氣，非所謂清静也。“祭不欲數。數則瀆，瀆則不敬。”[7]宜復古禮，四時祭於廟，諸寢園日月閒祀皆可勿復修。[8]上亦不改也。明年，玄成復言：“古者制禮，别尊卑貴賤，[9]國君之母非適不得配食，則薦於寢，[10]身没而已。陛下躬至孝，承天心，建祖宗，定迭毁，序昭穆，大禮既定，孝文太后、孝昭太后寢祠園宜如禮勿復修。”奏可。

[1]【顔注】師古曰：重，難也。

[2]【顔注】師古曰：依違者，不決也。

[3]【今注】代：諸侯王國名。治代縣（今河北蔚縣東北）。

[4]【顔注】師古曰：一體，謂俱爲昭也。禮，孫與祖俱爲昭。宣帝之於昭帝爲從孫，故云於義一體。【今注】壹體：《漢書考正》劉敞曰：“予謂此言壹體者，以孝宣爲昭帝後，臣子壹體也，尋其文自可見。”何焯《義門讀書記》卷一九曰：“於義一體，言不得復顧私親，以皇考廟上序於昭穆。”

[5]【今注】瘞園：藏於陵園，不祀。

[6]【顔注】師古曰：《清廟》，《周頌》祀文王之詩。其詩云

“於穆清廟，肅雍顯相”，又曰“對越在天，駿奔走在廟”。【今注】交神：謂與神衹相接。

[7]【顏注】師古曰：此《禮記·祭法》之言。瀆，煩汙也。數，所角反（白鷺洲本、大德本、殿本“所”前有“音”字）。【今注】案，王先謙《漢書補注》引王文彬曰：“此《祭義》之文，‘瀆’作‘煩’。”

[8]【顏注】師古曰：閒，音工莧反。

[9]【今注】案,《漢書考正》宋祁疑“貴”上有“明”字。

[10]【顏注】師古曰：“適”讀曰“嫡”也（殿本、白鷺洲本無“也”字）。

後歲餘，玄成薨，匡衡爲丞相。[1]上寢疾，[2]夢祖宗譴罷郡國廟，上少弟楚孝王亦夢焉。[3]上詔問衡，[4]議欲復之，衡深言不可。上疾久不平，衡惶恐，[5]禱高祖、孝文、孝武廟曰：“嗣曾孫皇帝，[6]恭承洪業，夙夜不敢康寧，思育休烈，以章祖宗之盛功。[7]故動作接神，必因古聖之經。往者有司以爲前因所幸而立廟，將以繫海内之心，非爲尊祖嚴親也。今賴宗廟之靈，六合之内莫不附親，廟宜一居京師，天子親奉，郡國廟可止毋修。皇帝祗肅舊禮，尊重神明，即告于祖宗而不敢失。[8]今皇帝有疾不豫，迺夢祖宗見戒以廟，楚王夢亦有其序。[9]皇帝悼懼，即詔臣衡復修立。謹案上世帝王承祖禰之大禮，[10]皆不敢不自親。郡國吏卑賤，不可使獨承。又祭祀之義以民爲本，間者歲數不登，百姓困乏，郡國廟無以修立。禮，凶年則歲事不舉，以祖禰之意爲不樂，是以不敢復。[11]如誠非禮義之中，違祖宗之心，咎盡在臣衡，[12]當受其殃，大被其疾，隊在溝瀆之中。皇帝至孝肅慎，宜蒙祐福。唯高皇帝、孝文皇帝、孝武皇帝省察，右饗皇帝之孝，[13]開賜皇帝眉壽亡疆，[14]令所疾日瘳，平復反常，[15]永保宗廟，天下幸甚！"

［1］【今注】匡衡：傳見本書卷八一。

［2］【今注】寢疾：卧病。

［3］【今注】楚孝王：劉囂。傳見本書卷八〇。

［4］【今注】案，《漢書考正》宋祁謂，"詔"字，南本、浙本作"召"。

［5］【今注】案，《漢書考正》宋祁疑"恐"作"懼"字。

［6］【今注】曾孫：周壽昌《漢書注校補》以爲，此曾孫不以世次言。《尚書·武成》云"惟有道曾孫周王發"。《詩·信南山》"曾孫田之"，朱子注："曾孫，主祭者之稱。曾，重也，自曾祖以至無窮皆得稱之。"《續漢書·祭祀志》注引《漢儀》云，桓帝祠恭懷皇后祝文"孝曾孫皇帝志"，嘏辭云"於爾孝孫曾孫皇帝"，蓋仿此。

［7］【顔注】師古曰：育，養也。休，美也。烈，業也。

［8］【顔注】師古曰：不敢失禮。

［9］【顔注】師古曰：序，緒也，謂端緒也。

［10］【今注】案，禮，大德本、殿本、白鷺洲本作"義"。《漢書考正》宋祁指出越本作"禮"。錢大昭《漢書辨疑》指出閩本"義"作"禮"。

［11］【顔注】師古曰：復，音房日反（日，大德本、殿本、白鷺洲本作"目"）。

［12］【顔注】師古曰：如，若也。中，音竹仲反。

［13］【顔注】師古曰："右"讀曰"祐"。

［14］【顔注】師古曰：眉壽，言壽考而眉秀也（考，殿本作“者”）。疆，竟也（竟也，大德本作“居良反”，殿本作“境也”；殿本、白鷺洲本句末又有“居良反”三字）。

［15］【顔注】師古曰：反猶還也。

又告謝毁廟曰：“往者大臣以爲在昔帝王承祖宗之休典，取象於天地，[1]天序五行，人親五屬，[2]天子奉天，故率其意而尊其制。是以禘嘗之序，靡有過五。受命之君躬接于天，萬世不墮。繼烈以下，五廟而遷，[3]上陳太祖，閒歲而祫，[4]其道應天，故福禄永終。太上皇非受命而屬盡，義則當遷。又以爲孝莫大於嚴父，[5]故父之所尊子不敢不承，[6]父之所異子不敢同。禮，公子不得爲母信，爲後則於子祭，於孫止，[7]尊祖嚴父之義也。[8]寢日四上食，園廟閒祠，皆可亡修。[9]皇帝思慕悼懼，未敢盡從。惟念高皇帝聖德茂盛，受命溥將，欽若稽古，承順天心，[10]子孫本支，陳錫亡疆。[11]誠以爲遷廟合祭，久長之策，高皇帝之意，迺敢不聽？[12]即以令日[13]遷太上、孝惠廟，孝文太后、孝昭太后寢，將以昭祖宗之德，順天人之序，定亡窮之業。今皇帝未受兹福，乃有不能共職之疾。[14]皇帝願復修立承祀，臣衡等咸以爲禮不得。[15]如不合高皇帝、孝惠皇帝、孝文皇帝、孝武皇帝、孝昭皇帝、孝宣皇帝、太上皇、孝文太后、孝昭太后之意，罪盡在臣衡等，當受其咎。今皇帝尚未平，詔中朝臣具復毁廟之文。[16]臣衡中朝臣咸復以爲天子之祀義有所斷，禮有所承，違統背制，不可以奉先祖，皇天不祐，鬼神不饗。六蓺所載，皆言不當，[17]無所依緣，[18]以作其文。事如失指，罪迺在臣衡，當深受其殃。皇帝宜厚蒙祉福，嘉氣日興，疾病平復，永保宗廟，與天亡極，群生百神，有所歸息。"[19]諸廟皆同文。久之，上疾連年，遂盡復諸所罷寢廟園，皆修祀如故。初，上定迭毀禮，獨尊孝文廟爲太宗，而孝武廟親未盡，故未毀。上於是迺復申明之，曰："孝宣皇帝尊孝武廟曰世宗，損益之禮，不敢有與焉。[20]他皆如舊制。"唯郡國廟遂廢云。

[1]【顔注】師古曰：休，美也。典，法也。

[2]【顔注】師古曰：五屬，謂同族之五服，斬衰、齊衰、大功、小功、緦麻也。

[3]【顔注】師古曰：墮，毀也。烈，業也。繼，謂始嗣位者也（殿本無"位"字）。墮，火規反（白鷺洲本、大德本、殿本"火"前有"音"字）。

[4]【顔注】師古曰：閒歲，隔一歲也。

[5]【今注】嚴父：尊敬父親。

[6]【今注】案，沈欽韓《漢書疏證》補證引《儀禮·喪服》曰："繼母之配父，與因母同，故孝子不敢殊也。"

[7]【顔注】李奇曰：不得信，尊其父也。公子去其所而爲太宗後（太，殿本作"大"），尚得私祭其母，爲孫則止，不得祭公子母也，明繼祖不復顧其私祖母也。師古曰："信"讀曰"申"。【今注】案，楊樹達《漢書窺管》引《春秋穀梁傳》隱公五年補證："禮：庶子爲君，爲其母築宫，使公子主其祭也。於子祭，於孫止。"

[8]【今注】案，何焯《義門讀書記》卷一九以爲此指孝文太

后、孝昭太后言。

[9]【顏注】師古曰：閒，工莧反（白鷺洲本、大德本、殿本“工”前有“音”字）。【今注】案，祠，殿本作“祀”。

[10]【顏注】師古曰：溥，廣也。將，大也。欽，敬也。若，善也。稽，考也。《商頌·烈祖》之篇曰“我受命溥將”。《虞書·堯典》曰“欽若昊天”，又曰“若稽古帝堯”，故衡總引之（殿本、白鷺洲本句末有“也”字）。

[11]【顏注】師古曰：《詩·大雅·文王》之篇曰：“陳錫載周，侯文王孫子。文王孫子，本支百世。”陳，敷也。載，始也。本，本宗也。支，支子也。言子孫承受敷錫初始之福，故得永久無窮竟也。

[12]【顏注】師古曰：言不敢不從。

[13]【顏注】師古曰：令，善也。謂吉日也。

[14]【顏注】師古曰：“共”讀曰“恭”。

[15]【顏注】師古曰：於禮不合也。

[16]【今注】中朝臣：又稱内朝官，指在宫中接近皇帝的官員，如侍中、常侍、給事中、尚書等。　案，《漢書考正》宋祁疑“廟”字下有“寢”字。

[17]【顏注】師古曰：六蓺之經也（蓺之經，殿本作“蓺六經”）。

[18]【今注】依緣：依靠；憑藉。

[19]【顏注】師古曰：息，止也。

[20]【顏注】師古曰：“與”讀曰“預”（預，殿本、白鷺洲本作“豫”）。其下亦同。

元帝崩，衡奏言：“前以上體不平，故復諸所罷祠，卒不蒙福。[1]案衛思后、戾太子、戾后園，親未盡。[2]孝惠、孝景廟親盡，宜毁。及太上皇、孝文、孝昭太后、昭靈后、昭哀后、武哀王祠，請悉罷，勿奉。”奏可。初，高后時患臣下妄非議先帝宗廟寢園官，故定著令，[3]敢有擅議者棄市。至元帝改制，蠲除此令。成帝時以無繼嗣，河平元年復復太上皇寢廟園，[4]世世奉祠。昭靈后、武哀王、昭哀后并食於太上寢廟如故，又復擅議宗廟之命。[5]成帝崩，哀帝即位。丞相孔光、大司空何武奏言：[6]“永光五年制書，高皇帝爲漢太祖，孝文皇帝爲太宗。建昭五年制書，孝武皇帝爲世宗。損益之禮，不敢有與。臣愚以爲迭毁之次，當以時定，非令所爲擅議宗廟之意也。臣請與群臣雜議。”奏可。於是，光禄勳彭宣、詹事滿昌、博士左咸等五十三人皆以爲繼祖宗以下，[7]五廟而迭毁，後雖有賢君，猶不得與祖宗並列。子孫雖欲褒大顯揚而立之，鬼神不饗也。孝武皇帝雖有功烈，親盡宜毁。太僕王舜、中壘校尉劉歆議，[8]曰：

［1］【顔注】師古曰：卒，終也。

［2］【顔注】師古曰：言不當毁也。

［3］【今注】著令：寫定的規章制度。本書卷五《景紀》：“秋七月，詔曰：‘吏受所監臨，以飲食免，重；受財物，賤買貴賣，論輕。廷尉與丞相更議著令。’”顔師古注：“著音著作之著，音竹箸反。”周壽昌《漢書注校補》曰：“漢制，上特定著令，則在律令之外。如高祖制詔御史‘長沙王忠，其定著令’是也。此則高后所定，猶如欽定專條。”

［4］【今注】河平：漢成帝年號（前28—前25）。

［5］【顔注】師古曰：復，音方目反。

[6]【今注】孔光：傳見本書卷八一。　何武：傳見本書卷八六。

[7]【今注】光禄勳：秦稱郎中令，漢因之，武帝時更名光禄勳，掌宫殿掖門户。秩中二千石，位列九卿。　彭宣：傳見本書卷七一。　滿昌：字君都。受《齊詩》於匡衡，官至詹事。王莽時，爲師友祭酒，秩上卿。後以劾奏忤王莽意，免官。　左咸：琅邪人。受《公羊春秋》於淮陽泠豐。哀帝建平元年（前6）任大司農，後累遷左馮翊、復土將軍、大鴻臚。徒衆甚盛。

[8]【今注】太僕：周置，秦、漢沿置。掌皇帝專用車馬，兼管官府畜牧業。列位九卿，秩中二千石。　王舜：西漢東平陵（今山東濟南市東）人。王音子。漢元帝皇后從侄。父死，襲爵爲安陽侯，與王莽相善。哀帝死，莽執政，爲車騎將軍，迎立平帝，遷太保。王莽居攝，爲太傅、左輔。莽稱帝官至太師，封安新公，爲莽四輔之一。後病死。　中壘校尉：漢武帝置，掌北軍壘門内，外掌西域。秩二千石。　劉歆：事迹見本書卷三六《劉向傳》、卷九九《王莽傳》。

臣聞周室既衰，四夷並侵，獫狁最彊，[1]於今匈奴是也。至宣王而伐之，[2]詩人美而頌之曰“薄伐獫狁，至于太原”，[3]又曰“嘽嘽推推，如霆如雷，顯允方叔，征伐獫狁，荆蠻來威”，[4]故稱中興。及至幽王，[5]犬戎來伐，[6]殺幽王，取宗器。[7]自是之後，南夷與北夷交侵，中國不絶如綫。[8]《春秋》紀齊桓南伐楚，北伐山戎，孔子曰：“微管仲，吾其被髮左衽矣。”[9]是故棄桓之過而録其功，[10]以爲伯首。[11]

［1］【今注】獫（xiǎn）狁：中國古代北方少數民族名。也作“玁狁”。案，獫，大德本作“儉”，誤。《漢書考正》宋祁指出，“狁”浙本作“允”。王念孫《讀書雜志·漢書第十二》以爲《説文》無“狁”字，則浙本是。凡經傳中作“獫狁”者，皆因“獫”字而誤。本書卷五五《衛青傳》、卷九四《匈奴傳》、卷一〇〇《叙傳下》並作“獫允”，引《詩》亦作“獫允”。今《毛詩》作“玁狁”，“玁”字亦《説文》所無，當作“獫”。《毛詩·采薇》陸德明《經典釋文》云“‘玁’，本或作‘獫’。‘狁’，本亦作‘允’”，《毛詩·韓奕》鄭玄箋“爲玁狁所逼”，《經典釋文》作“獫允”。

［2］【今注】宣王：周宣王。事迹見《史記》卷四《周本紀》。

［3］【顔注】師古曰：《小雅·六月》之詩也。薄伐，言逐出之。【今注】太原：地名。一説在今寧夏固原市一帶；一説在今甘肅平涼市北。今本《毛詩》作“大原”。

［4］【顔注】師古曰：《小雅·采芑》之詩也。嘽嘽，衆也。推推，盛也。顯，明也。允，信也。方叔，周之卿士，命爲將率也。言出師衆盛，有如雷霆。方叔又能信明其德（其，白鷺洲本作“後”），既伐獫狁，懲其侵暴，則南荆之蠻，亦畏威而來服也。嘽嘽，他丹反（白鷺洲本、大德本、殿本“他”前有“音”字）。推，他回反（白鷺洲本、大德本、殿本“他”前有“音”字）。【今注】嘽：音 tān。

［5］【今注】幽王：周幽王。事迹見《史記·周本紀》。

［6］【今注】犬戎：古族名。戎人的一支，即畎戎。又稱“畎夷”“犬夷”“昆夷”“緄夷”等。

［7］【顔注】師古曰：宗器，宗廟之器也。

［8］【顔注】師古曰：綫，縷也，音思薦反。【今注】不絶如綫：形容局勢危急，像差點兒就要斷掉的綫一樣。亦作“不絶若縷”“不絶如縷”。

［9］【顔注】師古曰：《論語》載孔子之言也。微，無也。被髮左衽，戎狄之服。言無管仲佐齊桓公征討，則中夏皆將爲戎狄也。【今注】山戎：中國古代北方民族名。又稱“北戎”，匈奴的一支。 管仲：傳見《史記》卷六二。 左衽：衣襟向左掩。古代一些少數民族的服裝習慣。古代中原漢族服裝衣襟一般向右掩。案，孔子語見《論語·憲問》。

［10］【今注】案，沈欽韓《漢書疏證》引《公羊傳》僖公十七年何休注補證：“桓公繼絶存亡，足以除殺子糾，滅譚遂項，覆終身之惡。”

［11］【顔注】師古曰：“伯”讀曰“霸”。

及漢興，冒頓始彊，[1]破東胡，[2]禽月氏，[3]并其土地，地廣兵彊，爲中國害。南越尉佗總百粤，[4]自稱帝。故中國雖平，猶有四夷之患，且無寧歲。一方有急，三面救之，是天下皆動而被其害也。孝文皇帝厚以貨賂，與結和親，猶侵暴無已。甚者，興師十餘萬衆，近屯京師及四邊，歲發屯備虜，其爲患久矣，非一世之漸也。諸侯、郡守連匈奴及百粤以爲逆者非一人也。匈奴所殺郡守、都尉，略取人民，不可勝數。

［1］【今注】冒頓：事迹見本書卷九四上《匈奴傳上》。

［2］【今注】東胡：事迹見本書《匈奴傳上》。

［3］【顔注】師古曰：“氏”讀曰“支”。【今注】月氏：事迹見本書卷九六上《西域傳上》。

［4］【今注】南越尉佗：趙佗。事迹見本書卷九五《西南夷兩粤朝鮮傳》。

孝武皇帝愍中國罷勞無安寧之時，[1]乃遣大將軍、驃騎、伏波、樓船之屬，[2]南滅百粤，起七郡；[3]北攘匈奴，降昆邪十萬之衆，[4]置五屬國，[5]起朔方，[6]以奪其肥饒之地；東伐朝鮮，起玄菟、樂浪，以斷匈奴之左臂；[7]西伐大宛，[8]并三十六國，[9]結烏孫，[10]起敦煌、酒泉、張掖，[11]以鬲婼羌，裂匈奴之右肩。[12]單于孤特，[13]遠遁于幕北。[14]

[1]【顔注】師古曰："罷"讀曰"疲"。

[2]【今注】大將軍驃騎：指衛青、霍去病。　伏波樓船：皆臨時將軍號，指元鼎五年秋"遣伏波將軍路博德出桂陽，下湟水；樓船將軍楊僕出豫章，下湞水；歸義越侯嚴爲戈船將軍，出零陵，下離水；甲爲下瀨將軍，下蒼梧。皆將罪人，江淮以南樓船十萬人。越馳義侯遺別將巴蜀罪人，發夜郎兵，下牂柯江，咸會番禺"。案，舩，殿本、白鷺洲本作"船"，同。

[3]【今注】案，七郡，王先謙《漢書補注》以爲"七"當爲"九"。詳見本書卷六四下《賈捐之傳》。九郡即南海、蒼梧、鬱林、合浦、交趾、九真、日南、珠崖、儋耳九郡。

[4]【顔注】師古曰：昆，下門（下門，白鷺洲本、大德本、殿本作"音下門反"，是）。【今注】昆邪：事迹見本書卷九四上《匈奴傳上》。

[5]【今注】五屬國：謂以隴西、北地、上郡、朔方、雲中五郡之地，因其俗置屬國。

[6]【今注】朔方：漢武帝元朔二年（前127）置，治朔方縣（今内蒙古杭錦旗東北）。轄境相當今内蒙古伊克昭盟西北部及巴彦淖爾市後套地區。

[7]【顔注】師古曰：樂，來各反（白鷺洲本、大德本、殿

本“來”前有“音”字）。浪，音“郎”。【今注】玄菟：郡名。治沃沮縣（今朝鮮咸鏡南道咸興）。　樂浪：郡名。治朝鮮縣（今朝鮮平壤市）。

［8］【今注】大宛：事迹見本書卷九六上《西域傳上》。

［9］【今注】三十六國：西域三十六國。即鄯善、且末、精絶、扜彌、渠勒、于闐、皮山、莎車、婼羌、小宛、戎盧、烏秅、西夜、子合、蒲犁、依耐、無雷、捐毒、疏勒、尉頭、姑墨、温宿、龜兹、烏壘、渠犁、尉犁、危須、焉耆、車師前國、車師後國、卑陸、卑陸後國、蒲類、蒲類後國、西且彌、東且彌（詳見周振鶴《西漢西域都護所轄諸國考》，《新疆大學學報》1985 年第 2 期）。

［10］【今注】烏孫：事迹見本書卷九六下《西域傳下》。

［11］【今注】敦煌：郡名。治敦煌縣（今甘肅敦煌市七里鎮白馬塔村）。　酒泉：郡名。治禄福縣（今甘肅酒泉市）。　張掖：郡名。治觻得縣（今甘肅張掖市西北）。

［12］【顔注】師古曰：婼，而遮反（殿本、白鷺洲本“而”前有“音”字）。【今注】鬲：錢大昭《漢書辨疑》以爲同“隔”。　婼羌：事迹見本書《西域傳上》。

［13］【今注】孤特：孤單；孤立。

［14］【今注】幕北：大漠之北。

四垂無事，[1]斥地遠境，起十餘郡。[2]功業既定，迺封丞相爲富民侯，[3]以大安天下，富實百姓，其規橅可見。[4]又招集天下賢俊，與協心同謀，興制度，改正朔，易服色，立天地之祠，[5]建封禪，殊官號，存周後，[6]定諸侯之制，永無逆争之心，至今累世賴之。單于守藩，百蠻服從，萬世之基也，中興之功未有高焉者也。

［1］【今注】案，《漢書考正》宋祁疑“四”當作“西”。

［2］【顔注】師古曰：斥，開也。遠，廣也。

［3］【今注】富民侯：車千秋。傳見本書卷六六。

［4］【顔注】師古曰：“橅”讀曰“摹”（橅，大德本、白鷺洲本作“撫”），其字從木。【今注】案，橅，大德本作“撫”。

［5］【今注】案，扡，白鷺洲本、大德本、殿本作“地”，是。

［6］【今注】存周後：本書卷六《武紀》載元鼎四年（前113）冬十月詔曰：“祭地冀州，瞻望河洛，巡省豫州，觀于周室，邈而無祀。詢問耆老，乃得孽子嘉。其封嘉爲周子南君，以奉周祀。”顔師古注引臣瓚曰：“汲冢古文謂衛將軍文子爲子南彌牟。其後有子南固、子南勁。紀年勁朝于魏，後惠成王如衛，命子南爲侯。秦并六國，衛最後亡。疑嘉是衛後，故氏子南而稱君也。初元五年爲周承休侯，元始四年爲鄭公，建武十三年封于觀爲衛公。”顔師古曰：“子南，其封邑之號，以爲周後，故總言周子南君。瓚説非也。例不先言姓而後稱君，且自嘉已下皆姓姬氏，著在史傳。”

高帝建大業，爲太祖；孝文皇帝德至厚也，爲文太宗；孝武皇帝功至著也，爲武世宗；此孝宣帝所以發德音也。《禮記·王制》及《春秋穀梁傳》，天子七廟，諸侯五，大夫三，士二。天子七日而殯，七月而葬；諸侯五日而殯，五月而葬；此喪事尊卑之序也，與廟數相應。其文曰，天子三昭三穆，與太祖之廟而七；諸侯二昭二穆，與太祖之廟而五。[1]故德厚者流光，德薄者流卑。[2]《春秋左氏傳》曰：“名位不同，禮亦異數。”[3]自上以下，降殺以兩，禮也。[4]七者，其正法數，可常數者也。宗不在此數中。宗，變也，[5]苟有功德則宗之，不可預爲設數。故於殷，太甲爲太宗，大戊曰中宗，武丁曰高宗。[6]周公爲《毋逸》之戒，舉殷三宗以勸成王。[7]繇是言之，宗無數也，[8]然則所以勸帝者之功德博矣。以七廟言之，孝武皇帝未宜毁；以所宗言之，則不可謂無功德。《禮記》祀典曰：[9]'夫聖王之制祀也，功施於民則祀之，以勞定國則祀之，能救大災則祀之。'竊觀孝武皇帝，功德皆兼而有焉。凡在於異姓，猶將特祀之，況于先祖？或説天子五廟無見文，又説中宗、高宗者，宗其道而毁其廟。名與實異，非尊德貴功之意也。[10]《詩》云：'蔽芾甘棠，勿鬋勿伐，邵伯所茇。'[11]思其人猶愛其樹，況宗其道而毁其廟乎？迭毁之禮自有常法，無殊功異德，固以親疏相推及。至祖宗之序，多少之數，經傳無明文，至尊至重，難以疑文虚説定也。孝宣皇帝舉公卿之議，用衆儒之謀，既以爲世宗之廟，建之萬世，宣布天下。臣愚以爲孝武皇帝功烈如彼，孝宣皇帝崇立之如此，不宜毁。"

［1］【今注】案，語見《禮記·王制》。何焯《義門讀書記》卷一九曰："匡衡五廟之説似尤深，然合陰陽五行數之，則可以七爲斷矣。"

［2］【顔注】師古曰：流，謂流風餘福。

［3］【今注】案，語見《左傳》莊公十八年傳文。

［4］【顔注】師古曰：殺，音所例反。

［5］【顔注】師古曰：言非常數，故云變也。

［6］【顔注】師古曰：太甲，湯之孫，太丁之子也。太戊，太庚之子，雍己之弟也。武丁，小乙之子。【今注】案，太甲、大

戊、武丁事迹見《史記》卷三《殷本紀》。王先謙《漢書補注》以爲此是今文《尚書》説，與古文不同。《史記·殷本紀》："帝太甲脩德，諸侯咸歸殷，百姓以甯。伊尹嘉之，迺做《太甲訓》三篇，褒帝太甲，稱太宗。"段玉裁《古文尚書撰異》卷二二云："《隸釋》所載《漢石經殘碑》'高宗之饗國百年'與'自時厥後'緊接，不隔一字。洪氏云：'此碑獨闕祖甲，計其字當在中宗之上，以傳序爲次也。'儻非《尚書》有'太宗'二字，司馬、王、劉不能臆造。賈誼云'顧成之廟稱爲太宗'，景帝元年申屠嘉等議云'高皇帝廟宜爲太祖之廟，孝文皇帝廟宜爲太宗之廟'，實本《尚書》，其文之次當云'昔在殷王太宗''其在中宗''其在高宗'，否則今文家末由倒易其次序也。"王先謙以爲段玉裁説是。後漢平帝時尊孝宣廟爲中宗，孝元廟爲高宗，王莽《大誥》云"尊中宗、高宗之號"，明莽用今文《尚書》説仿殷三宗。《東觀漢紀》章帝賜東平王蒼書云"此放三宗，誠有其美"，亦用今文説。是太宗、中宗、高宗，漢儒據《尚書》次序如此，不得執古文"祖甲"之文，將《史記》、石經否定，歸爲劉歆傅會之説。

[7]【顔注】師古曰：《毋逸》，《尚書》篇名。戒以無逸豫也。

[8]【顔注】師古曰："繇"與"由"同也。

[9]【今注】祀典：王先謙《漢書補注》引蘇輿曰："今見《禮記·祭法篇》，或漢時一名《祀典》與?"楊樹達《漢書窺管》以爲本書《律曆志》引祭典曰："共工氏伯九域。"即今《禮記·祭法》"共工氏之霸九州也"。顔注："祭典即禮經《祭法》也。"蘇説不爲無本。然祭典或祀典，或是泛稱，猶言祭祀之法則。篇名《祭法》，亦以是得名，非《祭法篇》又名祭典或祀典。"禮記祀典"，猶言禮書記述祀典。蘇以"禮記"爲書名，似非。

[10]【今注】案，王先謙《漢書補注》據《五經異義》"《詩》魯説，丞相匡衡以爲殷中宗、周成、宣王皆以時毀。古文《尚書》説，經稱中宗，明其廟宗而不毀。許君案，《春秋公羊》御史大夫

貢禹説，王者宗有德，廟不毁，宗而復毁，非尊德之義”以爲鄭玄不駁。據此傳，則古文《尚書》説即本劉歆，歆又本之貢禹。又“或説”云云，乃今文《尚書》與三家《詩》説合。

［11］【顔注】師古曰：《召南·甘棠》之詩也。解已在前。“髯”字與“翦”同。茇，音步葛反。【今注】邵伯：召公姬奭。事迹見《史記》卷三四《燕召公世家》。

上覽其議而從之。制曰：“太僕舜、中壘校尉歆議可。”歆又以爲：“禮，去事有殺，[1]故《春秋外傳》曰：‘日祭，月祀，時享，歲貢，終王。’祖禰則日祭，曾高則月祀，二祧則時享，壇墠則歲貢，[2]大禘則終王。[3]德盛而游廣，親親之殺也；[4]彌遠則彌尊，故禘爲重矣。孫居王父之處，正昭穆，則孫常與祖相代，此遷廟之殺也。聖人於其祖，出於情矣，禮無所不順，故無毁廟。[5]自貢禹建迭毁之議，惠、景及太上寢園廢而爲虚，[6]失禮意矣。”

［1］【顔注】師古曰：去，除也。殺，漸也。去，音丘吕反。殺，音所例反。其下並同也。

［2］【顔注】張晏曰：去祧爲壇。墠，埽地而祭也。師古曰：祧是遠祖也。築土爲壇，除地爲墠。祧，他堯反（白鷺洲本、大德本、殿本“他”前有“音”字）。墠，音“善”。【今注】二祧：帝王七廟中兩位功德特出而保留不遷的遠祖廟。《禮記·祭法》：“遠廟爲祧，有二祧，享嘗乃止。”孔穎達疏：“遠廟爲祧者，遠廟謂文、武廟也，文、武廟在應遷之例，故云遠廟也；特爲功德而留，故謂爲祧。祧之言超也，言其超然上去也。”

［3］【顔注】服虔曰：蠻夷，終王乃入助祭，各以其珍貢以

共大禘之祭也。師古曰：每一王終，新王即位，乃來助祭。【今注】案，吴仁傑《兩漢刊誤補遺》以爲《禮記·大傳》："禮，不王不禘"，"王"非謂天子，是所謂終王者。鄭玄、孔穎達以禘爲郊祭，謂非天子則不郊；没有考慮到下文"王者禘其祖之所自出"，諸侯及其太祖則是禘，非郊祭，而爲天子、諸侯之所通。韋玄成等議亦引《祭義》所云，乃謂"始受命而王，祭天以其祖配"，此是鄭、孔之失所從起。《國語》"荒服終王"，韋昭曰："終，謂世終也。朝嗣王及即位而來見"，與顔注小異。夷考二説，昭説近之。案，《國語》祭公諫王謂"今自大畢、伯士之終，犬戎氏以其職來王"，則是彼以即位而來見，非爲新王而來。顔説止及一事，而韋説乃兩事也。

[4]【顔注】如淳曰：游亦流也。

[5]【顔注】晉灼曰：以情推子，以子況祖，得人心，禮何所違，故無毀棄不禘之主也。謂下三廟廢而爲虚者也。

[6]【顔注】師古曰："虚"讀曰"墟"。【今注】案，《漢書考正》宋祁疑"惠景"下有"廟"字。

平帝元始中，[1]大司馬王莽奏："本始元年丞相義等議，[2]謚孝宣皇帝親曰悼園，置邑三百家，至元康元年，丞相相等奏，[3]父爲士，子爲天子，祭以天子，悼園宜稱尊號曰'皇考'，立廟，益故奉園民滿千六百家，以爲縣。臣愚以爲皇考廟本不當立，累世奉之，非是。又孝文太后南陵、[4]孝昭太后雲陵園，雖前以禮不復修，陵名未正。謹與大司徒晏等百四十七人議，[5]皆曰孝宣皇帝以兄孫繼統爲孝昭皇帝後，以數，故孝元世以孝景皇帝及皇考廟親未盡，不毁。此兩統貳父，[6]違於禮制。案義奏親謚曰'悼'，裁置奉邑，皆應經義。相奏悼園稱‘皇考’，立廟，益民爲縣，違離祖統，乖繆本義。父爲士，子爲天子，祭以天子者，乃謂若虞舜、夏禹、殷湯、周文、漢之高祖受命而王者也，[7]非謂繼祖統爲後者也。臣請皇高祖考廟奉明園毁勿修，[8]罷南陵、雲陵爲縣。”[9]奏可。

［1］【今注】元始：漢平帝年號（1—5）。案，平帝，大德本、殿本作“至平帝”；白鷺洲本作“至皇帝”，誤。《漢書考正》宋祁指出越本無“至”字，校本添。

［2］【顔注】師古曰：蔡義也。

［3］【顔注】師古曰：魏相也。【今注】相：魏相。傳見本書卷七四。

［4］【顔注】師古曰：在霸陵之南，故曰南陵。

［5］【今注】晏：平晏。平當子。

［6］【今注】案，《漢書考正》宋祁指出，江南本、浙本“父”作“文”。

［7］【今注】案，《漢書考正》宋祁疑“文”字下有“王”字。

［8］【顔注】張晏曰：奉明園，悼皇考園也。

［9］【今注】案，何焯《義門讀書記》卷一九曰：“此奏合禮，雖王莽爲丁、傅、衛氏發難，然不以人廢，與東京末董卓、蔡邕議和帝以下不應爲宗奏同。”

司徒掾班彪曰：[1]漢承亡秦絶學之後，祖宗之制因時施宜。自元、成後學者蕃滋，[2]貢禹毁宗廟，匡衡改郊兆，[3]何武定三公，後皆數復，故紛紛不定。[4]何者？禮文缺微，古今異制，各爲一家，未易可偏定也。考觀諸儒之議，劉歆博而篤矣。

［1］【顔注】師古曰:《漢書》諸贊，皆固所爲。其有叔皮先論述者，固亦具顯以示後人（白鷺洲本、大德本、殿本“固”前有“謂”字)，而或者謂固竊盜父名（白鷺洲本、大德本、殿本無“謂”字)，觀此可以免矣。【今注】司徒掾：漢光武帝改丞相爲司徒，司徒掾爲司徒府掾屬。　班彪：傳見《後漢書》卷四〇。顧頡剛先生據《班彪傳上》“彪既才高而好述作，遂專心史籍之閒。武帝時，司馬遷著史記，自太初以後，闕而不録，後好事者頗或綴集時事，然多鄙俗，不足以踵繼其書。彪乃繼采前史遺事，傍貫異聞，作後傳數十篇，因斟酌前史而譏正得失”以爲前人非議班固竊父之書，“司馬遷作通史，班固作斷代史，皆一代之大業，非一手一足之烈所可成，其接受他人成品於事爲當然，而父、子繼承，前邪後許，一門文學，更屬美談。遷書雖未明著談之作史，而談有作史之意則發揮彌暢，有此意則即有其文矣，故曰‘請悉論先人所次舊聞’。若彪則著述已成，且已流通，固乃不但不舉其書，且不言其有作史之意，假使《後漢書》不言之者，直將無迹可尋，其爲貪忮，寧可言説。顔氏謂人譏其‘盜竊父名’，知昔人已見及此，蓋但將兩《漢書》合讀，痕迹宛然，自非椎魯顓蒙之倫，必不至視而不見。按魏文帝作《典論》，其《論文》之篇首言‘文人相輕’，而特舉班固之鄙薄傅毅爲喻。其胸懷窄隘，即此可見。無怪乎傲而且很，有如是也”（顧頡剛:《班固竊父書》,《史學史研究》1993年第2期)。

［2］【顔注】師古曰：蕃，扶元反（白鷺洲本、大德本、殿本“扶”前有“音”字)。

［3］【今注】郊兆：祭壇外所圍的土界。亦泛指祭壇。語本《周禮·小宗伯》:“兆五帝於四郊。”鄭玄注:“兆爲壇之營域。”

［4］【顔注】師古曰：數，所角反（白鷺洲本、大德本、殿本“所”前有“音”字)。復，扶目反（白鷺洲本、大德本、殿本“扶”前有“音”字)。